미술관에
간
경영학자

| 일러두기 |

- 본문에 등장하는 인명의 영문명 및 생몰연도를 첨자 스타일로 국문명과 함께 표기하였다.
(예 : 레오나르도 다빈치Leonardo da Vinci, 1452-1519)
- 미술 작품은 〈 〉로 묶고, 단행본은《 》, 논문이나 정기간행물은 「 」로 묶었다.
- 본문 뒤에 '작품 찾아보기(색인)'를 두어, 작가명(가나다 순)으로 작품을 찾아볼 수 있도록 하였다.
- 인명, 지명의 한글 표기는 원칙적으로 외래어표기법을 따랐으나, 일부는 통용되는 방식을 따랐다.
- 미술 작품 정보는 '작가명, 작품명, 제작연도, 기법, 크기, 소장처' 순으로 표시하였다.
- 작품의 크기는 '세로×가로'로 표기하였다.

WHEN HERMES MET MUSE

시대를 이긴 마스터피스에서 찾은 인사이트

미술관에 간 경영학자

심영환 지음

어바웃어북

한 경영자의 3조 원 미술품 컬렉션은 무엇을 의미하는가

2021년, 대한민국 미술계는 뜻밖의 선물을 받았습니다. 고(故) 이건희 1942~2020 삼성그룹 회장이 평생 수집한 2만 3천여 점, 감정가 약 3조 원에 이르는 미술 작품이 국가에 기증되었기 때문입니다. 겸재 정선鄭敾, 1676~1759의 〈인왕제색도〉부터 클로드 모네Claude Monet, 1840~1926의 〈수련이 있는 연못〉에 이르기까지, 그의 컬렉션은 그 자체로 하나의 거대한 미술관이었습니다. 컬렉션 목록을 살피다 보니 문득 이런 질문이 떠올랐습니다. '이 작품들 앞에서 그는 어떤 생각을 했을까?' '그에게 이 작품들은 어떤 의미였을까?'

이건희 회장의 삶의 궤적을 따라가다 보면 하나의 결론에 이르게 됩니다. 이 전무후무한 컬렉션은 한 경영자가 평생에 걸쳐 축적한 '사유의 아카이브'라는 점입니다. 그에게 미술품은 단순한 투자 자산이 아니라, 생각의 밀도를 높이고 시야를 확장하는 사유의 도구였습니다.

그는 1993년 6월, 독일 프랑크푸르트에서 "지금 변하지 않으면 절대 일류가 될 수 없다"고 선언하며 변화와 혁신을 촉구했습니다. 이른바 '신경영' 선언은 삼성이 양(量) 중심에서 질(質) 중심 성장으로 체질을 전환하는 결정적 분기점이 되었습니다. 필자는 이 전략적 전환의 배경에, 미술 작품을 통해 축적한 사유의 시간이 있었을 것으로 짐작합니다.

미술 작품의 가치는 즉각 드러나지 않습니다. 평가는 시대를 거치며 끊임없이 재정의됩니다. 인상주의 등장이 그 대표적인 사례입니다. 인상주의는 등장 초기만 해도 '미완성 그림'이라는 조롱을 받았습니다. 그러나 미술의 '모범답안'처럼 여겨지던 아카데미즘은, 새로운 시선을 담은 인상주의 등장에 빠르게 힘을 잃었습니다. 이러한 미술사의 흐름은 그에게 산업의 패러다임 전환과 혁신이 작동하는 방식에 대한 중요한 통찰을 제공했을 것입니다.

1995년 3월 9일, 구미의 삼성전자 공장 운동장에서 휴대전화 500억 원어치가 불길에 던져졌습니다. 불량품이 대규모로 발견되자, 이건희 회장 지시로 이른바 '불량품 화형식'이 단행된 것입니다. 오랜 시간을 견디며 살아남은 명작들을 바라보며, 그는 품질과 디자인, 조직 문화 전반에서 타협하지 않는 '절대 기준'을 최상위 원칙으로 삼는 신경영의 철학을 더 단단하게 다졌을 것입니다.

미술은 언제나 시대의 변곡점에서 새로운 시선을 제시해 왔습니다. 화가들은 기존 질서와 관습에 의문을 던지고, 누구보다 앞서 변화를 감지하며, 아직 언어로 정립되지 않은 인식의 흐름을 시각적 형태로 구현합니다. 이 점에서 화가들의 사고법과 그 결과물은 비즈니스 현장에 있는 이들에게도 중요한 영감을 줍니다.

비즈니스는 선택의 연속입니다. 무엇을 버리고 무엇에 집중할 것인가, 어디에서 차별화를 만들 것인가, 언제 기존 방식을 해체하고 새롭게 정의할 것인가? 미술 작품은 이러한 질문에 정답을 제시하지는 않지만, 익숙한 것을 낯설게 보고, 당연하게 여겼던 전제를 뒤집으며, 복잡한 세계를 하나의 핵심으로 압축하는 사고 훈련을 돕습니다.

이 책은 바로 그 지점에서 시작합니다. 마르셀 뒤샹Marcel Duchamp, 1887~1968은 〈샘〉을 통해 '창작된 것만이 예술'이라는 통념을 깨뜨렸고, 이는 경영학에서 말하는 '오소독시(orthodoxy) 뒤집기'와 맞닿아 있습니다. 오소독시는 오랫동안 성공을 가져다주었기에 당연시되거나 널리 공유된 믿음을 뜻합니다. 그러나 오소독시에는 유효기간이 있습니다. 일례로 ChatGPT를 비롯한 생성형 AI 등장은 그동안 비즈니스의 성공 공식으로 여겨졌던 검색 엔진 기술에 대한 확고한 믿음을 흔들며 경쟁 구도와 생태계 전반에 커다란 변화를 가져왔습니다.

백제 금속공예의 정수를 보여주는 〈금동대향로〉는 중국 한나라에서 유행한 박산향로를 계승하면서도, 이를 한 차원 끌어올린 수작입니다. 〈금동대향로〉가 구현한 화려함과 소박함, 익숙함과 낯섦 사이의 절묘한 균형은 기업이 제품이나 서비스를 통해 추구해야 할 차별화의 적정선이 어디에 있는지를 보여줍니다.

빈센트 반 고흐Vincent van Gogh, 1853~1890가 오늘날 '위대한 화가'로 기억되는 데에는 그의 삶과 작품을 하나의 '서사'로 엮어낸 요하나 반 고흐 봉거Johanna Gezina van Gogh-Bonger, 1862~1925의 역할이 결정적이었습니다. 이야기의 힘은 마케팅에서도 강력하게 작동합니다. 모도앤모도(Modo & Modo)는 "과거 예술가와 사상가들이 사용했던 전설적인 노트를 복원했다"는 서사를 통해, 19세기 노트 '몰스킨'을 현대적으로 부활시키는 데 성공했습니다.

레오나르도 다빈치Leonardo da Vinci, 1452~1519의 스푸마토 기법과 공기원근법은 수많은 화가에게 공유되며 새로운 회화 문법을 낳았습니다. 기업 역시 아이디어와 기술을 공유하며 성장하는 경우가 있는데, 이를 '개방형 혁신(Open Innovation)'이라고 합니다. 생성형 AI 시대를 맞아 메타와 엔비디아는 개방형 혁신을 통해 새로운 시장으로 보폭을 넓히고 있는 반면, 애플은 폐쇄적인 전략으로 인해 AI 전환에서 속도를 내지 못하고 있다는 평가를 받고 있습니다.

산업혁명 이후 프레더릭 테일러Frederick W. Taylor, 1856~1915가 초시계를 들고 공장을 누비며 경험의 영역을 과학의 영역으로 전환시킨 이래, 경영학은 다른 학문과의 경계를 허물며 쉼 없이 외연을 확장해 왔습니다. 전략 수립에는 철학이, 조직 관리에는 행정학과 사회학이, 소비자 행동 분석에는 심리학과 뇌과학이, 시장 분석과 수요 예측에는 통계학과 수학이, 경영 의사결정 과정에는 정보기술이 접목돼 왔습니다. 경영학은 이처럼 다양한 학문을 수용하며 발전해 온 '융합 지식의 집합체'입니다. 여기에 더해, 미술이라는 렌즈를 통해 경영학은 또 한 번 확장할 수 있습니다.

'미술과 경영학의 만남'이라는 이 책의 시도가 독자 여러분에게 숫자와 보고서에 갇혀 있던 경영학의 언어를 보다 풍성하게 풀어내고, 익숙한 판단의 틀에 작은 균열을 내며, 시장과 조직 나아가 세상을 바라보는 새로운 시선으로 이어지기를 바랍니다.

심영환

C O N T E N T S

Chapter 2

모든 것은 소비자의 마음에서 비롯되었다

Chapter 3

신화가 된 예술, 예술이 된 마케팅

Chapter 4

변곡점에서 탄생한 혁신의 언어

Chapter 5

예술이 먼저 포착한 대전환의 시대

WHEN

HERMES

MET

MUSE

| 어바웃어북의 지식 교양 총서 |

Chapter 1

경영전략을 캔버스에 펼친 화가

왜 뒤샹은 6달러짜리 소변기를 미술관으로 보냈을까?

•

오소독시 뒤집기

2018년 12월, 국립현대미술관은 추운 날씨에도 불구하고 관람객들로 북적였습니다. 구름 같은 인파를 미술관으로 불러 모은 예술가는 마르셀 뒤샹Marcel Duchamp, 1887~1968. 그의 작품 150여 점이 우리나라에서 처음으로 전시된 자리였습니다. 그러나 전시장에 들어선 이들의 시선은 오직 한 작품을 향했습니다. 바로 〈샘(Fountain)〉이었죠.

유리 상자에 둘러싸인 〈샘〉은 전시장 안에서도 가장 좋은 자리를 차지하고 관람객을 맞이했습니다. 공중화장실에 있어야 할 남성 소변기가 〈샘〉으로 승화하는 순간을 목도한 1917년 뉴욕의 관람객들이나, 100여 년 뒤 국립현대미술관에서 〈샘〉을 바라보는 관람객들은 같은 질문을 떠올렸을 것입니다. '이게 예술이라고?' 이런 생각으로 혼란

마르셀 뒤샹, 〈샘〉, 1950년(1917년 원본의 복제품), 도자기 소변기, 30.5×38.1×45.7cm, 필라델피아미술관

스러웠다면, 〈샘〉을 제대로 감상한 게 맞습니다. 뒤샹은 철물점에서 산 소변기를 미술관에 전시함으로써 '과연 예술 작품이란 무엇인가?'라는 근본적인 질문을 던지고 싶었던 것이니까요.

100년 넘게 파문을 일으킨 뒤샹이 던진 돌멩이

국립현대미술관에 전시되었던 〈샘〉은 필라델피아미술관에서 대여한 복제품(replica)이었습니다. 1917년에 제작된 원본 〈샘〉은 분실되었고, 이후 1950년에 복제된 17개의 〈샘〉 중 하나가 우리나라에 온 것입니다. 원본이든 복제품이든 뒤샹의 손길이 닿은 것이라고는 변기 옆면에 "R. Mutt 1917"이라고 휘갈긴 서명이 전부입니다. 그마저도 'R. Mutt'는 변기 제조회사의 이름에서 따온 것이었습니다.

〈샘〉은 '개념 미술(Conceptual Art)'의 문을 연 기념비적 작품입니다. 개념 미술을 한마디로 정의하면, 작품 자체보다 작가의 아이디어와 제작 과정에 더 큰 의미를 부여하는 예술이라고 할 수 있습니다. 즉 〈샘〉처럼 이미 만들어진 기성품(Ready-made)이라도, 작가가 새로운 의미를 부여하는 순간 예술로 탈바꿈할 수 있다는 것입니다. 요리에 비유하자면 완성된 음식보다는 그것을 가능하게 한 '레시피'에 더 큰 가치를 두는 것과 같습니다.

소변기, 아니 〈샘〉이 1917년 뉴욕에서 열린 한 전시회에 처음 출품되었을 때 모두가 큰 충격을 받았습니다. 심사위원들은 "그것이 있어야 할 자리에 있지 않다"라고 혹평했습니다. 이는 〈샘〉이 작품성을 평가할 만한 대상조차 될 수 없으며 단지 화장실에서 사용하는 물건에 불과하다는 의미였습니다. 그도 그럴 것이 〈샘〉이 등장하기 전까지 예술 작품이란 예술가가 예술혼을 담아 '창작'한 산물이라는 인식이 절대적이었기 때문입니다.

그래서 〈샘〉은 한동안 미술 작품으로 인정받지 못했습니다. 그러나 20세기 중반 이후 미술사학자와 평론가들이 그 예술적 가치를 재조명하면서 상황은 달라졌습니다. 오늘날 〈샘〉은 예술의 정의를 근본적으로 흔들고, 개념 미술이라는 새로운 장을 연 혁신적인 작품으로 평가받고 있습니다.

뒤샹이 미술의 통념을 깨뜨린 이후, 세상을 놀라게 한 기막힌 예술 작품들이 잇달아 등장했습니다. 1961년 피에로 만초니Piero Manzoni, 1933~1963는 자신의 배설물을 아흔 개의 통조림에 담아 〈예술가의 똥(Artist's Shit)〉이라고 이름 붙여 세상에 공개했습니다. 놀랍게도 이 작품은 2016년 밀라노 미술 경매에서 무려 4억 원에 낙찰되었습니다. 현재 뉴욕현대미술관, 런던 테이트모던 등 세계 유수의 미술관들이 만초니의 배설물을 소장하고 있습니다.

1991년 뉴욕현대미술관에 사탕 더미가 전시되었습니다. 펠릭스 곤살레스 토레스Felix Gonzales Torres, 1957~1996의 〈무제(Untitled)〉라는 작품으로, 그는 병으로 세상을 떠난 연인을 기리기 위해 79.3킬로그램의 사탕을 미술관에 쌓았습니다. 왜 79.3킬로그램이었냐고요? 79.3킬로그램은 그의 연인이 건강했을 때의 몸무게라고 합니다. 관람객들은 사탕을 가져

가거나 먹을 수 있었고, 줄어든 만큼 다시 채워졌습니다. 작가는 이 작품의 끊임없는 변형을 관람객과의 소통으로 보았으며, 가져간 사탕이 연인에 대한 사랑을 세상 곳곳으로 퍼뜨리는 행위라 여겼습니다. 그가 사탕을 선택한 이유도 분명합니다. 입안에서 서서히 녹아 사라지는 사탕은 죽음을 향해 나아가는 인간의 생명을 은유하기 때문입니다.

한동안 미술계는 '바나나' 때문에 들썩였습니다. 하얀 벽에 굵은 접착테이프로 생 바나나 한 개를 붙여 놓고 〈코미디언〉이라고 이름 붙인 작품 때문이었습니다. 이탈리아의 시각 예술가 마우리치오 카텔란 Maurizio Cattelan, 1960~ 은 2019년 미국에서 열린 '아트 바젤 마이애미(아트페어)'에 〈코미디언〉을 출품했습니다. 카텔란이 과일 가게에서 단돈 500원에 산 바나나는 2024년 뉴욕 소더비 경매에서 무려 86억 7천만 원에 낙찰되었습니다.

그렇다면 〈코미디언〉은 정말 수십억의 가치를 지닌 작품일까요? 물론 비판도 많지만, 뒤샹의 사례처럼 일상의 사물이 미술관에 전시되는 순간 우리는 그것을 전혀 다른 시선으로 바라보게 됩니다. 더구나 인터넷 '밈(meme)'으로 확산되거나 관람객이 배고프다며 바나나를 먹어버린 사건까지 작품의 연장선으로 읽힐 수 있습니다. 실제로 한 관람객이 바나나를 먹어 작품이 훼손되자, 갤러리 관장은 "이 작품의 가치는 어떤 바나나인지에 따라 달라지는 것이 아니고 작품의 아이디어에 있다"며 즉시 다른 바나나로 교체했습니다. 〈코미디언〉이 불러온 다양한 논란과 세계적 관심에 비추어 본다면, 작품의 원가로 가치를 따지는 일은 무의미해 보입니다. 오히려 논란과 관심이 커질수록 작품의 가치는 더 높아질 것입니다.

미술사학자 에른스트 곰브리치Ernst Hans Josef Gombrich, 1909~2001는 "예술은 없고 예술가만 있다"라고 했습니다. 이 말은 예술이 시대를 초월한 하나의 본질이나 고정된 정의를 지닌 것이 아니라, 각 시대와 조건 속에서 활동한 '개별 예술가들의 선택과 실천'으로 이해해야 한다는 의미입니다. 예술의 정의는 시대와 맥락에 따라 달라집니다. 중요한 것은 작품의 원가나 제작 공력 자체가 아니라, 그것을 통해 예술가가 무엇을 말하려 했는가입니다.

그렇다면 카텔란은 〈코미디언〉을 통해 무엇을 말하려 했을까요? 그가 직접 밝힌 적은 없지만, 많은 평론가는 현대 미술 시장의 허영과 상업성에 대한 풍자라고 해석합니다.

필자도 작가의 열린 결말에 맞춰 나름의 의미를 부여해 보았습니다. 댄 쾨펠Dan Koeppel의 저서 《바나나》(2008년)에 따르면, 쉽게 썩는 바나나를 전 세계에 신선하게 공급하기 위해서 냉장 설비와 운송추적시스템을 갖춘 선박이 최초로 개발되었습니다. 오늘날 흔한 과일 바나나는 사실 세계 무역을 상징하는 아이콘과도 같습니다. 그러나 다국적 대기업들은 바나나 감염병으로 인한 생산성 저하를 막기 위해 무분별하게 살충제를 사용해 환경을 파괴하고, 터무니없이 낮은 임금으로 노동을 착취하고 있습니다. 어쩌면 카텔란은 〈코미디언〉을 통해 바나나가 품고 있는 자본주의와 세계화의 그림자를 함께 고민해 보자는 화두를 던진 것은 아닐까요.

이처럼 〈코미디언〉은 사회적 문제에 대한 다양한 담론을 불러일으

킴으로써 〈샘〉과 같은 초기 개념 미술보다 한층 진일보한 메시지를 던집니다.

묻지도 따지지도 않고 공유하는 믿음, 오소독시

〈샘〉에서 〈코미디언〉에 이르기까지, 이러한 작품들은 우리가 당연하게 여겼던 통념을 뒤집었습니다. 경영학에서도 '전략적 혁신(Strategic Innovation)'을 논할 때 'Flipping the Orthodoxy(통념 뒤집기)'라는 개념을 강조합니다. 경영학자 게리 하멜Gary Hamel, 1954~은 '오소독시(orthodoxy)'라는 개념을 통해 전략적 혁신 이론을 정립한 바 있습니다. 경영학에서 오소독시는 기업과 산업 내에서 오랫동안 성공을 가져다주었기에 뿌리 깊이 박혀 있거나 널리 공유된 믿음을 뜻합니다. - 오소독시는 우리말의 '통념'이나 '고정관념'과 비슷하지만, 경영학에서 사용하는 전문용어라는 점에서 그대로 표기했습니다. - 이렇게 자리 잡은 오소독시는 업계에서 당연한 것으로 받아들여지며 꽤 오랫동안 지속됩니다. 어느 순간 왜 그렇게 되었는지 묻지도 따지지도 않고 '원래 그런 것'으로 여겨지지요. 누군가 그 불문율을 깨뜨리기 전까지 말입니다.

물론 오소독시는 '사실(fact)'과 동일한 개념이 아닙니다. 시대와 상황에 따라 달라질 수 있으므로 절대적인 진리가 될 수 없기 때문입니다. 따라서 기업 운영에서 작동하는 일종의 고정 관념이자 관습에 가깝습니다.

에두아르 마네, 〈풀밭 위의 점심〉, 1863년, 캔버스에 유채, 208×264cm, 파리 오르세미술관

알렉상드르 카바넬, 〈비너스의 탄생〉, 1863년, 캔버스에 유채, 130×225cm, 파리 오르세미술관

1863년, 미술계에도 이와 비슷한 변화의 바람이 불었습니다. 바로 '살롱 데 레퓨제(Salon des Refusés)'입니다. 이는 살롱전에서 낙선한 작품들을 따로 모아 연 전시회로, 여기 전시된 대표적 작품이 마네Edouard Manet, 1832~1883의 〈풀밭 위의 점심〉입니다.

마네는 〈풀밭 위의 점심〉에서 르네상스 시대부터 이어져 온 원근법을 무시하고 화면을 평면적으로 구성했습니다. 또 매춘부와 향락을 즐기는 상류층의 세태를 캔버스에 담아냄으로써, 아카데미즘으로 대표되는 주류 미술과 사회적 통념을 정면으로 거슬렀습니다. 당시만 해도 회화에 등장하는 여성 누드는 신화 속 주인공을 대상으로 아름다움을 상징하거나 교훈적 서사를 전달하는 수단이었습니다. 그러나 마네는 그림 속 나체 여성의 시선이 정면을 향하도록 그려, 그동안 수동적 대상으로만 묘사되던 여성을 능동적인 주체로 드러냈습니다. 이런 파격적 시도 앞에서 당시 관람객들은 말 그대로 기절초풍할 정도의 충격을 받았을 것입니다. 물론 마네는 이 작품으로 전례 없는 비난을 한몸에 받았습니다.

〈풀밭 위의 점심〉을 그해 살롱전의 대상 수상작과 비교해 보면 당시 관람객이 받은 충격의 크기를 짐작할 수 있습니다. 마네가 낙선한 그해 살롱전에서 영예를 안은 작품은 알렉상드르 카바넬Alexandre Cabanel, 1823~1889의 〈비너스의 탄생〉이었습니다. 당시 최고 권력자였던 나폴레옹 3세Napoléon III, 1808~1873는 직접 이 작품을 구입해 '최고의 작품'이라는 인장을 찍어주었습니다. 〈비너스의 탄생〉은 당시 미술계의 오소독시를 구현한 작품이었습니다. 그러나 앞서 설명했듯, 오소독시는 절대적 진리가 될 수 없습니다. 〈비너스의 탄생〉과 같은 스타일의 작품도 얼마 지나지 않아 새로운 도전(인상주의)을 받으며, 결국 사람들의 기억 속에서 희미해져 갔습니다.

이러한 파격은 비단 미술계에만 국한되지 않습니다. 고전 레퍼토리를 대담하게 재해석해 '무용계의 피카소'라 불리는 매튜 본Sir Matthew Bourne, 1960~은 1995년 〈백조의 호수〉를 연출하면서, 전통적으로 발레리나가 맡아온 백조 역을 근육질의 발레리노에게 배정하는 파격을 보여주었습니다. 매튜 본은 이 작품으로 평론가들에게 혹평을 듣고 일부 관객들이 공연 도중 퇴장하는 수모를 겪었지만, 시간이 흐른 뒤 그의 연출은 위대한 시도로 재평가되었습니다.

뒤집어야 할 오소독시의 세 가지 요건

그렇다면 우리는 어떤 믿음이 깨뜨려야 할 오소독시인지 어떻게 알 수 있을까요? 오소독시는 크게 세 가지 특징을 가지고 있습니다.

첫째, 대다수가 믿고 있어야 합니다. 앞서 설명했듯 오소독시는 뿌리 깊이 자리 잡은 믿음입니다. 이러한 믿음이 형성되기까지는 그 방식을 적용해 성공한 수많은 사례가 있었을 것입니다. 그래서 모두가 그것을 당연한 것으로 받아들이게 된 것이죠. 마치 우리가 이미 만들어진 소변기를 미술 작품으로는 결코 생각하지 않았던 것처럼 말입니다.

둘째, 대중뿐 아니라 업계 전문가들도 믿고 있는 것이라야 합니다.

2007년 아이폰 출시 직전, 마이크로소프트의 CEO 스티브 발머Steve Ballmer, 1956~는 공식 석상에서 이렇게 말했습니다. "아이폰은 비즈니스용으로 절대 성공하지 못할 것입니다. 물리적 키패드가 없어 이메일을 보내기에 적합하지 않고, 가격도 지나치게 비싸기 때문입니다."

IT 업계의 대표적인 전문가조차 이런 확신을 가졌던 것은 당시 쿼티 자판이 장착된 블랙베리가 '비즈니스폰의 오소독시'로 여겨졌기 때문입니다. 이는 미술계 심사위원과 평론가들이 〈샘〉과 〈풀밭 위의 점심〉을 평가절하한 맥락과도 같습니다. 하지만 모두가 아는 것처럼, 아이폰 출시 이후 블랙베리는 시장에서 빠르게 자취를 감추었습니다.

셋째, 그 믿음을 뒤집었을 때 새로운 비즈니스 기회가 열려야 합니다. 단순히 대중과 전문가들이 확고히 믿는다고 해서 모두 오소독시가 되는 것은 아닙니다. 중요한 것은 그것을 뒤집었을 때 비즈니스적으로 새로운 가능성이 열리는가 하는 점입니다. 애플은 쿼티 자판을 없애고 터치스크린 기술을 적용했습니다. 블랙베리가 가진 쿼티 자판이라는

블랙베리는 2002년 캐나다에서 개발된 스마트폰으로, 손가락으로 누를 수 있는 쿼티(QWERTY) 자판을 장착해 미국과 유럽 비즈니스맨 사이에서 널리 사용되었다. 특히 버락 오바마 미국 대통령이 애용해 '오바마폰'이라 불리기도 했다.

오소독시를 뒤집는 순간, 화면이 넓어지며 새로운 사업 기회가 열렸습니다. 화면 확장으로 사용자는 더 다양한 콘텐츠를 볼 수 있게 되었고, 스마트폰 이용 시간과 활용도도 비약적으로 증가했습니다. 물리적 단말기에서 시작된 혁신은 곧 플랫폼 사업의 토대가 되었습니다. 마치 〈샘〉이 개념 미술의 문을 열고, 〈풀밭 위의 점심〉이 모더니즘의 문을 연 것처럼 말입니다.

결국 어떤 강력한 믿음이 이 세 가지 조건을 충족한다면, 그것은 오소독시라 부를 만한 충분한 자격이 있습니다. 다만 그렇다고 해서 반드시 당장 깨뜨려야 할 대상으로만 여길 필요는 없습니다. 오소독시는 일정 기간 기업의 '성공 DNA'로 작동할 수도 있기 때문입니다.

"Dirty is good" 캠페인이 깬 오소독시

그렇다면 깨뜨리거나 뒤집어야 할 오소독시는 어떤 것들일까요? 앞서 언급한 상품이나 서비스뿐 아니라 마케팅, 운영과 생산 방식, 기술, 제도 등 거의 모든 영역에 오소독시가 있습니다. 그만큼 오소독시의 대상은 다양하고 폭넓습니다.

기술 방식을 예로 들어 보겠습니다. 네이버와 구글은 '검색의 시대'를 지배한 강자입니다. 특히 페이지 링크(page link : 웹페이지와 구글 창업자 래리 페이지의 이름에서 따온 중의적 표현) 기술은 검색 엔진 기반의 포털서비스 사업자가 전성기를 누릴 수 있게 한 원동력이었습니다. 그러나 세상에 영원한 것은 없습니다. 페이지 링크 기술을 통해 막대한 광고 수익을 올리던 사업자들은 2022년 혜성처럼 등장한 오픈AI의 ChatGPT로 인해 커다란 위기에 직면했습니다.

유니레버 오모 세제의 "Dirty is good" 캠페인 지면 광고.

검색 엔진을 사용할 경우, 원하는 정보를 얻으려면 수많은 링크를 일일이 열어봐야 하고 원치 않는 광고창을 마주해야 합니다. 반면 ChatGPT와 같은 생성형 AI 서비스는 이런 복잡하고 불필요한 과정을 건너뜁니다. 사용자가 질문을 던지면 마치 각 분야의 전문가가 곁에 있는 듯 곧바로 답을 제시합니다. 앞으로 검색 엔진의 역할은 점점 축소될 것입니다. 이제 '검색 엔진 기술 = 비즈니스 성공 방정식'이라는 오소독시는 무너지고, 그 자리를 생성형 AI 기술이 빠르게 대체해 갈 것입니다.

마케팅 커뮤니케이션에서도 오소독시를 뒤집는 사례를 찾을 수 있습니다. 유니레버(Unilever)에서 만든 세탁 세제 오모(OMO)의 광고 전략이 대표적입니다. 전통적으로 세탁 세제는 '깨끗함'과 '청결함'을 강조해 왔습니다. 예컨대 세탁 세제 시장의 강자 퍼실(Fersil)은 "흰옷을 더 희게"라는 슬로건을 앞세워 '얼마나 더 깨끗하게 세탁할 수 있는가'에 집중했습니다. 그런데 유니레버는 오히려 정반대로 '더러움'을 전면에 내세웠습니다.

"Dirty is good" 캠페인은 소비자에게 "더러워도 괜찮다, 아니 오히려 더러운 것이 좋은 것이다"라는 새로운 인식을 심어 주었습니다. 모름지기 아이는 마음껏 뛰어놀아야 합니다. 그래서 흙이나 물감으로 더러워진 옷은 아이가 재미있게 놀고, 탐구하고, 배우고, 창조했다는 증거라는 것이죠. "Dirty is good" 캠페인은 더러워진 옷은 오모 세제가 책임질 테니 아이들은 주저하지 말고 뛰어놀라는 의미를 담고 있습니다. 오모 세제는 이렇게 오소독시를 뒤집는 커뮤니케이션 전략으로 높은 매출을 기록했으며, 해당 광고는 2012년 칸 광고제에서 수상의 영예를 안았습니다.

오소독시의 유효기간

오소독시를 대체하고 나타난 새로운 것은 영원할까요? 그리고 그것은 언제나 좋은 것일까요? 오소독시는 유용하지만, 단순히 좋거나 나쁘다고 규정할 성질의 것은 아닙니다. 기존 오소독시를 뒤집고 그 위

■ 오소독시의 라이프 사이클

오소독시 A가 한동안 효과를 발휘하다가 쇠퇴하면, 이를 대체하는 오소독시 B가 등장해 더 큰 효과를 내고, 다시 오소독시 C로 이어진다. 즉, 오소독시는 영원하지 않고 유효기간이 있으며, 끊임없이 새로운 도전자에 의해 교체된다.

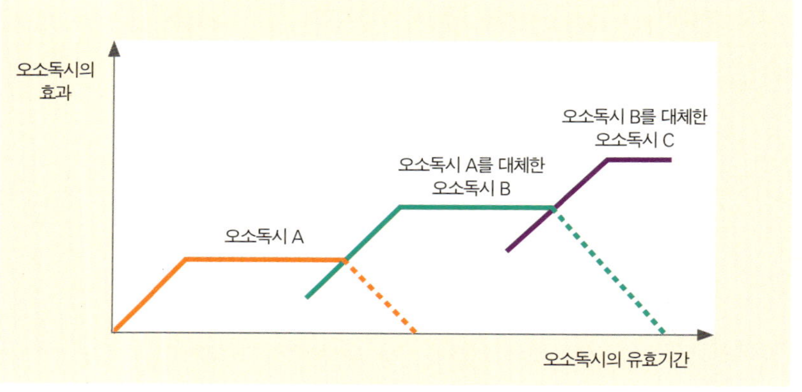

에 세워진 것도 시간이 지나면 다시 확고한 오소독시로 굳어질 수 있습니다. 이렇게 강력해진 오소독시도 결국 언젠가는 새로운 도전을 받을 것이며, 그 도전에 패하면 자리를 비켜 주어야 합니다. 즉 오소독시는 유효기간이 있습니다. 시장의 새로운 도전자가 그것을 깨뜨릴 때까지 말이죠.

그렇다면 오소독시로부터 비즈니스 기회는 어떻게 발굴할 수 있을까요? 비교적 간단한 방법이 있습니다. 바로 우리 회사와 산업계에서 '절대 하지 않는 것'을 찾아보는 것입니다. 기존 성공 방식에 안주한 탓에 간과된 영역일수록, 역설적으로 혁신의 가능성이 숨어 있을 수 있습니다.

또 시장에서 가장 혁신적인 기업이나 스티브 잡스Steven Paul Jobs, 1955~2011 같은 혁신적인 CEO를 선정해 그 시선을 대입해 보는 방법도 있습니다. 아예 가상의 기업이나 인물을 설정해도 무방합니다. 이렇게 잠시라도 혁신가의 눈으로 비즈니스를 바라본다면, 오소독시를 뒤집고 새로운 기회를 창출할 아이디어가 떠오를 수 있습니다. 오픈AI의 ChatGPT 서비스 개발이나 유니레버 오모 세제의 커뮤니케이션 전략 역시, 산업계에서 '절대 하지 않던 방식'을 선택해 성공을 거둔 사례입니다.

최근 방문 학습지 시장의 대표 기업인 대교는 노인층을 대상으로 한 방문학습 사업을 시작했습니다. 그동안 방문학습 서비스의 주요 고객이 어린이였음을 감안하면 다소 낯선 변화입니다. 그러나 대교는 '방문학습 서비스 = 어린이 고객'이라는 오소독시를 깨고, 고령화와 치매 인구 증가로 생겨난 새로운 시장에 주목한 것입니다.

지금까지 전략적 혁신에서 말하는 '오소독시 뒤집기'에 대해 살펴보았습니다. 뒤샹 역시 혁신가의 눈을 가진 예술가였습니다. 소변기는 당연히 화장실에 있어야 한다는 오소독시, 미술품은 창조된 것이어야 한다는 오소독시를 과감히 깨뜨렸기 때문입니다. 다수가 당연하게 느끼는 그래서 성공 공식으로 받아들이는 당대의 오소독시를 뒤집는 혁신가에게 가장 필요한 것은 무엇일까요? 뒤샹의 말에서 답을 찾을 수 있습니다.

"나에게 어려운 점은 지금 즉시 이 시대의 대중을 만족시키는 것이다. 차라리 나는 내가 죽은 후 50년 혹은 100년 후의 대중을 기다리고 싶다. 이들이야말로 내 관심을 끄는 이들이다."

아무도 가지 않은 길에 첫 발자국을 남긴 사람들

시장 포지셔닝 전략

지갑에서 천 원짜리 한 장을 꺼내 잠시 바라보세요. 퇴계 이황李滉, 1501~1570의 얼굴이 있는 앞면에서 시선을 떼고 지폐를 뒤집어 뒷면을 찬찬히 들여다봅니다. 잔잔한 물가 풍경 속에 자리한 고즈넉한 집 한 채가 눈에 들어옵니다. 활짝 열린 방문 너머에는 책상 앞에 앉아 있는 선비가 있습니다. 바로 이번에 만나게 될 화가의 손끝에서 탄생한 장면입니다.

이 그림의 제목은 '냇가 위에 조용히 머문다'는 뜻의 〈계상정거도〉, 그리고 이 작품을 그린 이는 조선이 낳은 '화성(畫聖)' 겸재 정선鄭敾, 1676~1759입니다. 〈계상정거도〉는 퇴계가 도산서원의 완락재에 정좌한 모습을 묘사한 것으로, 퇴계와 우암 송시열宋時烈, 1607~1689의 글씨와 겸재의 산수화 4폭 등 16면으로 구성된 서화집 《퇴우이선생진적첩》에 실려 있

정선, 〈계상정거도〉, 1746년, 종이에 수묵, 25.3×39.8cm, 서울 리움미술관

습니다. 퇴계는 관직에서 물러난 뒤 고향에 은거하며 학문에 전념하고 후학을 양성했습니다. 〈계상정거도〉는 그가 평생 추구한 학문의 길, 도덕적 성찰, 그리고 유교적 이상향을 상징적으로 담아낸 작품입니다. 매일 무심코 사용하던 지폐 한 장에 이렇게 웅숭깊은 세계가 숨어 있었다니, 놀랍지 않으신가요? 이제 겸재가 그려낸 세계 속으로 천천히 걸어 들어가 보겠습니다.

꿈의 산수에서 현실의 산수로, 진경산수화

겸재를 대표하는 화풍은 단연 진경산수화입니다. 여기서 '진경'이란 실

정선, 〈인왕제색도〉, 1751년, 종이에 수묵, 79.2×138.2cm, 서울 국립중앙박물관

안견, 〈몽유도원도〉, 1447년, 종이에 수묵, 38.7×1068.5cm, 나라현 덴리대학교

제 경치를 뜻합니다. 상상 속 풍경이나 다른 그림을 본떠 그리는 산수화가 아니라, 화가가 직접 그 장소를 답사해 보고 느낀 것을 화폭에 담는 그림이죠. 진경산수화는 단순히 대상의 겉모습을 옮겨 그리는 데 그치지 않고, 실재하는 풍경에 화가의 사유와 해석을 더해 본질을 표현하는 화법입니다. 이는 이상적 풍경을 상상해 그리거나 중국 화가의 작품을 모본으로 삼아 표현한 관념산수화와는 분명하게 구별됩니다.

조선 회화는 전기까지만 해도 중국 남종화의 영향 아래 자연을 사실적으로 재현하기보다 심상(心象), 즉 화가의 내면과 사유를 표현하는 관념산수화가 주류였습니다. 이를 대표하는 작품이 세종대왕 대에 활발히 활동한 안견安堅, ?~?의 〈몽유도원도〉입니다. 안평대군安平大君, 1418~1453의 꿈 이야기를 듣고 안견이 사흘 만에 그렸다는 이 작품은, 현실의 자연을 충실히 재현하기보다 환상적이고 시적인 풍경으로 묘사한 것이 특징입니다.

그러나 조선 후기 실학사상이 대두하면서 현실 세계를 탐구하고 우리 산천을 주목하는 흐름이 힘을 얻었습니다. 이는 실경산수화, 곧 한국의 자연을 사실적으로 그리는 화풍으로 이어졌

습니다. 오랫동안 중국 화풍을 모방하던 조선 회화에서 실용적·현실적 시각이 싹트기 시작한 것입니다. 겸재는 이러한 실경산수화에서 한 걸음 더 나아가, 실경에 자신의 사유와 해석을 더한 '진경산수화'를 창시했습니다. 쉽게 말해, 실경산수화가 '여행지를 그대로 찍은 사진'이라면, 진경산수화는 '여행의 감정과 이야기까지 담아낸 사진'에 가깝습니다.

겸재가 진경산수화를 선보인 뒤 양반과 중인층 사이에서는 실제 명승지를 찾아 풍경을 감상하고 기행문을 남기는 문화가 유행하기도 했습니다. 유럽에서 사진술 발달 이후 인상주의가 등장한 것에 비유할 만한 변화입니다. 진경산수화의 대표작으로는 겸재의 〈금강전도〉, 〈인왕제색도〉(32쪽)를 꼽습니다. 이처럼 겸재는 이전에 없던 방식으로 우리 산천을 바라보며, 회화의 세계에서 '아무도 가지 않은 길'을 먼저 걸어간 인물이었습니다.

오직 그림 실력으로 일궈낸 '인생 역전'

⋮

사실 겸재는 매우 독특한 이력을 지닌 인물입니다. 그는 그림을 관장하는 국가 기관인 도화서의 유일한 양반 출신 화원이었습니다. 그는 증조부·조부·부친까지 내리 3대가 과거시험에 낙방한, 몰락한 양반 가문에서 태어났습니다. 그 역시 한때는 과거에 도전했지만 실패하자 화원의 길을 선택했습니다. 열네 살에 아버지를 여의고 어머니와 어린 동생의 생계를 떠맡아야 했기 때문입니다. 비록 '환쟁이'라 불리는 천시받던 중인 신분의 직업으로 관직에 올랐지만, 겸재는 영조英祖, 1694~1776도 함부로 이름을 부르지 않았을 만큼 총애를 받으며 노년까지 고위 관료로 재직했습니다.

반전을 만들어낸 것은 바로 그의 뛰어난 그림 실력이었습니다. 서른여섯 살이던 1711년, 금강산 인근 고을의 현감으로 있던 친구 이병연李秉淵, 1671~1751이 겸재를 금강산 여행에 초대했습니다. 같은 고을에 살던 후원자가 비용을 마련해 준 덕분에 겸재는 금강산과 주변 지역을 두루 여행할 수 있었고, 그 결과물로 《해악전신첩》이라는 화첩을 세상에 내놓았습니다. 그는 이 화첩을 통해 그림 의뢰가 쇄도하는, 일약 '스타 화가'로 떠오르게 되었습니다. 이후 마흔한 살에 종6품으로 벼슬길에 오른 뒤 관료로도 승승장구했습니다. 여든넷에는 종2품인 동지중추부사에 올랐고, 사후에는 정2품 한성판윤(오늘날의 서울시장)으로 추증되었습니다. 과거제를 입신양명의 유일한 통로로 삼았던 당시 사대부들과는 전혀 다른 길에서 이룬 성공이었습니다.

또한 겸재는 노년에도 붓을 놓지 않고 〈금강산전도〉(58세), 〈계상정거도〉(67세), 〈인왕제색도〉(76세) 등 수많은 명작을 남겼습니다. 그의 예술적 성공을 보여주는 흥미로운 일화도 전해집니다. 겸재의 명성이 청나라에까지 알려지자, 청나라에 파견되는 외교사절들이 거금을 주고 그의 그림을 사서 청나라 고관과 문인들에게 외교 선물로 전했다는 기록이 남아 있습니다.

한성부 순화방(현재의 서울 청운동)에서 태어난 겸재는 한양 풍경은 물론, 자신이 부임하거나 여행하며 방문한 전국의 명승지를 그림으로 남겼습니다. 특히 그는 금강산과 인왕산을 백 번 넘게 찾았다고 전해집니다. 그가 일흔여섯 살에 그린 〈인왕제색도〉는 진경산수화 가운데서도 최고 걸작으로 꼽힙니다. 여기서 '제색(霽色)'은 비가 막 그친 뒤의 청명한 빛과 맑은 공기를 의미합니다. 비에 젖어 어둑해진 바위산 아래로 운무가 피어오릅니다. 마치 산등성이를 따라 흘러가는 운무를 화폭에 가둬놓은 것 같습니다. 손을 뻗으면 차갑고 습한 안개가 닿을 것만 같습니다. 겸재는 이 웅장하고도 몽환적인 찰나를 대담한 필치와 수묵의 깊이만으로 오롯이 표현했습니다.

〈인왕제색도〉는 단순한 산수화가 아닙니다. 평생을 함께한 친구의 생을 붙들고 싶은 겸재의 간절함이 깃든 작품입니다. 1751년 여름, 겸재는 이병연의 임종이 가까웠다는 소식을 듣습니다. 그의 마음을 아는 듯 며칠째 비가 쏟아지고 있었습니다. 잠시 반짝 비가 그친 순간, 겸재는 노구를 이끌고 이병연과 함께 수없이 올랐던 인왕산으로 향했습니다. 그리고 친구가 다시 일어서기를 바라는 마음을 담아, 비가 갠 뒤 해가 떠오르기 직전의 찰나 그 맑아지는 빛과 공기를 화폭에 담아냈습니다.

진경산수화의 시장 포지셔닝

겸재가 창시한 진경산수화는 관념산수화나 실경산수화와는 완전히 다른, 새로운 화풍이었습니다. 경영학에서는 이러한 차별화 전략을 '시장 포지셔닝(Market Positioning)'이라는 개념으로 설명합니다. 시장 포지셔닝은 잭 트라우트Jack Trout, 1935~2017와 알 리스Alfred Paul Ries, 1926~2022가 제시한 전략으로, 브랜드가 소비자의 머릿속 어디에 자리 잡을 것인가를 설계하는 방법입니다.

마케팅을 한 문장으로 요약하면, '사실(fact)'과 '인식(perception)'의 싸움에서 인식의 힘을 더 강하게 만드는 일이라 할 수 있습니다. 소비자를 움직이는 것은 언제나 사실보다 인식이기 때문입니다. 따라서 시장 포지셔닝 전략은 소비자의 마음속에서 특정 상품이나 서비스가 유리한 자리를 선점하도록 만드는 것을 목표로 합니다.

그러기 위해서는 브랜드가 단순히 시장에 존재하는 데 그치지 않고, 경쟁사와 분명하게 구별되도록 만드는 것이 중요합니다. 즉, 브랜드의 인식 차별화가 핵심입니다. 이러한 시장 포지셔닝 개념을 시각화해 활용할 수 있도록 만든 도구가 바로 포지셔닝 맵입니다. 포지셔닝 맵은 보통 '2×2 매트릭스'로 표현합니다. 먼저 가로와 세로 축의 기준을 정한 뒤, 경쟁사 브랜드가 어떤 위치에 놓여 있는지 표시하고, 그와 다른 지점에 자사 브랜드를 배치합니다. 이때 축의 기준은 경쟁사 대비 차별적 우위가 있고, 고객의 주요 구매 요인(KBF; Key Buying Factor)이며, 유의미한 시장 규모를 갖도록 설정하는 것이 좋습니다.

예를 들어 보겠습니다. 온라인 쇼핑몰 시장에서 '배송 속도'가 경쟁사 대비 차별적 우위를 만들 수 있는 요소라면, 포지셔닝 맵의 축 기준을 '배송 속도'로 설정할 수 있습니다. 다만 이 기준은 소비자의 구매 의사 결정에 실제로 중요한 영향을 미치는 요인이어야 합니다. 차별적 요소라고 해도, 소비자에게 중요하지 않다면 전략적 의미가 없기 때문입니다. 또한 차별적 요소이면서 구매 의사 결정에서 중요한 고려 요소라면, 그 기준을 중시하는 소비자군의 규모가 충분히 커서 기업의 매출과 이익에 기여할 수 있어야 합니다. 이 세 가지 조건을 충족하는 요소로 축을 설정할 때, 기업은 차별화를 통한 시장 포지셔닝에 유리해집니다.

실제로 쿠팡은 치열한 레드오션인 온라인 유통 시장에 뒤늦게 진입했지만, 기존 온라인 유통 기업들과의 차별화를 위해 '로켓배송'이라는 압도적 속도를 무기로 시장을 장악했습니다. 이 사례는 배송 속도가 온라인 유통 산업에서 차별적 요소이자 중요한 구매 의사 결정 요인, 그리고 충분히 큰 수요를 창출하는 요소임을 입증합니다.

결론적으로, 시장 포지셔닝 맵의 축은 기업이 잘할 수 있는 것, 소비자가 중요하게 여기는 것, 그리고 그 기준을 중시하는 소비자가 충분히 많은 것이어야 합니다. 이러한 기준을 적용하면, 후발 사업자도 포지셔닝 맵을 통해 시장 선도 기업이나 경쟁사가 아직 자리 잡지 않은 새로운 기회의 영역을 발견할 수 있습니다.

■ 진경산수화의 포지셔닝 맵

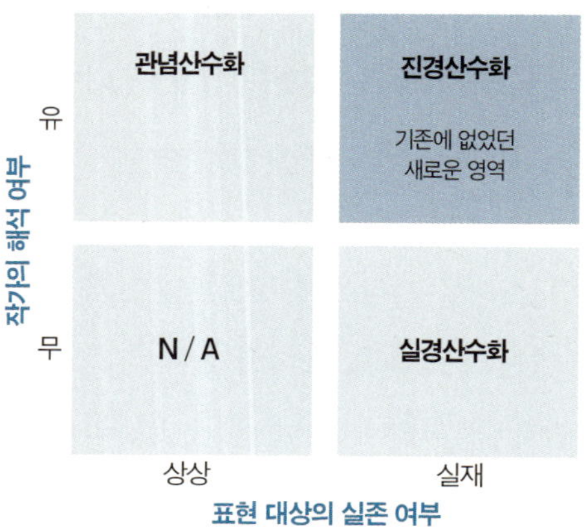

진경산수화도 같은 방식으로 설명할 수 있습니다.

가로축을 '표현 대상의 실존 여부', 세로축을 '작가의 해석 여부'로 설정한 뒤 기존 화풍인 관념산수화와 실경산수화를 배치해 보면, 실재하는 풍경에 작가의 해석을 더한 영역이 비어 있게 됩니다. 바로 그 지점이 기존 산수화와 차별화되는 새로운 자리이며, 겸재의 진경산수화가 차지한 위치입니다.

최초가 될 수 없다면, 최초가 될 수 있는 새로운 영역을 만들라!

잭 트라우트와 알 리스는 1993년 저서 《마케팅 불변의 법칙》에서 효과적인 시장 포지셔닝 전략을 제시했는데, 그중 하나가 바로 '영역의 법칙(The Law of Category)'입니다. 영역의 법칙은 어떤 브랜드가 기존 영역에서 최초가 될 수 없다면, 최초가 될 수 있는 새로운 영역을 만들어야 소비자의 머릿속에 각인되기 쉽고 성공할 가능성도 높아진다는 것입니다. 즉, 경쟁자보다 더 많이, 더 좋게, 더 낫게 만들려 애쓰는 대신 더 '다르게' 만들라는 메시지입니다. 이제 다르게 만들어 성공한 기업들의 사례를 살펴보겠습니다.

에너지 넘치는 황소 두 마리가 머리를 맞대고 있는 강렬한 BI로 유명한 레드불(Red Bull) 역시 '다르게' 만들며 전례 없는 새로운 영역을 개척한 브랜드입니다. 1987년 레드불이 등장하기 전까지 음료 시장은 코카콜라와 펩시 같은 탄산음료, 그리고 게토레이·포카리스웨트 등 기능성 음료가 양분하는 구조에 가까웠습니다(물론 주스나 커피 등 비탄산음료도 있었지만, 전체 시장에서 차지하는 비중이 크지 않아 여기서는 단순화해 설명하겠습니다).

레드불을 공동 개발한 오스트리아의 디트리히 마테쉬츠Dietrich Markwart Eberhart Mateschitz와 태국의 찰레오 유위디아Chaleo Yoovidhya는 기존의 탄산음료나 기능성 음료 시장에 정면으로 뛰어들지 않았습니다. 대신 '에너지 드링크'라는 전혀 새로운 영역(category)을 개척했습니다. 그 결과 레드불은 현재 에너지 드링크 시장의 약 43%를 차지하는 압도적 1위 브랜드가 되었고, 레드불의 성공을 본 몬스터(Monster) 같은 후발 기업들이 시장에 잇따라 진입하며 시장 규모는 더욱 커졌습니다.

그렇다면 에너지 드링크를 주로 소비하는 사람들은 누구일까요? 수험생, 장거리 트럭 운전사, 익스트림 스포츠 애호가, 게이머처럼 잠을 쫓아야 하거나 높은 집중력이 필요한 사람들이 핵심 고객층입니다. 국내에서도 이와 유사한 사례로 '박카스'가 있습니다. 박카스는 국내에서 '피로회복제'라는 새로운 시장을 개척하며 큰 성공을 거두었습니다. 다만 아쉬운 점은, 피로회복제라는 범주에 머무르지 않고 세계 시장의 흐름에 맞춰 에너지 드링크로 재포지셔닝했다면 오늘날 전 세계인이 즐기는 K-에너지 음료로 성장했을지도 모른다는 것입니다.

레드불은 기존 음료 시장과 경쟁하지 않고 '에너지 드링크'라는 새로운 영역을 창조해 시장점유율 43%의 압도적 1위가 되었다. 이미지는 레드불의 이집트 광고 캠페인.

삼양식품의 '불닭볶음면'이 좋은 비교 사례입니다. 기존 라면과 다른 '국물 없는 라면'이라는 형식에 더해, 매운맛 챌린지 같은 '놀이 요소'를 결합하면서 해외시장에서 폭발적인 반응을 끌어냈습니다. 전 세계 소비자들이 앞다투어 유튜브에 챌린지 영상을 올릴 만큼 인기가 높아지며, 불닭볶음면은 한국 라면이 단순한 로컬푸드가 아닌 코카콜라급의 글로벌 식품으로 자리매김하는 데 큰 역할을 했습니다. 현재 한국 라면은 132개국에 수출되고 있으며, 규모는 2019년 4700억 원에서 2024년 1조 7000억 원으로 262% 성장했습니다.

액션캠으로 잘 알려진 고프로(GoPro)의 '히어로(HERO)'는 어떤 새로운 시장을 개척했을까요? 히어로가 등장하기 전 카메라 시장은 캠코더, 디지털카메라, 스마트폰이 중심을 이루고 있었습니다. 이에 고프로의 창업자 닉 우드먼Nick Woodman은 서핑, 스노클링, 암벽 등반, 모터사이클, 스키처럼 역동적인 활동 중에도 헬멧이나 장비, 의류 등에 부착해 1인칭 시점으로 촬영할 수 있는 소형 디지털카메라 시장을 만들어냈습니다. 현재 액션캠은 브이로그, 유튜브 등 소셜미디어 콘텐츠 제작에서 필수 장비로 자리 잡았으며, 최근에는 생성형 AI 기술의 발전과 함께 AI가 인간의 일상적 물리 환경을 학습하고 이해하는 데 활용되는 도구로까지 용도가 확장되고 있습니다.

실내의 빛으로 인상주의를 다시 쓰다

분위기를 바꿔, 그림 한 점을 함께 감상해 보겠습니다. 한 젊은 여성이

베르트 모리조, 〈요람〉, 1872년, 캔버스에 유채, 56×46cm, 파리 오르세미술관

요람을 물끄러미 바라보고 있습니다. 얇은 레이스 커튼 너머엔 곤히 잠든 아기가 보입니다. 그림 속 아기가 깰까, 혹은 엄마에게 찾아온 짧은 여유가 흩어질까 봐 보는 이마저 숨을 죽이게 만드는 장면입니다. 이 평온한 일상의 순간을 포착한 화가는 19세기 후반 프랑스에서 활동한 여성 화가 베르트 모리조Berthe Morisot, 1841~1895입니다.

모리조는 '최초의 실내 인상주의 화가'로 불립니다. 많은 인상주의 화가가 자연 풍경이나 거리의 활기를 그린 것과 달리, 그녀는 실내 공간에 집중했기 때문입니다. 〈요람〉을 비롯해 집 안에서 아이를 돌보는 모습, 창가에서 책을 읽는 모습, 자수를 놓는 모습 등 여성들의 사적이고 섬세한 세계를 화폭에 담아냈습니다.

일반적인 인상주의 작품을 떠올려 보면 대개 반짝이는 햇살 아래 펼쳐진 야외 풍경이나 카페·거리의 생동감 넘치는 장면들입니다. 이런 이미지를 기준으로 보면, '실내'와 '인상주의'는 쉽게 연결되지 않는 조합처럼 느껴집니다. 그러나 이 낯선 조합은 포지셔닝 전략의 관점에서 보면 오히려 매우 흥미롭게 해석됩니다.

19세기 후반, 여성 화가에게는 여러 제약이 존재했습니다. 프랑스의 대표적인 미술교육기관인 에콜 데 보자르(École des Beaux-Arts)는 1897년에 이르러서야 여성의 입학을 허용했고, 그 이후에도 해부학, 누드 드로잉, 조각 등 핵심 수업에서 여성을 배제했습니다. 더구나 당시에는 여성 혼자서 공공장소를 자유롭게 다니는 것조차 쉽지 않았습니다.

■ 인상주의 포지셔닝 맵

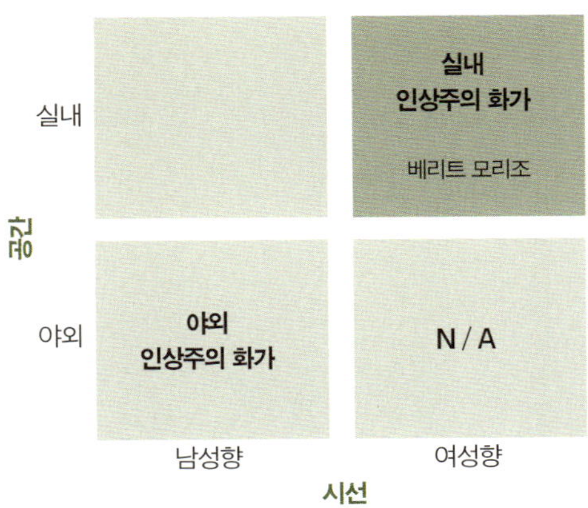

하지만 모리조는 이런 제약을 한계가 아닌 기회로 삼았습니다. 대부분의 남성 인상주의 화가들이 경쟁적으로 야외로 나가 작업할 때, 그녀는 접근 가능한 공간인 '실내'라는 빈 영역을 선택했습니다. 그 선택은 결과적으로 탁

월했습니다. '최초의 인상주의 화가'라는 지위는 모네Claude Monet, 1840~1926가 이미 차지했고, 기존 영역은 르누아르Pierre-Auguste Renoir, 1841~1919, 드가Edgar Degas, 1834~1917 등 강력한 경쟁자들로 가득했기 때문입니다.

포지셔닝 맵으로 인상주의 화가들을 바라보면, '야외 – 실내'라는 공간 기준과 '남성적 시선 – 여성적 시선'이라는 표현 방식 기준으로 나눠볼 수 있습니다. 이 관점에서 보면 모리조는 '실내 + 여성적 시선'이라는 독보적인 영역을 확보하며 확실한 차별화에 성공한 셈입니다.

모리조는 남성 중심으로 서술되어 온 전통적 미술사 속에서 상대적으로 주변부에 머물렀고, 오랫동안 모네·르누아르·드가 등 동료 남성 화가들에 비해 저평가되었습니다. 그러나 1980년대 이후 페미니즘 미술사와 젠더 연구가 발전하면서 상황은 달라졌습니다. 오늘날 모리조는 인상주의의 외연을 확장한 혁신적 작가이자, 실내 인상주의라는 새로운 지평을 연 핵심 인상파 화가로 재평가되고 있습니다. 아무도 주목하지 않던 '실내의 빛'에 독자적 시선을 비춘 모리조의 선택은, 인상주의의 내부에서 완전히 새로운 포지셔닝을 구축한 전략적 판단이었습니다.

누구도 선점하지 않은 지점에서 첫 번째 이름이 되는 전략

다시 겸재의 그림 이야기로 돌아가 보겠습니다. 사실 겸재는 산수화뿐 아니라 신선도, 화조도 등 다양한 장르에서도 독창성을 발휘한 화가입니다. 가을날 뜰에서 한가로이 놀고 있는 고양이를 그린 〈추일한묘〉를

정선, 〈추일한묘〉, 조선 18세기, 비단에 채색, 30.5×20.8cm, 서울 간송미술관

살펴볼까요. 고양이의 시선을 따라가 보면 그 끝에 방아깨비 한 마리가 보입니다. 고양이와 방아깨비 사이에 묘한 긴장감이 흐릅니다. 과연 고양이가 방아깨비를 낚아챌까요, 아니면 방아깨비가 폴짝 뛰어 달아날까요? 다음 장면이 저절로 궁금해집니다.

겸재는 고양이·방아깨비·벌처럼 일상 속 작은 생명체에도 '진경'의 시선을 적용해, 친숙한 소재에 생명력과 깊은 사색을 담아냈습니다. 그림 전체가 밝고 화사한 분위기를 띠는 이유는 분홍색을 사용했기 때문입니다. 흥미롭게도 조선에서 분홍색을 처음 사용한 화가가 바로 겸재였습니다.

겸재가 조선 회화사에서 분홍색을 최초로 도입한 것처럼, 마케팅에도 '리더십의 법칙(The Law of Leadership)'이 있습니다. 이 법칙은 브랜드가 시장에 '최초'로 진입하는 것이 '최고'가 되는 것보다 더 중요하다는 점을 강조합니다. 즉 소비자의 인식 속에서 1등 브랜드가 되는 가장 확실한 방법은 먼저 시작하는 것, 다시 말해 시장을 선점하는 것입니다. 1등이 되기 위해 반드시 품질이 최고일 필요는 없습니다. 먼저 자리 잡은 브랜드가 더 잘 기억되고 기준이 되기 때문입니다. 그래서 브랜드는 '퍼스트 무버(first mover)'가 되는 것이 유리합니다.

달에 첫 발자국을 남긴 인물은 닐 암스트롱Neil Armstrong, 1930~2012입니다. 물론 두 번째로 달에 발을 디딘 버즈 올드린Buzz Aldrin, 1930~도 있었지만, 안타깝게도 대중은 거의 그를 기억하지 못합니다. 최초라는 타이틀이 모든 관심을 암스트롱에게 집중시켰기 때문입니다. 한때 "1등만 기억하는 더러운 세상"이라는 말이 유행했던 것도 같은 맥락입니다. 인간 사회에서는 씁쓸한 표현이지만, 브랜드가 경쟁하는 시장에서는 아직도 유효한 현실입니다.

앞서 살펴본 '영역의 법칙'은 주로 후발 사업자에게 필요한 전략입니다. 후발 사업자가 리더십의 법칙에서 오는 한계를 극복하려면, 기존 시장에서 경쟁하기보다 새로운 영역을 개척해 그 범주의 1등이 되어야 합니다. 영역을 새로 만든 브랜드는 적어도 그 영역 안에서는 확고한 리더가 될 수 있기 때문입니다.

그리고 그 영역에서 압도적인 위치를 차지한 브랜드는 자신의 영향력을 이용해 새로운 규칙을 만들어내기도 합니다. 애플이 대표적입니다. 2016년 아이폰에서 헤드폰 잭을 과감히 제거했고, 스마트폰에서 처음으로 배터리를 내장형으로 완전히 일체화했습니다. 당시에는 반대 의견도 있었지만, 변화는 결과적으로 대성공이었습니다. 스마트폰의 성능을 향상시키고 더 많은 기능을 넣을 수 있게 되었고, 나아가 '에어팟'이라는 새로운 무선 생태계를 만들어냈기 때문입니다.

쉽게 눈에 띄지는 않지만, 시장에는 분명 빈자리가 존재합니다. 겸재가 진경산수화로, 모리조가 실내 인상주의로 자신만의 영역을 개척했듯 기업도 경쟁의 중심에서 '어디에 설 것인가'를 먼저 결정해야 합니다. 시장 포지셔닝은 남들이 이미 차지한 자리에서 싸우는 것이 아니라, 누구도 선점하지 않은 지점을 발견해 그곳의 첫 번째 이름이 되는 전략입니다. 겸재와 모리조, 그리고 레드불, 고프로, 애플 같은 기업들이 보여주었듯, 아무도 걷지 않은 길에 남긴 첫 발자국이 결국 시장의 지형을 새롭게 그립니다.

'지피(知彼)'보다 어려운 '지기(知己)'

자사 분석 기법

스마트폰 등장 이후 우리는 기꺼이 스스로 피사체가 되어 카메라 앞에 섭니다. 셀카 전성시대, 사진 속 우리 모습은 피부는 더 맑게, 눈은 크게, 코는 오뚝하게, 턱은 날렵하게 다듬어집니다. 소셜미디어에 넘쳐나는 '21세기의 자화상'에는 아름다움에 대한 욕망과 존재를 기록하려는 마음이 켜켜이 담겨 있습니다. 그런 맥락에서 에곤 실레Egon Schiele, 1890~1918의 자화상은 더욱 낯설게 다가옵니다.

오스트리아 화가 실레는 누구보다 많은 자화상을 남겼습니다. 제1차 세계대전(1914~1918년) 말, 유럽을 휩쓴 스페인 독감으로 스물여덟 해의 짧은 생을 마감하기까지 그가 남긴 자화상은 100여 점에 달합니다. 대표작 〈꽈리 열매가 있는 자화상〉은 스물두 살 무렵의 모습을 담

에곤 실레, 〈꽈리 열매가 있는 자화상〉, 1912년, 패널에 유채 및 불투명 물감, 138.5×242.9cm, 빈 레오폴드미술관

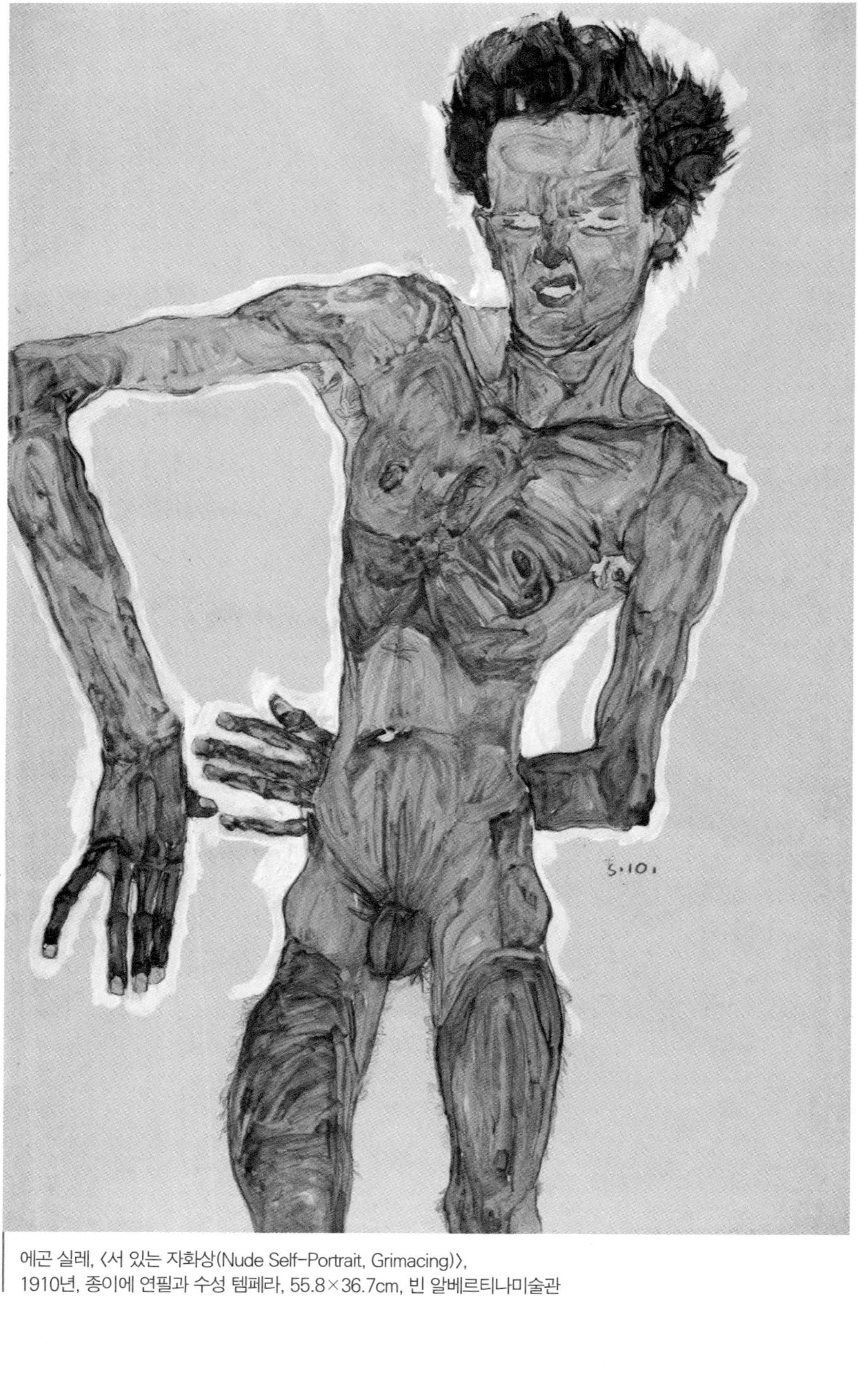

에곤 실레, 〈서 있는 자화상(Nude Self-Portrait, Grimacing)〉,
1910년, 종이에 연필과 수성 템페라, 55.8×36.7cm, 빈 알베르티나미술관

고 있습니다. 이 작품에는 강렬한 선, 깡마른 얼굴, 비틀린 자세, 도발적인 눈빛, 단순한 배경 등 그의 자화상에 반복적으로 나타나는 요소들이 집약되어 있습니다.

20세기 초 실존주의적 인간상을 시각화

제가 꼽는 실레의 대표적 자화상은 전신을 그리거나, 머리에서 무릎 위까지 묘사한 작품입니다. 〈서 있는 자화상〉은 실레가 스무 살 무렵에 그린 작품으로, 그의 자화상 가운데 가장 급진적이고 충격적인 작품으로 평가됩니다. 그림 속 실레의 몸은 뼈만 남은 듯 앙상하고, 팔다리는 뒤틀려 있으며, 왼팔과 오른팔은 길이가 다르게 왜곡되어 있고, 눈은 텅 비어 있습니다. 붓질은 거칠고 선은 날카롭습니다.

실레는 이상화된 자기 형상 대신 '불안', '고독', '우울', '성적 욕망' 등 내면 깊숙한 곳에 자리한 어둠까지 적나라하게 드러냈습니다. 그 결과 그의 자화상은 인간 존재의 실존적 진실을 꿰뚫는 힘을 갖게 되었습니다. 당시 유럽은 제1차 세계대전을 앞두고 불안과 긴장이 고조되던 시기였으며, 산업화와 도시화의 그림자가 짙게 드리우고 전통적 가치가 붕괴되고 있었습니다. 실레는 이러한 시대의 불안, 우울, 긴장을 자신의 몸에 투영했습니다.

자화상은 화가가 스스로를 정직하게 마주한 결과물로, 경영학에서 자사 분석과 맞닿아 있습니다. 자사 분석은 기업의 내부 환경을 점검해 자원의 강점과 약점, 역량과 한계를 파악하고 경쟁 우위를 확보할 전략적 기반을 마련하는 과정입니다.

기업이 경영전략을 수립할 때 많이 사용하는 기법으로 '3C 분석'이 있습니다. 일본의 경제학자이자 경영 컨설턴트인 오마에 겐이치Omae Kenichi, 1943~가 제시한 모델입니다. 자사(Company), 경쟁사(Competitor), 고객(Customer)의 세 가지 축을 종합적으로 살펴보는 것이 핵심입니다. 다시 말해, 3C 분석은 자사의 강점과 약점, 경쟁사의 전략, 고객의 니즈와 행동을 함께 분석함으로써 시장에서의 위치를 진단하고, 효과적인 마케팅 및 경영전략을 도출하는 데 활용됩니다.

이 가운데 자사 분석은 경영전략을 수립하는 주체인 '자사'를 객관적이고 냉철하게 바라보는 과정입니다. 겉으로 드러난 조직 구조, 재무제표, 인적·물적 자원만 파악하는 데 그치지 않고, 자사의 강점과 약점을 명확히 인식하며 핵심 역량을 토대로 어떤 상품과 서비스로 시장에 나아갈 것인지 정의하는 것이 중요합니다.

에곤 실레의 누드 자화상을 처음 접한 이들은 적나라하게 드러난 인간의 실존적 모습에 불편함을 느끼곤 합니다. 자사 분석 또한 이와 비슷합니다. 때로는 불편할 정도로 냉

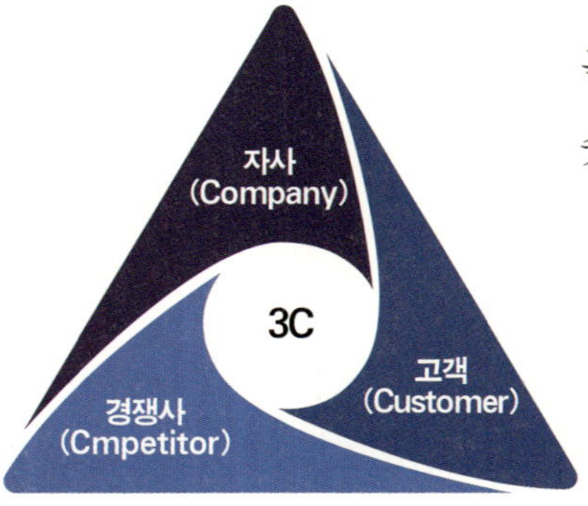

■ **3C 분석**

3C 분석은 자사 · 경쟁사 · 고객이라는 경영상 핵심 이해관계자의 관점에서 비즈니스를 분석하고, 이를 통해 균형 잡힌 경영전략을 수립하는 분석 도구다.

정하게 자기를 직시해야만 문제의 근원을 찾을 수 있습니다. 자사라는 이유로 관대하게 바라본다면 기업이 당면한 근본적인 문제를 결코 해결할 수 없습니다.

자사 분석의 핵심, 불편한 진실까지 직시하는 용기

기업에서 자사를 분석하는 몇 가지 기법을 살펴보겠습니다. 먼저 재무제표 분석입니다. 재무제표는 기업의 일정 기간 재무 상태, 경영 성과, 현금흐름 등을 수치로 요약해 보여주는 회계 보고서입니다. 손익계산서, 재무상태표, 현금흐름표, 자본변동표로 구성됩니다.

재무제표는 비율과 추세에 중점을 두고 분석할 수 있습니다. 비율 분석은 수익성·안정성·활동성·성장성 비율을 평가해 기업의 재무 건전성과 효율성을 진단합니다. 추세 분석은 일정 기간의 매출, 이익, 부채 변화를 살펴 향후 추이를 예측하는 방법입니다. 사람이 건강을 관리하기 위해 정기적으로 건강검진을 받듯, 기업도 재무제표 분석을 통해 경영 건전성과 수익성을 점검합니다.

SWOT 분석은 'Strengths(강점)', 'Weaknesses(약점)', 'Opportunities(기회)', 'Threats(위협)'의 첫 글자를 딴 것으로, 기업 내부의 강점과 약점, 외부의 기회와 위협 요인을 분석한 뒤 이를 토대로 전략을 도출하는 기법입니다. 기업은 SWOT 분석을 통해 현재의 위치와 외부 환경 변화를 인식하고, 원하는 미래상을 실현하기 위해 어떤 노력이 필요한지

가늠할 수 있습니다.

자사의 강·약점을 객관화하려면 자원과 역량 수준을 최대한 계량화해야 합니다. 이렇게 확보한 데이터를 기반으로 분야별 수치를 비교하면 경쟁사 대비 우위와 열위 요소를 파악할 수 있습니다. 이 과정에서 자사뿐 아니라 경쟁사의 수준도 함께 고려해야 하므로, 내부 강·약점 분석은 자연스럽게 경쟁사 분석으로 이어집니다.

외부 환경의 기회와 위협 요인을 분석하는 목적은 시장 변화를 감지하고, 이를 통해 자사에 유리한 기회를 포착하며 동시에 위협에 효과적으로 대응하기 위해서입니다. 특히 에너지, 통신, 방위, 건설, 환경 등 법과 규제가 사업에 직접적인 영향을 미치는 산업에서는 이러한 분석이 더욱 중요합니다.

예를 들어 친환경 규제가 강화되면 탄소 저감 기술이 주목받고, 전기차 보조금 지급으로 전기차 수요 확대를 이끌 것입니다. 이에 따라 2차전지 제조사와 관련 소재 업체 같은 후방 산업도 빠르게 성장할 것

■ SWOT 분석

기업 내부의 강점과 약점, 외부의 기회와 위협 요인을 분석한 뒤 이를 토대로 SO, WO, ST, WT 전략을 도출한다.

내부 자원과 역량 / 외부 환경	강점 (Strengths)	약점 (Weaknesses)
기회 (Opportunities)	**SO 전략** : 강점을 통해 기회를 살리는 전략	**WO 전략** : 약점을 보완하며 기회를 살리는 전략
위협 (Threats)	**ST 전략** : 강점을 통해 위협을 최소화하는 전략	**WT 전략** : 약점을 보완하며 위협을 최소화하는 전략

입니다. 또한 대다수 글로벌 기업은 'RE100(기업이 사용하는 전력의 100%를 재생에너지로 조달하겠다는 글로벌 캠페인)' 달성을 위해 노력해야 합니다. 이처럼 기회와 위협 요인 분석은 자사가 속한 산업을 둘러싼 환경 변화를 선제적으로 대비하는 과정이라 할 수 있습니다.

SWOT 분석을 할 때 주의해야 할 점이 있습니다. 기업은 자사 분석 과정에서 강점은 쉽게 드러내지만, 약점은 공론화하기를 꺼리는 경우가 많습니다. 이는 조직 간 이해관계가 충돌하거나 특정 부서나 개인의 문제로 비칠 수 있기 때문입니다. 그러나 객관적이고 정확한 자사 분석을 위해서는 설령 그것이 조직의 치부를 드러내고 갈등을 유발하더라도 반드시 밖으로 꺼내야 합니다.

한편, 기업이 보유한 자원의 가치(Value), 희소성(Rarity), 모방 가능성(Imitability), 조직(Organization)을 평가해 경쟁 우위 수준을 판단하는 VRIO 분석도 있습니다. VRIO 분석은 특정 기업의 고유 자원과 무형

■ VRIO 분석을 통한 경쟁 우위 수준 파악

'가치, 희소성, 모방 가능성, 조직'이라는 네 가지 질문을 통과해야만, 그 자원이 지속 가능한 경쟁 우위를 만들어낸다.

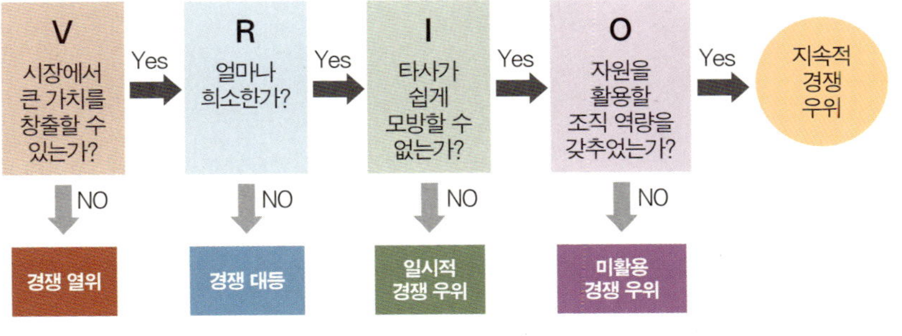

의 역량을 경쟁사가 쉽게 모방할 수 없다는 '자원 기반 관점(Resource-Based View)'에서 출발했습니다(297쪽 참조).

경쟁 우위의 수준을 판단하기 위해 다음 네 가지 질문을 던집니다.

- **가치** : 자원은 시장에서 얼마나 큰 가치를 창출할 수 있는가?
- **희소성** : 자원은 얼마나 희소한가?
- **모방 가능성** : 자원과 역량은 타사가 쉽게 모방할 수 없는가?
- **조직** : 자원을 효과적으로 활용할 조직 역량을 갖추고 있는가?

이처럼 VRIO 분석은 자문자답을 통해 자사의 현재 역량과 잠재 역량을 도출할 수 있습니다. 또한 55쪽 도식과 같이 단계별로 질문하며 자사의 경쟁 우위 수준을 파악할 수 있습니다.

그러나 SWOT과 VRIO 분석은 자사를 객관적으로 바라보는 데 한계가 있습니다. SWOT 분석은 외부 환경을 단순히 나열하는 경향이 강하고, VRIO 분석은 내부 자원과 역량에만 초점을 맞추기 때문에 산업의 구조적 맥락과 흐름을 잘 반영하지 못합니다. 이러한 한계를 보완한 것이 바로 '5 Force Model'입니다.

5 Force Model은 기업이 속한 시장과 산업에 영향을 미치는 다섯 가지 요인을 분석하여 자사의

■ 5 Force Model

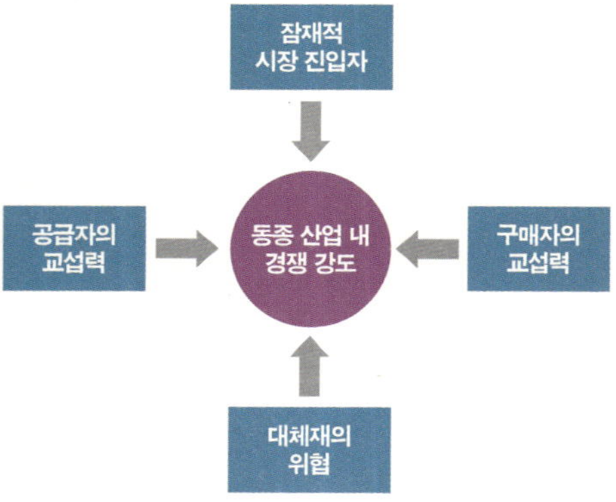

포터의 5 Forces Model은 산업의 경쟁 강도는 동종 기업뿐 아니라 잠재적 시장 진입자, 대체재, 구매자 · 공급자의 힘에 의해 결정된다는 것을 보여준다.

현재 위치와 미래 모습을 가늠합니다. 마이클 포터Michael Eugene Porter, 1947-가 고안한 이 분석 틀은 산업의 경쟁 강도를 동종 산업 내 경쟁 강도, 공급자의 교섭력, 구매자의 교섭력, 잠재적 시장 진입자, 대체재의 위협 다섯 요소로 나눠 파악합니다. 즉 동종 기업이 많을수록, 공급자나 구매자의 교섭력이 높을수록, 신규 진입자나 대체재가 많을수록 경쟁 강도는 높아지고 기업의 경쟁력은 낮아집니다.

따라서 기업은 상황별로 대응 전략을 세워야 합니다. 동종 산업 내 경쟁 기업이 많다면 브랜드 인지도, 상품 차별화, 고객 서비스 등을 통해 경쟁 우위를 확보해야 합니다. 공급자의 교섭력이 강하다면 공급망을 다변화해 자사의 협상력을 높이고, 구매자의 교섭력이 강하다면 차별적 가치를 제공하고 고객 충성도를 높여야 합니다. 또한 잠재적 시장 진입자 위험이 크다면 진입장벽을 높이는 전략을 고민해야 합니다. 대체재의 위협이 크다면 가격경쟁력과 시장 포지셔닝을 명확히 해야 합니다.

자신을 버리고 다시 태어난 소니

올바른 자사 분석으로 쓰러져 가던 기업이 되살아난 사례가 있습니다. 바로 '소니(Sony)'입니다. 소니는 2008년부터 4년 연속 적자를 기록했고, 2011년에는 무려 약 4조 4250억 원의 적자를 내며 존폐의 기로에 섰습니다. 그러나 불과 십여 년 뒤인 2024년에는 역대 최고 매출과 이익을 달성하며 제2의 전성기를 맞이했습니다. 파산 위기에 몰렸던 소니는 어떻게 부활할 수 있었을까요?

20세기까지 소니는 전자 산업의 절대 강자였습니다. 최초의 휴대용 트랜지스터 라디오, TV, 워크맨, 디지털카메라 등 출시하는 제품마다 큰 성공을 거두었습니다. 그러나 1990년대 후반부터 상황은 급격히 변했습니다. 삼성과 LG의 도전에 직면했고, 가전의 디지털화 흐름에 제대로 대응하지 못했습니다. 여기에 '플레이스테이션3'의 실패는 소니의 10년 치 이익을 한순간에 날려 버리는 치명타가 되었습니다.

이때 구세주가 등장합니다. 히라이 카즈오平井 一夫, 1960~가 CEO로 취임하면서 대대적인 변신을 시도했습니다. 가장 큰 변화는 소니의 핵심이자 모태 사업이었던 TV 사업을 축소한 것이었습니다. 카즈오는 SWOT 분석, VRIO 분석, 5 Forces Model 등을 통해 자사의 현실과 향후 전략을 객관적으로 판단했습니다. 당시 TV 시장은 '치킨 게임(한쪽이 포기하지 않으면 모두 큰 피해를 보는 극단적 대립 상황)' 양상으로 수익을 내기 어려웠습니다. TV 사업 축소 과정에서 사내외의 거센 반발에 직면했지만, 카즈오는 흔들리지 않았습니다. 결국 그는 TV 사업을 분사하고, 한때 인지도가 높았던 PC 브랜드 'VAIO'까지 과감히 매각했습니다.

여기서 떠오르는 사자성어가 '육참골단(肉斬骨斷)'입니다. '자신의 살을 베어 주고 상대의 뼈를 끊는다'는 뜻처럼, 소니는 살과도 같았던 TV와 PC를 포기했습니다. 단기적으로는 손실을 감수할 수밖에 없었지만, 장기적인 이익을 선택한 것이죠. 카즈오는 게임과 엔터테인먼트 사업이 상대적으로 경쟁 강도가 낮고, 미래에는 하드웨어보다 소프트웨어

■ **소니의 매출 구조 변화** (단위 : %)

히라이 카즈오 CEO 체제에서 소니는 '육참골단'에 비유될 만한 대대적인 사업 구조조정을 단행했고, 그 결과 전자에서 게임 · 엔터테인먼트 중심의 콘텐츠 기업으로 거듭났다.

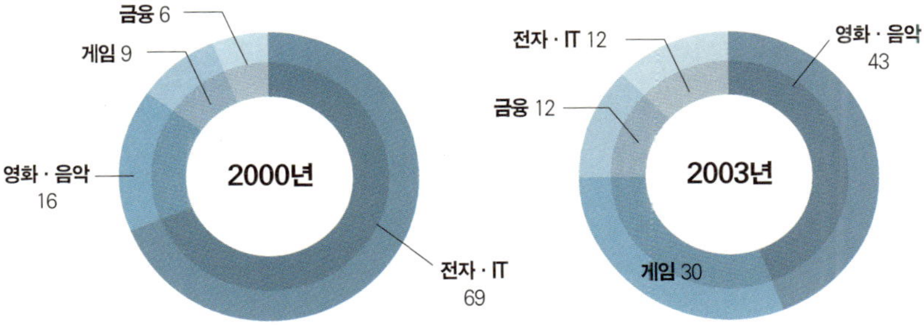

가 더 큰 수익을 가져다줄 것이라 확신했습니다. 그 믿음의 배경에는 게임사업부에서 쌓은 경험을 바탕으로 시장을 읽어낸 인사이트가 있었습니다. 이러한 판단 아래 소니는 사업 포트폴리오를 재편했고, 그 결과 플레이스테이션4의 성공과 함께 콘텐츠 구독 서비스 수요가 폭발적으로 늘어났습니다.

현재 소니 매출의 30%는 게임과 관련된 네트워크 서비스에서 발생합니다. 2000년대 초반 전자 부문이 전체 매출의 69%를 차지하고 게임은 9%에 불과했던 것과 대조적입니다. 지금은 영화와 음악 등 엔터테인먼트 관련 매출 비중이 43%에 달합니다.

예를 들어 스파이더맨 영화의 판권을 소유한 곳이 소니픽처스입니다. 과거 경영난에 시달렸던 마블코믹스로부터 스파이더맨 판권을 사들인 것이죠. 소니픽처스는 900개가 넘는 스파이더맨 관련 캐릭터 판권으로 막대한 수익을 거두고 있습니다. 또한 소니뮤직에는 비욘세,

아델, 존 레전드 등 세계적인 가수들이 소속되어 있습니다. 또 콜롬비아레코드, RCA레코드 등 글로벌 음악 레이블도 보유하고 있습니다.

그렇다고 소니가 전자 사업을 모두 정리한 것은 아닙니다. 카메라 부품인 이미지 센서의 세계 시장점유율은 50%에 달합니다. 코로나19 팬데믹 기간에는 금융사업(생명보험·손해보험·은행)이 소니의 실적을 견인하기도 했습니다. 결국 소니는 자신을 냉철하게 분석하고 과감히 변신한 끝에 2015년부터 흑자 전환에 성공했고, 과거의 영광을 되찾았습니다. 이제 소니를 대표하는 것은 워크맨이나 TV가 아니라 플레이스테이션과 스파이더맨입니다.

있는 그대로를 마주하는 자기 직시의 힘

"네가 너에게 약점이 될 순 없어." 박상영 작가의 소설 《대도시의 사랑법》에 나오는 문장입니다. 자사 분석도 마찬가지입니다. 있는 그대로의 모습은 결코 약점이 아닙니다. 약점을 냉정히 직시하고 이를 토대로 강점을 찾아낼 때, 그대로의 모습은 오히려 기회가 됩니다. 반대로 그 모습을 인정하지 못할 때 위기가 시작됩니다.

《손자병법》의 "지피지기 백전백승(知彼知己百戰百勝)"에서 '지피'보다 더 어려운 것은 '지기', 곧 자신을 아는 일입니다. 경쟁사를 분석하기 전에 자사를 정확히 이해하는 것이 훨씬 더 어렵고 중요합니다. 이를 위해서는 기계적인 수치 분석을 넘어, 핵심 역량을 직시하고 잠재 역량을 끌어내는 과정이 필요합니다.

자기 직시의 태도는 예술에서도 나타납니다. 1915년, 사진가 요하네스 피셔Johannes Fischer, 1888~1955가 촬영한 〈담배를 든 에곤 실레의 이중 초상〉은 예술가가 자기 자신과 마주 선 순간을 담아낸 작품입니다. 이중 노출 기법으로 겹쳐진 두 실레는 서로 다른 표정을 띱니다. 한쪽은 옅은 미소로 정면을 응시하고, 다른 한쪽은 담배를 든 채 사색적으로 자신을 바라봅니다. 마치 두 개의 자아가 서로를 관찰하는 듯합니다.

요하네스 피셔, 〈담배를 든 에곤 실레의 이중 초상〉, 1915년, 사진, 11.4×6.5cm, 빈 레오폴드미술관

실레 역시 〈이중 자화상〉, 〈예언자〉, 〈자기를 보는 사람들〉 연작 등 자아를 두 번 겹쳐 그린 작품들을 여럿 남겼습니다. 미술사학자들은 그가 이중 자아를 통해 '내면과 외면', '과거와 미래', '삶과 죽음' 같은 대립적 개념을 표현했다고 설명합니다.

기업도 마찬가지입니다. 〈담배를 든 에곤 실레의 이중 초상〉이 보여주듯, 기업은 분석의 관점과 방법에 따라 서로 다른 얼굴을 드러냅니다. 스스로를 다양한 시선으로 직시하고 핵심 역량을 진정으로 이해할 때, 기업은 위기 속에서도 정체성을 지켜냅니다. 더 나아가 새로운 자아를 발견하며 한 단계 도약할 수 있습니다.

'관점 전환의 귀재' 클림트에게 배우는 생존의 지혜

트랜스포메이션과 피버팅

'유튜브(YouTube)'는 전 세계에서 1억 명이 넘는 유료 구독자를 보유한 동영상 플랫폼입니다. 그런데 유튜브가 원래 낯선 남녀의 만남을 주선하는 영상 애플리케이션으로 출발했다는 사실을 아시나요?

2005년 데이팅 앱으로 시작한 유튜브는 성과를 내지 못해 존폐 위기에 몰렸습니다. 그러던 중 창업자들은 '영상 공유'라는 아이디어의 계기가 되었던 사건을 다시 떠올렸습니다. 2004년 2월, 슈퍼볼 하프타임 쇼에서 가수 자넷 잭슨의 가슴 노출 사건이 발생했습니다. 생방송을 보지 못한 많은 사람이 영상을 찾아 헤맸지만, TV 방송사는 해당 장면을 편집했고 인터넷에서도 구할 수 없었습니다. 이 경험을 상기한 창업자들은 '누구나 쉽게 영상을 공유할 수 있는 플랫폼'의 필요성을 확신했고, 사업 모델을 전환했습니다. 그 결과 유튜브는 오늘날 세계 최대의 동영상 공유 플랫폼으로 자리 잡았습니다.

한계를 넘어서는 관점 전환

유튜브가 데이팅 앱에서 동영상 공유 플랫폼으로 방향을 전환한 사례를 경영학에서는 '피버팅(pivoting)'이라고 합니다. 피버팅은 기업이 기존 제품, 서비스, 전략이 더 이상 성과를 내지 못하거나 성장의 한계에 부딪혔을 때 비즈니스 모델을 근본적으로 바꾸는 것을 뜻합니다.

경영학을 공부한 제 시선에서 구스타프 클림트Gustav Klimt, 1862~1918는 관점을 전환하는 데 매우 능숙한 예술가였습니다. 1888년, 젊은 화가였던 클림트에게 일생일대의 기회가 찾아왔습니다. 철거를 앞둔 국립극장을 기념하는 작품을 의뢰받은 것이죠. 그는 〈옛 부르크 극장의 관객석〉을 그려 대중의 찬사와 함께 공로상까지 받았습니다.

〈옛 부르크 극장의 관객석〉은 일반적인 극장 풍경 묘사와는 사뭇 달랐습니다. 클림트의 시선은 무대 위 하이라이트가 아니라 객석을 향했습니다. 특히 놀라운 점은 150명에 달하는 관객 한 사람 한 사람의 얼굴을 모두 세밀하게 묘사했다는 것입니다. 자세히 들여다보면 마치 집단 초상화처럼 각 인물의 얼굴을 알아볼 수 있을 정도입니다.

클림트가 무대가 아닌 객석으로 시선을 돌려 명작을 만들어 냈듯이 기업도 사업 모델을 전환해 성공 사례를 만들어내고 있습니다. 경

구스타프 클림트, 〈옛 부르크 극장의 관객석〉, 1888년, 종이에 구아슈, 91.2×103cm, 빈미술관

영학에서는 이를 앞서 살펴본 피버팅 또는 '비즈니스 트랜스포메이션(business transformation)'이라 부릅니다. 트랜스포메이션은 '가로질러·초월'을 뜻하는 접두사 'trans'와 '형태·방식'을 뜻하는 'formation'이 합쳐진 말로, 기존 형태를 초월한 새로운 전환을 의미합니다. 피벗(pivot)은 본래 체육 용어로 몸의 중심축을 한쪽 발에서 다른 쪽 발로 옮기는 동작을 뜻하지만, 경영에서는 기존 사업의 유·무형 자산을 기반으로 사업 방향을 바꾸는 것을 가리킵니다.

트랜스포메이션과 피버팅은 모두 사업 환경 변화에 대응하는 전략이라는 점에서 동일하지만, 규모와 속도에서 차이가 있습니다. 트랜스포메이션은 주로 대기업이나 중견기업이 장기간 준비를 거쳐 추진하는 사업 전략이고, 피버팅은 주로 스타트업이 신속하게 실행하는 전략입니다. 피버팅이라는 용어와 개념은 실리콘밸리 창업가 에릭 리스Eric Ries, 1978-가 2011년 저서 《린 스타트업(The Lean Startup)》에서 처음 언급했습니다. 두 개념은 사업 주체에는 차이가 있으나, 추진 방식은 핵심 역량, 하드웨어, 타깃 고객이라는 세 가지 측면에서 공통적으로 설명할 수 있습니다.

'핵심 역량 피버팅(트랜스포메이션)'은 기업이 보유한 기술이나 운영 역량을 중심으로 사업 모델을 전환하는 것을 의미합니다. 예를 들어 혼다

〈옛 부르크 극장의 관객석〉 맨 오른쪽에 있는 여인. 그림 속 관객들은 서로 다른 포즈, 표정, 복장으로 세밀하게 묘사되어 있다.

자동차는 소형 엔진 기술을 활용해 오토바이와 잔디 깎는 기계 시장으로 사업 영역을 확장했습니다. 후지필름 또한 아날로그 필름 사업에서 축적한 기술을 바탕으로 TV 평판 필름, 화장품, 제약 사업으로 전환했습니다.

'하드웨어 피버팅(트랜스포메이션)'은 기업이 보유한 자산 가운데 설비, 공간, 건물 등 물리적 자원을 중심으로 사업을 전환하는 것입니다. 대표적으로 코로나19 팬데믹으로 여객 수요가 급감하자 일부 항공사는 여객기의 좌석을 제거해 화물운송기로 전환했습니다.

'타깃 피버팅(트랜스포메이션)'은 기존 고객 데이터를 활용해 새로운 사업 모델로 전환하는 것을 의미합니다. 예를 들어 스타트업 '리멤버'는 명함 데이터를 기반으로 명함 관리 앱으로 출발해서 이후 기업과 구직자를 연결하는 서치펌 사업, 소비자 니즈 조사를 대행하는 시장조사 사업으로 확장했습니다. 이는 '명함'이라는 고객 데이터를 축적했기에 가능한 전환이었습니다.

클림트의 두 번째 그리고 세 번째 피버팅

클림트는 큰 명성을 얻은 지 얼마 지나지 않아 연이어 가족을 잃게 됩니다. 아버지가 뇌출혈로 세상을 떠났고, 예술적 동지였던 동생마저 독감으로 사망하자 깊은 슬픔에 빠진 클림트는 3년 동안 작품 활동을 중단했습니다. 그러던 중 1894년, 그는 빈 대학으로부터 천장화를 의뢰

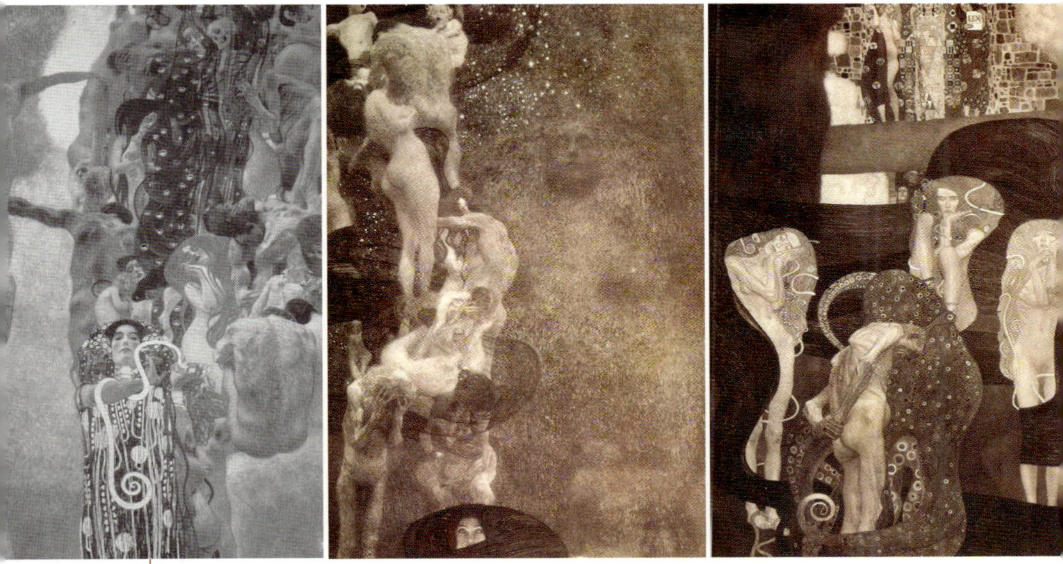

구스타프 클림트, (왼쪽부터) 〈의학〉, 〈철학〉, 〈법학〉, 1899~1907년, 캔버스에 유채, 430×300cm, 제2차 세계대전 중 소실

받습니다. 철학·법학·의학을 주제로, 세 학문이 사회 진보에 끼친 긍정적 영향을 찬미해 달라는 주문이었습니다.

클림트는 다시 한번 놀라운 피버팅을 선보였습니다. 매우 자유롭고 파괴적이며 관능적인 그림으로 응답한 것입니다. 세 작품 모두 벌거벗은 기괴한 모습의 여인들이 등장하고, 〈의학〉에는 해골과 시체가 뒤엉킨 장면까지 담겼습니다. 이러한 화풍 전환은 사랑하는 가족을 잃은 상실감, 그리고 당시 유럽 예술계를 휩쓴 새로운 조류인 '아르누보(Art Nouveau : 곡선과 자연에서 영감을 받은 유기적 장식을 특징으로 하는 종합 예술 양식)'의 영향 때문이었습니다. 가족의 죽음을 경험하며 그는 삶과 죽음의 문제에 더욱 깊이 천착하게 된 것으로 보입니다.

클림트가 제안한 천장화 스케치를 빈 대학이 좋아했을까요? 보수적인 빈 대학 측은 작품이 외설적이라며 격렬히 반대했고, 결국 프로젝트는 무산되고 말았습니다. 이에 클림트는 미술계가 변화를 수용하지 못할 만큼 폐쇄적이라고 비판하며, 1897년 '빈 분리파'를 창립합니다.

명칭은 다소 과격해 보이지만, 빈 분리파는 전통에 맞서 새로운 변화를 추구한 예술 단체였습니다. "시대에는 예술을, 예술에는 자유를"이라는 구호 아래 활발히 활동했고, 그들은 작품을 거부당하지 않고 자유롭게 전시할 공간이 필요하다는 판단 아래 전용 미술관 '제체시온(Secession : 독일어로 '분리')'을 건립했습니다. 제체시온은 오늘날의 홍대나 성수동처럼 신예 예술가들의 성지와도 같은 장소였습니다. 그리고 이곳에서 열린 제14회 전시회에서 클림트는 마침내 〈베토벤 프리즈〉를 선보였습니다.

제체시온의 14번째 전시회는 한마디로 루트비히 판 베토벤Ludwig van Beethoven, 1770~1827의 음악과 클림트의 미술이 만난 컬래버레이션이었습니다. 전시장 정면에는 베토벤의 조각상이 놓였고, 그의 음악이 흐르는 가운데 관람객들은 미술 작품을 감상했습니다. 클림트가 왜 베토벤을 동경했는지는 확실하지 않지만, 아마도 베토벤이 왕과 귀족의 후원에 기대던 음악가의 삶을 벗어나 최초로 프리랜서 예술가로서 성공한 인물이었다는 점에 매료되었을 것으로 짐작됩니다.

〈베토벤 프리즈〉에는 클림트의 어떤 피버팅이 담겨 있을까요? 1785년, 독일 시인 프리드리히 실러Friedrich Schiller, 1759~1805는 〈환희의 송가〉

〈베토벤 프리즈〉 전시실 모습. 빈 제체시온.

라는 시를 지었습니다. 1824년, 베토벤은 이 시를 모티브로 〈교향곡 9번〉을 작곡했으며, 제4악장의 합창 가사로 사용했습니다. 〈교향곡 9번〉은 교향곡 역사상 처음으로 사람의 목소리를 도입한 기념비적인 작품이었습니다.

그리고 세월이 흘러 1902년, 클림트는 〈교향곡 9번〉 제4악장 〈환희의 송가〉를 미술로 피버팅하여 〈베토벤 프리즈〉라는 작품을 완성했습니다. 즉, 귀로 듣는 음악을 눈으로 보는 미술로 전환한 것입니다. 18세기의 시가 19세기의 음악이 되었고, 19세기의 음악은 다시 20세기의 미술로 재탄생한 셈입니다.

'프리즈(frieze)'는 고전 건축 용어로, 건물 상단을 꾸미는 띠 모양의 장식을 뜻합니다. 여기서는 일종의 장식 벽화를 의미합니다. 〈베토벤 프리즈〉는 세 개의 벽면 상단에 걸쳐 있으며, 세 면이 이어져 하나의 연속된 이야기처럼 구성되어 있습니다. 총길이 34미터, 높이 2미터에

구스타프 클림트, 〈베토벤 프리즈〉 부분도(위에서부터 패널 3, 패널 5, 패널 9), 1902년, 프레스코화, 34×2m, 빈 제체시온

전시 이후 작품이 파괴될 것을 염려한 미술품 수집가 카를 라이닝하우스가 〈베토벤 프리즈〉를 구입해 9개의 패널로 분리해 보관했다.

〈베토벤 프리즈〉 1번 패널.

달하는 대형 벽화로, 물감뿐 아니라 유리·금속·보석 등 다양한 재료가 함께 사용되었습니다.

왼쪽 벽면(패널 1~4) 상단에는 고통 속에서도 행복을 염원하며 유영하는 여성들의 모습이 마치 선율처럼 펼쳐집니다. 이는 〈교향곡 9번〉 제4악장 도입부에 울려 퍼지는 팡파르 선율을 연상시킵니다. 황금 갑옷을 입은 기사는 인간이 직면하는 고난과 시련을 상징합니다. 그러나 그는 강렬하고 도전적인 시선으로 중앙 벽을 가득 메운 인간 내면의 어두운 힘들을 직시하며 앞으로 나아가고 있습니다.

중앙 벽(패널 5~6)에는 행복을 방해하는 유혹과 악의 존재로서 그리스신화에 등장하는 거대한 고릴라 모습의 티폰(Typhoeus)과 그의 딸들인 고르곤 세 자매가 앞을 가로막고 있습니다. 세 자매는 질병, 광기, 죽음을 상징하고 그 옆의 세 여인은 부정, 무절제, 슬픔을 상징합니다.

마지막, 오른쪽 벽면(패널 7~9)은 사랑과 예술이 세상을 구원한다는 것을 표현한 그림입니다. 노래하는 모습의 여인들은 실러의 시와 제4악장의 합창곡 〈환희의 송가〉를 연상시킵니다. "환희여! 신의 아름다운 불꽃이여! 온 세상에 입맞춤을!"(〈환희의 송가〉 가사 중)

참고로 실러의 시 〈환희의 송가〉의 원제는 〈자유의 송가〉였으나, 당시 지배층의 탄압으로 제목이 바뀌었습니다. 원래 제목을 떠올리면, 클림트가 세운 빈 분리파의 지향점과도 맞닿아 있음을 알 수 있습니다.

핵심 역량에 대한 착각

⋮

기업이 트랜스포메이션과 피버팅을 추진할 때 반드시 숙지해야 할 중요한 개념이 있습니다. 바로 자사의 핵심 역량을 정확히 파악하고 정의하는 일입니다. 경영학의 구루 C.K. 프라할라드C.K. Prahalad, 1941~2010와 게리 하멜Gray Hamel, 1954~은 1990년 발표한 논문 〈기업의 핵심 역량〉에서 핵심 역량을 고객에게 근본적인 편익과 경쟁 차별화를 제공하는 역량, 기술, 프로세스, 가치, 자산의 총합으로 정의했습니다. 나아가 이 요소들이 따로가 아니라, 서로 융합될 때 비로소 진정한 핵심 역량이 드러난다고 강조했습니다.

기업 활동에서 핵심 역량을 분석하고 적용하는 일은 흔하며 반드시 필요한 과정입니다. 하지만 자주 언급되는 만큼 오용되는 경우도 많습니다. 실제로 많은 기업이 각 사업부의 기술이나 자산 같은 단편적인 개별 역량을 핵심 역량으로 정의한 뒤, 이를 토대로 선진 기업과의 격차를 줄이려 노력하다가 성과를 내지 못하는 경우가 허다합니다. 이는 개념을 처음 창안한 학자들의 정의와 달리, 개별 요소를 곧 핵심 역량으로 착각하고 다루기 때문입니다.

이러한 오용을 막기 위해서는 핵심 역량을 구성하는 세부 요소들을 정확히 이해해야 합니다. 첫째, '경쟁의 필수 기본 요소'입니다. 이는 품질, 원가 경쟁력, 브랜드 인지도처럼 산업과 시장에서 모든 상품에 기본적으로 요구되는 요인입니다. 차별화 요소가 되지는 않지만, 부족할 경우 즉시 경쟁에서 탈락하게 됩니다. 둘째, '잠재적 핵심 역량'입

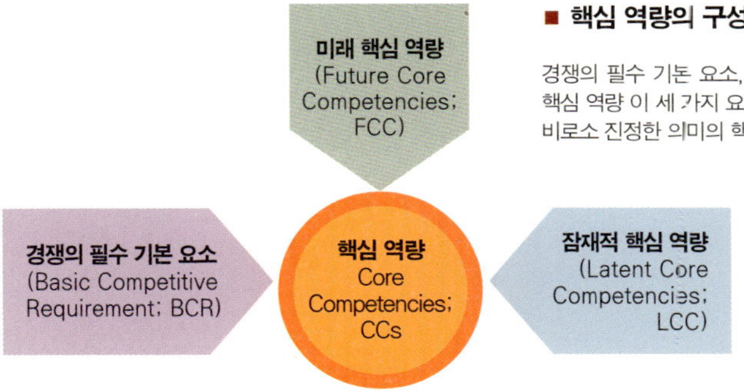

■ **핵심 역량의 구성 요소**

경쟁의 필수 기본 요소, 잠재적 핵심 역량, 미래 핵심 역량 이 세 가지 요소를 종합적으로 갖출 때 비로소 진정한 의미의 핵심 역량이라 할 수 있다.

니다. 숨어있는 역량으로, 노력하면 표면 위로 끌어올릴 수 있습니다. 조직의 정치적 문제나 이해관계 충돌, 경영자 교체 등으로 의도적으로 묻히거나 간과되어 휴면 상태에 놓이기도 합니다. 셋째, '미래 핵심 역량'입니다. 현재는 보유하고 있지 않지만, 미래 어느 시점에는 반드시 확보해야 할 역량입니다.

세 가지 요소를 종합적으로 갖출 때 비로소 진정한 의미의 핵심 역량이라 할 수 있으며, 이 가운데서도 가장 중요한 것은 미래 핵심 역량입니다. 기업은 단계별 미래 핵심 역량을 정의하고, 이를 통해 도달하고자 하는 목표 이미지를 설정한 뒤 현재의 모습을 점차 발전시켜야 합니다. 애플이 아이팟을 출발점으로 미래 핵심 역량 기반의 디지털 허브 전략을 구축한 사례(85쪽 참조)는 핵심 역량의 올바른 정의가 얼마나 중요한지 잘 보여줍니다.

애플의 디지털 허브 전략의 출발점이 된 오디오 플레이어 아이팟.

카메라 필름을 버린 순간, 후지필름의 미래가 열렸다

후지필름(Fuji Film)의 CEO 고모리 시게타카古森重隆, 1939~는 전통적인 카메라 필름 사업의 쇠퇴를 예견하고, 경쟁사 코닥을 겨냥한 '타도 코닥'에서 '탈필름'으로 전략적 방향을 선회했습니다. 그는 자사의 핵심 역량을 철저히 분석해 잘할 수 있는 영역을 찾아내고, 이를 토대로 새로운 사업 기회를 발굴했습니다.

그 과정은 이렇습니다. 먼저 필름과 LCD TV의 편광 필름 구조가 유사하다는 점에 착안해 'TAC(Triacetyl Cellulose)'를 개발했습니다. 그 결과 글로벌 TV 및 디스플레이 제조사들을 고객으로 확보할 수 있었습니다.

후지필름은 여기에 그치지 않고 안티에이징 화장품 '아스타리프트(Astalift)'를 개발했습니다. 언뜻 기존 핵심 역량과는 전혀 무관해 보이는 사업 같습니다. 그러나 안티에이징 화장품의 핵심 성분인 콜라겐은 필름의 주요 소재입니다. 또한 사진의 변색을 막는 항산화 기술, 미세 입자를 필름층에 안정적으로 안착시키는 나노 기술 역시 화장품에 그대로 적용할 수 있는 기술이었습니다. 후지필름은 필름 제조 과정에서 축적한 역량을 화장품 개발로 전환해, 핵심 역량을 성공적으로 피버팅한 것입니다.

후지필름이 만든 안티에이징 화장품 '아스타리프트'.

그들은 또 제약 산업에 진출해 조류 인플루엔자 치료제 '아비간(Avigan)'

을 개발했습니다. 아비간은 이후 에볼라 바이러스 치료 효과까지 입증되면서 제약 시장에서 입지를 강화했습니다. 어떻게 이런 신약까지 개발할 수 있었을까요? 후지필름은 필름 사업에서 수만 가지 화학 물질을 다뤄온 경험을 십분 활용했습니다.

이후 필름 사업에서 축적한 영상 기술과 제약 산업에서의 성과를 바탕으로 내시경, 초음파 진단기기 등 의료기기 시장에도 진출했습니다. 후지필름의 성공적인 트랜스포메이션은 바로 핵심 역량 피버팅에서 비롯된 것입니다.

반대로 트랜스포메이션 실패로 기업의 명운이 바뀐 사례도 있습니다. 세계 최초로 MP3 플레이어를 개발한 기업은 어디일까요? 바로 새한미디어(엠피맨)입니다. 한때 세계 MP3 플레이어 시장의 25%를 점유했던 기업은 어디일까요? 아이리버입니다. 놀랍게도 두 기업 모두 우리나라 기업이었습니다. 그러나 애플 아이팟의 등장 이후 이들은 시장에서 빠르게 도태되고 말았습니다. 여러 이유가 있었겠지만, 올바른 핵심 역량 정의의 부재와 트랜스포메이션을 시도조차 하지 않은 것이 가장 큰 원인이었습니다.

그들과 애플은 같은 'MP3 플레이어'라는 출발점에서 시작했지만, 애플은 iOS · 아이튠즈 · 아이폰으로 이어지는 거대한 디지털 허브와 생태계를 구축한 반면, 이들 기업의 출발점은 곧 종착점이 되고 말았습니다. 이는 핵심 역량을 정의할 때 미래 핵심 역량을 고려하지 않았기 때문입니다.

대부분 스타트업은 신기술과 새로운 비즈니스 모델을 앞세워 출발하지만, 시장 환경 변화 속에서 때로는 전략을 조정하지 않으면 생존이 어렵습니다. 특히 자원이 부족한 스타트업은 대기업보다 훨씬 더 빠른 비즈니스 전환이 요구됩니다.

지속 경영의 희망, 트랜스포메이션과 피버팅

IT 스타트업 '허깅페이스(Hugging Face)'는 피버팅으로 성공한 대표적 스타트업입니다. 허깅페이스는 세계 최대 AI 오픈소스 플랫폼으로, 머신러닝(데이터의 패턴을 스스로 학습해 정확한 추론을 수행하는 알고리즘) 프레임워크를 제공하는 'AI 분야의 깃허브(GitHub)'로 불립니다. 이곳에선 전 세계에서 만든 최신 AI 기술과 모델들을 수집·체험·활용할 수 있습니다. 그러나 초기 사업 모델은 10대를 겨냥한 챗봇 애플리케이션이었습니다. 허깅페이스는 초기 모델로는 생존이 어렵다고 판단하고, 현재의 플랫폼 사업으로 피버팅했습니다. 이후 생성형 AI 기술이 급부상하면서 선견지명과 시장 대응력을 모두 입증한 셈이 되었습니다.

오스트리아 잘츠부르크에서 빈으로 가는 길에 신비로운 푸른 호수, 아터제(Attersee)가 펼쳐집니다. 클림트는 여름마다 이곳에 머물며 풍경화를 여러 점 남겼습니다. '낭만주의의 마지막이자 현대의 시작을 연 작곡가' 구스타프 말러Gustav Mahler, 1860~1911도 이곳을 즐겨 찾았습니다. 말러가 가장 오랫동안 고뇌하며 작업한 것으로 알려진 〈교향곡 2번〉 '부활' 역시 아터제 호숫가 오두막에서 완성되었습니다. 이 작품은 교향곡을

구스타프 클림트, 〈아터제 호수〉, 1900년, 캔버스에 유채, 80×80cm, 빈 레오폴드미술관

철학적·종교적 사유의 장으로 끌어올린 걸작으로, 베토벤 이후 교향곡이 나아갈 길을 제시하는 동시에 20세기 음악의 새로운 방향을 열었다는 점에서 음악사적 의의가 큽니다.

아터제의 물결을 바라보며 클림트와 말러는 어쩌면 시대를 뛰어넘을 전환, 곧 '피버팅'을 사유했을지도 모릅니다. "빈 캔버스가 있는 한 언제나 희망은 있다." 클림트의 말처럼, 화가에게 빈 캔버스가 희망이듯 기업에게는 핵심 역량을 토대로 한 트랜스포메이션과 피버팅이 지속 경영의 희망입니다.

아직 오지 않은 미래를 그려내는 밑그림

비전과 미션

삼국시대는 기원전 1세기 무렵부터 7세기 중반까지, 한반도와 만주 일대에서 고구려·백제·신라가 패권을 놓고 다투던 시기입니다. 그런데 최후의 승자는 세 나라 중 가장 약소국으로 평가받던 신라였습니다. 어떻게 신라는 고구려와 백제를 넘어 통일이라는 위업을 이룰 수 있었을까요? 저는 그 비결을 '원대한 비전'에서 찾습니다.

천년고도 경주에 들어서면 유독 시선을 붙드는 건축물이 있습니다. 바로 경주엑스포대공원의 '경주타워'입니다. 82미터 높이의 유리 외벽은 햇빛을 받아 찬란히 빛나고, 고층 건물이 드문 경주 시내에 이정표 역할을 합니다. 경주타워에서 가장 특별한 부분은 건물 중앙에 자리한 거대한 여백입니다. 건물을 탑 모양으로 뚫어 만든 빈공간은 단순한

경상북도 경주시 경주엑스포대공원에 자리한 '경주타워'. 높이 82미터의 직육면체 유리 건물 중앙이 황룡사 9층 목탑의 실루엣으로 뚫려 있다. 소실된 황룡사 9층 목탑의 위용을 가늠하게 해 주는 상징적인 건축물이다.

사진 © allowto

공백이 아니라, 사라진 역사를 불러내는 자리입니다. 경주타워에 음각된 탑이 바로 신라의 웅대한 꿈을 상징했던 〈황룡사 9층 목탑〉입니다.

"우리가 삼국의 주인공이 될 것이다."

황룡사 9층 목탑은 646년(선덕여왕 15년), 당나라에서 유학하고 돌아온 승려 자장의 건의로 세워졌습니다. 신라는 경쟁국 백제의 목수 아비지를 초청해 탑을 건립했습니다. 그러나 탑은 고려시대 몽골이 침입했을 때 황룡사와 함께 잿더미가 돼 지금은 터만 남아있습니다.

〈황룡사 9층 목탑(10분의 1로 축소)〉 모형, 경주 황룡사 역사문화관

황룡사지 터에 남아있는 심초석(목탑의 중심기둥을 받치는 돌)은 가로 4미터, 세로 3미터에 달합니다. 전체 높이는 약 80미터, 오늘날 20층 아파트와 맞먹는 규모였던 것으로 추정됩니다. 놀라운 점은 못 하나 쓰지 않고 나무를 끼워 맞추는 방식으로 지어졌다는 사실입니다. 사실, 신라가 어떻게 이런 거대한 목탑을 세울 수 있었는지는 아직 풀

리지 않은 수수께끼입니다. 오늘날 고층 건물을 지을 때 없어서는 안 되는 크레인 역할을 하는 거중기가 발명된 것은, 그로부터 한참 뒤인 1794년(정조 18년) 수원 화성 축조 때였으니까요.

소실된 탑은 건축 양식과 형태에 대한 자료가 거의 남아있지 않아 복원이 쉽지 않습니다. 더구나 유네스코(UNESCO)가 역사적 기록에 근거하지 않은 복원에 반대해, 복원 가능 여부는 불투명합니다. 아쉽지만 경주타워로 황룡사 9층 목탑의 위용을 가늠해 봅니다.

황룡사 9층 목탑은 단순한 건축물이 아니라 신라의 비전을 상징했습니다. 《삼국유사》에 따르면 탑의 1층부터 9층까지에는 왜(일본), 당, 오월, 탐라(제주), 백제, 말갈, 거란, 여진, 고구려의 이름이 차례로 새겨져 있었다고 합니다. 선덕여왕은 이 탑을 통해 신라인의 마음을 하나로 모으고, 층마다 신라에 위협이 되는 나라 이름을 새겨 넣음으로써 언젠가는 이들을 차례로 굴복시키고 통일을 이루겠다는 비전을 제시한 것입니다. 실제로 탑이 완공된 후 선덕여왕은 이렇게 선언했습니다.

"우리가 삼국의 주인공이 될 것이다."

'우리는 어디로 가고자 하는가?', '무엇을 하는가?'에 대한 답

황룡사 9층 목탑이 완공되던 날, 선덕여왕은 신라의 원대한 포부를 선언했습니다. 오늘날 기업의 '비전 선포식'에 비유할 만한 장면입니다. 탑의 각 층에 새겨진 나라 이름은 기업으로 치면 경쟁사나 경쟁 서비스를 상징한다고 볼 수 있습니다.

'비전(vision)'과 '미션(mission)'은 경영의 방향을 설정하는 핵심 개념입니다. 비전은 '우리는 어디로 가고자 하는가?'라는 질문에 대한 답으로, 기업이 지향하는 바람직한 미래상이나 이상적 모습을 뜻합니다.

2022년 방영한 JTBC 드라마 〈재벌집 막내 아들〉에는 비전을 잘 보여주는 대사가 나옵니다. 삼성 창업주 고(故) 이병철 회장을 모델로 한 것으로 알려진 진양철 회장(이성민 분)의 대사입니다.

"사람 장사는 이제 끝이다. 앞으로는 기술 장사해야 먹고 산다. 반도체는 우리 순양의 미래 먹거리다. 뭐 반도체가 돈이 되냐고? 그게 내 눈에만 보이는 기가?"

이 대사에는 노동집약적 사업 모델은 한계에 부딪혔고, 반도체와 같은 기술집약적 산업으로 전환해야 한다는 비전이 담겨 있습니다. 비전은 방향을 명확하게 설정해 구성원들에게 강한 동기를 부여할 수 있어야 합니다. 공허하거나 현실성이 부족한 비전은 오히려 구성원들의 의지를 꺾을 수 있습니다. 물론 진양철 회장이 제시한 비전처럼 탁월한 통찰에서 비롯된 선견지명은 평범한 구성원이 쉽게 이해하기 어려울 수 있습니다. 그래서 원대한 비전은 리더가 강력한 리더십으로 끌고 나갈 필요도 있습니다.

동시에 조직 구성원들의 공감대를 얻는 것이 중요합니다. 이를 위해 기업은 '비전 슬로건(vision slogan)'을 활용해 핵심 메시지를 감성적으로 전달합니다. 구성원들이 그 슬로건을 통해 설렘을 느낄 수 있다면 금상첨화입니다.

다음은 우리나라 대표 기업들의 비전 슬로건입니다. "휴머니티를 향한 진보", "생명을 향한 도전", "세상에 가치를 더하다". 앞에서부터 현대자동차, 삼성바이오로직스, 포스코의 비전 슬로건입니다. 이 기업들이 꿈꾸는 미래가 그려지시나요?

한편, 미션은 기업의 존재 이유와 현재 수행해야 할 핵심 활동을 규정하는 개념으로, '우리는 왜 존재하는가?', '무엇을 하는가?'에 대한 답입니다. 비전보다 구체적이고 실천적인 성격이 강합니다. 단, 미션은 특정 상품이나 경쟁 시장으로 한정하여 정의하는 것을 지양해야 합니다. 예컨대 화장품 기업의 미션을 단순히 '화장품을 잘 만들고 판매한다'라고 하기보다는 '고객에게 아름다움을 제공한다'로 정의하는 것이 더 적절합니다. 그래야 에스테틱, 헤어숍 등 인접 시장으로 확장이 가능합니다.

미션을 잘못 설정해 위기에 빠진 기업도 있습니다. 자동차가 막 보급되던 시기, 미국의 철도회사 암트랙(Amtrak)과 포드(Ford)는 경쟁 시장을 바라보는 시각에서 큰 차이를 보였습니다. 암트랙은 포드자동차가 등장한 이후에도 경쟁 대상을 '철도'로 한정했지만, 포드는 경쟁 서비스를 '모든 교통수단'으로 규정했습니다. 사소해 보이는 이 차이가 기업의 존폐를 가를 만큼 막대한 결과를 낳았습니다. 암트랙은 눈앞의 직접적인 경쟁만 의식하다가 자신의 서비스에는 대체재가 없다고 착각했고, 결국 자동차와 항공 서비스가 대중화되면서 심각한 위기에 직면했습니다.

네이버 블로그 서비스도 비슷한 길을 걸었습니다. 이 서비스의 미션은 '사용자가 글을 쓰고 검색엔진을 통해 노출시키는 기록 플랫폼'에 머물렀습니다. 그러다보니 서비스의 운영 목적도 자연스럽게 많은 글을 모아 검색 트래픽을 끌어올리는 데 집중되었습니다. 그 결과 블로그는 광고성 글과 저품질 콘텐츠가 넘쳐나는 공간으로 변했고, 이용자들은 점차 블로그를 외면하기 시작했습니다.

암트랙은 1971년 미국 정부가 여러 민간 철도 회사의 여객 부문을 통합해 설립한 여객 철도 운송 기업이다. 그러나 자동차와 항공기 중심으로 재편된 교통 체계에 제대로 대응하지 못하면서, 현재는 미국 정부와 운행 지역 주 정부의 재정 지원으로 유지되고 있다. 그림은 1975년 발행된 암트랙 뉴욕–필라델피아 노선 시간표다.

그 사이 사람들은 블로그 대신 인스타그램과 유튜브를 통해 정보를 얻는 데 익숙해졌습니다. 이는 PC보다 모바일 사용이 압도적으로 늘어난 환경 변화와도 맞닿아 있습니다. 웹 기반에서 출발한 네이버는 모바일 중심의 소셜미디어를 경쟁 시장으로 보지 못했고, 결국 스스로 시장의 범위를 축소한 셈이 되었습니다. 뒤늦게 2023년 8월, 네이버는 유튜브 숏츠, 인스타그램 릴스와 유사한 숏폼 콘텐츠 서비스 '네이버 클립'을 선보였지만, 이미 경쟁 구도는 크게 바뀐 뒤였습니다.

오늘날 구글과 애플을 있게 한 비전과 미션

⋮

구글(Google)의 비전 슬로건은 "세상의 모든 정보에 한 번의 클릭으로 접근할 수 있게 한다"입니다. 이는 사용자가 쉽고 빠르게 정보를 찾을 수 있게 한다는 의미입니다. 구글은 원하는 정보를 알고 싶다면 구글로 오라는 메시지를 전하고 있습니다. 구글의 미션 정의서(Mission Statement) 역시 이를 뒷받침합니다. "세상의 모든 정보를 체계화하여 전 세계 누구나 접근할 수 있고 유용하게 활용할 수 있도록 한다." 검색엔진, 유튜브, 지도, 번역, 생성형 AI 등 구글의 모든 서비스가 이 미션 아래에서 운영되고 있습니다.

■ 애플의 사업 영역 전환 경로(Domain Migration Path)

사업 초기 아이팟이라는 오디오 플레이어에서 시작한 상품과 서비스는 오늘날 아이폰이라는 디지털 허브로 진화했다.

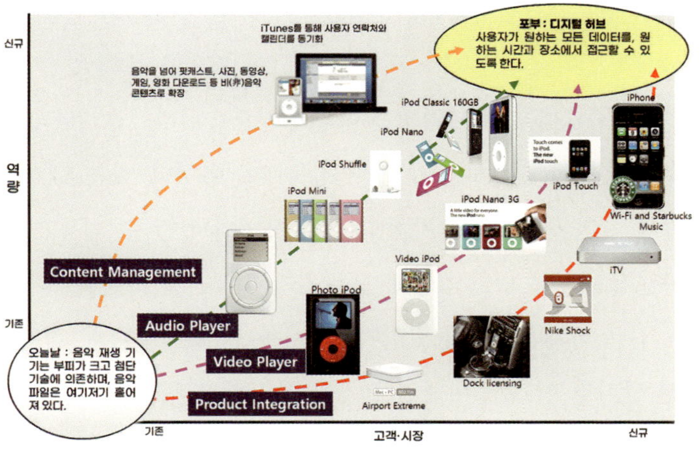

애플은 사업 초기부터 명확한 미션과 비전을 설정해 장기 목표를 달성하며 성공 가도를 달리고 있습니다. 애플은 자사의 역량과 시장을 현재와 미래 관점에서 정의하고, 이를 일련의 과정으로 정리한 '사업 영역 전환 경로'를 구축했습니다. 출발점은 아이팟이라는 오디오 플레이어였지만, 애플은 거기에 머물지 않았습니다. 음악 재생 기기에서 시작한 상품과 서비스는 점차 확장돼 오늘날 '아이폰'이라는 디지털 허브로 진화했습니다. 만약 애플이 사업 초기 단계에서 비전과 미션을 명확히 설정하지 않았다면, 아이폰과 같은 혁신은 결코 세상에 나오지 못했을 것입니다.

7S 모델 : 비전을 실현하는 조직의 조건

19세기에 활동한 카스파어 다비트 프리드리히Caspar David Friedrich, 1774~1840는 대자연을 주제로 한 수많은 작품을 남겼습니다. 당시 풍경화가 자연의 외양을 사실적으로 옮기는 데 주력했다면, 그는 자연을 통해 인간 내면을 탐구하려 했습니다. 프리드리히는 이렇게 말했습니다. "공기와 물, 바위와 나무를 충실히 재현하는 것이 나의 목표가 아니다. 나는 그 속에 깃든 영혼과 감정을 재현하고자 한다." 이 고백에서 알 수 있듯, 그의 작품은 사실적 묘사를 넘어 자연에 깃든 감정과 영혼을 드러냅니다.

대표작 〈안개 바다 위의 방랑자〉는 이를 잘 보여줍니다. 절벽 위에 홀로 선 남자가 안개로 뒤덮인 세계를 응시하고 있습니다. 얼굴이 보

카스파어 다비트 프리드리히, 〈안개 바다 위의 방랑자〉, 1818년, 캔버스에 유채, 94.5×74.8cm, 함부르크 쿤스트할레미술관

이지 않아 그가 누구이며 왜 이곳에 서 있는지는 알 수 없습니다. 그러나 바로 그 뒷모습 때문에 감상자는 그림 속 인물에게 자연스럽게 자신을 투영합니다. 남자의 뒷모습에는 결연한 의지가 서려 있습니다. 어쩌면 그는 원대한 비전을 어떻게 실현할지 깊이 고민하는 중인지도 모릅니다.

비전을 향한 남자의 열망은 기업 활동에서는 '7S 모델'로 구현될 수 있습니다. 7S 모델은 1980년대, 맥킨지의 컨설턴트였던 톰 J. 피터스Thomas J. Peters, 1942~ 와 로버트 H. 워터맨Robert H. Waterman, 1936~2022이 고안한 경영 분석 도구로, 기업의 비전과 미션을 실행으로 옮기는 데 활용됩니다.

7S는 Strategy(전략), Structure(구조), Systems(시스템)의 '하드 요소'와 Shared Values(공유 가치), Style(리더십 스타일), Staff(인적 자원), Skills(역량)의 '소프트 요소'로 구성됩니다. 하드 요소는 조직의 뼈대와 설계도처럼 구조화된 영역을 의미하는 반면, 소프트 요소는 조직의 정신과 문화처럼 정량화나 구조화가 어려운 사람 중심의 영역입니다. 톰 J. 피터스는 기업 성과에 더 큰 영향을 미치는 것은 하드 요소가 아니라 소프트 요소라고 강조했습니다. 경영학자 피터 드러커Peter Ferdinand Drucker, 1909~2005의 "문화는 전략을 아침식사로 먹는다"라는 말 역시 소프트 요소, 특히 '공유 가치'의 중요성을 일깨우는 표현입니다.

공유 가치는 조직 구성원 모두가 공감하고 실천해야 할 공동의 가치입니다. 구성원마다 지향하는 가치가 다르면 비전을 달성하기 어렵습니다. 이를 위해 기업은 비전 선포식과 같은 행사를 통해 가치를 전파하거나, 구성원이 참여하는 워크숍에서 3~5년 후 자사의 모습을 기사 형식

■ 7S 모델

조직의 성과를 높이려면 7S 모델의 일곱 가지 요소가 유기적으로 연결되고 조화를 이루어야 한다.

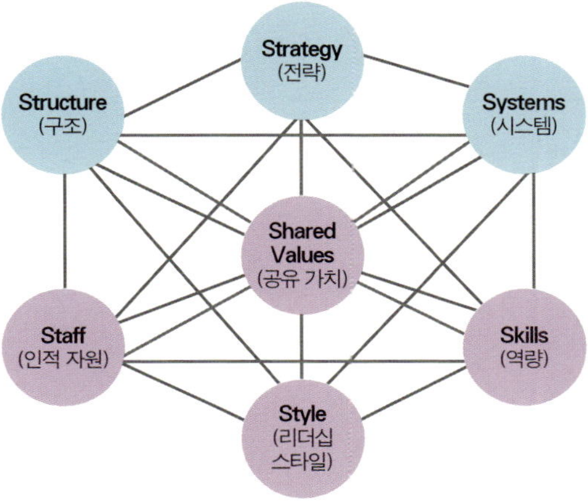

구분	7S	의미
하드 요소	Strategy(전략)	기업이 경쟁 우위를 확보하고 목표를 달성하기 위한 방향성
	Structure(구조)	조직의 구성과 의사 결정 체계
	Systems(시스템)	업무 수행을 위한 프로세스, 정보의 흐름, IT
소프트 요소	Shared Values(공유 가치)	구성원들의 핵심 가치와 조직 문화
	Style(리더십 스타일)	조직 운영 방식, 리더의 가치관 및 행동 양식
	Staff(인적 자원)	인적 구성, 인력 확보 및 육성, 인적 자원 적재적소 배치
	Skills(역량)	조직 및 개인의 핵심 역량, 기술 수준

으로 작성·토론하는 활동을 통해 공유 가치를 내재화하기도 합니다.

조직의 성과를 높이기 위해서는 일곱 가지 요소가 서로 유기적이고 일관되게 연결되어야 합니다. 아무리 훌륭한 전략이라도 구성원들이 공유 가치를 충분히 이해하고 공감하지 못한다면 실행으로 이어지기 어렵습니다. 또 아무리 잘 설계된 시스템이 있어도 리더십이 뒷받침되지 않으면 제대로 작동하지 않습니다.

따라서 기업은 올바른 비전과 미션을 수립하고, 이를 실현하기 위한 도구로 7S 모델을 활용하는 것이 좋습니다. 하지만 비전과 미션이 단순한 구호에 머문다면 아무런 힘을 발휘하지 못합니다. 선덕여왕이 황룡사 9층 목탑을 세워 국가의 비전을 제시하고 훗날 신라가 삼국을 통일한 것처럼, 기업도 구성원들의 가슴에 '비전의 탑'을 세워 비전을 실행하도록 해야 합니다.

비전을 실행할 때 주의해야 할 세 가지가 있습니다. 첫째는 일관성과 지속성입니다. 종종 기업이 수개월에서 수년에 걸쳐 수립한 비전을 아무렇지 않게 바꾸는 경우가 있습니다. 바로 CEO가 교체될 때입니다. 마치 〈그때는 맞고 지금은 틀리다〉라는 영화 제목처럼, 같은 이유와 근거를 두고 전혀 다른 결론을 도출하기도 합니다. 수장이 교체되면 그에 맞춰 모든 것을 바꿔야 권위가 생긴다는 잘못된 관성이 작용한 결과입니다. 좋은 비전은 정당성 못지않게 지속성과 일관성이 더 중요합니다.

둘째는 비전, 전략, 목표의 정렬입니다. 어떤 기업들은 멋진 비전을 세워놓고도 정작 그것과 동떨어진 실행을 하는 실수를 합니다. 이는 비전을 구성원들에게 추상적이고 공허한 구호로만 인식하게 했기 때문입니다. 전략과 목표는 비전을 달성하기 위한 중요한 과정이자 도구이므로 과녁을 향해 날아가는 화살처럼 항상 비전과 정렬되어야 합니다.

셋째, 구성원들에게 비전의 진전을 보여주는 것입니다. 비전 실현은 먼 여정이고, 비전에 이르는 길에는 수많은 역경이 기다립니다. 따라서 중간에 작은 성취라도 구성원들과 공유해 성취감을 심어 줄 필요가 있습니다. 그 성취감이 '성공 DNA'가 되어 남은 여정을 버틸 힘이 되기 때문입니다. 나아가 여정 속에서 구성원 개인의 비전까지 실현된다면, 기업의 비전 실현은 앞당겨질 수 있습니다.

비전은 〈황룡사 9층 목탑〉처럼 세워라!

비전과 미션은 기업에만 필요한 게 아닙니다. 개인의 성장에도 똑같이 적용됩니다. 메이저리그(MLB)에서 활약하는 일본인 선수 오타니 쇼헤이는 뛰어난 야구 실력은 물론 훌륭한 인성으로도 많은 이들의 귀감이 되고 있습니다. 그가 지·덕·체를 고루 갖춘 선수로 성장할 수 있었던 배경에는 고등학교 1학년 때 작성한 '만다라트(Mandal-Art) 차트'가 있었다고 합니다. 만다라트는 불교의 우주관을 뜻하는 'Mandala'와 예술을 의미하는 'Art'를 합친 말로, 연꽃처럼 중심에서 주변으로 뻗어 나가는 형태의 계획표입니다.

오타니가 만다라트 차트(92쪽) 각 칸에 채운 내용은 비전과 미션을 달성하기 위한 구체적 목표였습니다. 목표란 정량화할 수 있는 계획입니다. 그는 '8개 구단 드래프트 1순위 지명'을 중심 목표로 삼고, 몸 만들기·제구·구위·볼스피드(160km/h)·변화구, 운, 인간성, 멘탈 등 여덟 가지 핵심 목표를 설정했습니다. 기업의 목표도 매출, 영업이익, 가입자수, 시장점유율, 고객전환율 등 계량화된 지표로 정할 수 있습니다.

그의 차트에서 눈에 띄는 점은 '인간성'과 '운'을 야구 실력과 동등

■ 오타니 쇼헤이가 작성한 만다라트 차트

몸관리	영양제 먹기	FSQ 90kg	인스텝 개선	몸통 강화	축 흔들지 않기	각도를 만든다	위에서부터 공을 던진다	손목 강화
유연성	몸 만들기	RSQ 130kg	릴리즈 포인트 안정	제구	불안정 없애기	힘 모으기	구위	하반신 주도
스테미너	가동역	식사 저녁 7숟가락 아침 3숟가락	하체 강화	몸을 열지 않기	멘탈을 컨트롤	볼을 앞에서 릴리즈	회전수 증가	가동력
뚜렷한 목표 · 목적	일희일비 하지 않기	머리는 차갑게 심장은 뜨겁게	몸 만들기	제구	구위	축을 돌리기	하체 강화	체중 증가
핀치에 강하게	멘탈	분위기에 휩쓸리지 않기	멘탈	8구단 드래프트 1순위	스피드 160km/h	몸통 강화	스피드 160km/h	어깨 주변 강화
마음의 파도 안 만들기	승리에 대한 집념	동료를 배려하는 마음	인간성	운	변화구	가동력	라이너 캐치볼	피칭 늘리기
감성	사랑받는 사람	계획성	인사하기	쓰레기 줍기	부실 청소	카운트볼 늘리기	포크볼 완성	슬라이더 구위
배려	인간성	감사	물건을 소중히 쓰자	운	심판을 대하는 태도	늦게 낙차가 있는 커브	변화구	좌타자 결정구
예의	신뢰받는 사람	지속력	긍정적 사고	응원받는 사람	책 읽기	직구와 같은 폼으로 던지기	스트라이트 볼을 던질 때 제구	거리를 상상하기

야구 선수 오타니 쇼헤이가 지 · 덕 · 체를 고루 갖춘 선수로 성장할 수 있었던 배경으로 연꽃 모양의 계획표 만다라트 차트를 꼽는다. 그림은 오타니가 16살 때인 2010년 12월 6일 작성한 만다라트 차트다. 만다라트는 정중앙에 최종 목표를 적은 뒤 8개 방향으로 조금씩 확장하면서 세부 지침을 상세하게 적어나간다.

하게 놓았다는 사실입니다. 그는 이를 실현하기 위해 배려, 감사, 예의, 인사하기, 쓰레기 줍기, 독서, 물건을 소중히 다루기 등 구체적인 행동 목표를 세웠습니다. 실력뿐 아니라 인성과 운까지 삶의 축으로 삼은 것이죠.

'운칠기삼(運七技三)'이라는 말이 있습니다. 성공에서 운이 실력보다 더 큰 비중을 차지한다는 뜻입니다. 물론 운이 전부는 아니지만, 성공에서 그 비중을 무시할 수는 없습니다. 오래전 〈하버드 비즈니스 리뷰(HBR)〉는 〈포춘(Fortune)〉이 선정한 글로벌 500대 기업을 분석한 결과, 기업 성공의 80%가 전략 변수에서 비롯되었고 그중에서도 운과 같은 환경 변수가 큰 영향을 미친다고 결론지었습니다. 여기서 말하는 운은 단순한 요행과는 다릅니다.

코로나19 팬데믹 시기를 떠올려 볼까요. 팬데믹 이전에는 주목받지 못했던 원격 회의 솔루션, 배달앱, 원격 진료 등 비대면 서비스가 순식간에 생활 필수재가 되었습니다. 그 결과 줌(Zoom), 배달의민족, 쿠팡, 네이버 쇼핑, 닥터나우 같은 서비스가 폭발적으로 성장했습니다. 아무도 팬데믹을 예측하지는 못했지만, 그런 변화를 맞이할 준비를 묵묵히 해온 기업들은 있었습니다. 오타니가 성공 요소로 꼽은 인간성과 운 역시 같은 맥락에서 이해할 수 있습니다.

마이클 모부신Michael Mauboussin, 1964~은 《운과 실력의 성공 방정식》에서 운과 실력을 구분하고 각각에 맞는 전략을 세우라고 조언합니다. 실력이 필요할 때 지나치게 운에 기대거나, 운이 필요할 때 실력을 쌓느라 불필요한 자원을 낭비할 필요가 없다는 것입니다.

황룡사 9층 목탑은 사라졌지만, 선덕여왕이 남긴 메시지는 여전히 살아 있습니다. 비전은 단순한 구호가 아니라 구체적 형상으로 드러날 때 힘을 얻습니다. 신라인이 황룡사 9층 목탑을 보며 삼국통일의 주역이 되기를 희망했던 것처럼, 기업의 비전도 구성원을 하나로 묶는 공유 가치가 되어야 합니다.

마지막으로 미래학자 조엘 A. 바커Joel A. Barker, 1944~2025의 말을 인용하며 글을 맺습니다.

"행동 없는 비전은 꿈일 뿐이고, 비전 없는 행동은 시간 낭비일 뿐이다. 비전과 행동이 함께할 때 세상을 바꿀 수 있다."

'관성의 법칙'을 깨는 궤도 이탈의 힘

변화 관리

'인상주의의 창시자', '빛의 화가', '자연의 기록자', '연작의 화가', 그리고 '지베르니의 정원사'. 모두 클로드 모네Claude Monet, 1840~1926를 수식하는 말들입니다. 이번 글에서는 그 가운데서도 왜 그가 '연작의 화가'로 불리게 되었는지 살펴보려 합니다.

모네는 평생 동일한 대상을 반복해서 화폭에 담았습니다. 건초더미, 루앙 대성당, 템스강, 포플러나무, 노르망디의 바닷가 절벽 등 같은 대상이 그의 손끝에서 시각과 계절, 빛의 상태에 따라 전혀 다른 얼굴로 다시 태어났습니다. 그 가운데에서도 가장 유명한 것은 수련 연작입니다. 모네는 대형 파노라마를 포함해 무려 250점이 넘는 수련 그림을 남겼습니다.

클로드 모네, 〈수련〉, 1906년, 캔버스에 유채, 89.9×94.1cm, 시카고아트인스티튜트

30대 초반, 그는 〈인상, 해돋이〉(289쪽)로 인상주의의 문을 열었지만 생활은 여전히 곤궁했습니다. 설상가상으로 아내 카미유마저 세상을 떠나며 예술적으로도 깊이 방황하게 됩니다. 전환점은 40대 무렵, 노르망디의 작은 마을 지베르니로 이주하면서 찾아왔습니다. 모네는 이곳에서 직접 정원을 설계하고 가꾸었고, 집 옆에 흐르던 하천의 물을 끌어와 연못을 만든 뒤 수련을 심었습니다. 연못에 심은 수련은 단순히 정원의 장식물이 아니라 모네의 남은 생을 사로잡은 창작의 원천이 되었습니다.

같은 대상을 그리고 또 그리며 이어진 빛의 실험

그의 연작이 특별한 이유는 단순한 반복이 아니라, 빛과 시간의 실험이었기 때문입니다. 그는 아침·정오·해 질 녘 그리고 봄·여름·가을·겨울마다 달라지는 색과 공기를 집요하게 관찰했습니다. 동일한 건물이든 나무든, 빛이 달라지면 전혀 다른 세계로 변모한다는 사실을 그는 누구보다 깊이 이해했습니다.

결국 모네가 반복해서 그린 것은 사물 자체가 아니라 그것을 감싸고 스쳐 지나가는 빛과 순간이었습니다. 그 빛 속에는 자연의 변화무쌍

클로드 모네, <수련-석양>, 1920~1926년경, 캔버스에 유채, 200x600cm, 파리 오랑주리미술관

한 리듬뿐 아니라, 그 순간을 바라보는 화가 자신의 감정과 내면까지 담겨 있었습니다. 그래서 모네의 연작은 '같은 풍경의 기록'이 아니라, '시간과 존재의 흐름에 대한 시각적 일기'라 할 수 있습니다.

1910년대 중반부터 모네는 백내장이 심해져 점차 색채와 형태를 구분하기 어려워졌습니다. 수정체가 혼탁해지는 백내장은 붉은색은 상대적으로 더 선명하게 보이고, 푸른색과 녹색은 희미하게 보입니다. 실제로 이 시기에 그린 수련 연작은 붉고 노란 기운이 감돌며 형태가 흐릿합니다. 1900년대 초반, 백내장은 지금처럼 쉽게 치료할 수 있는 병이 아니었습니다. 수술이 있긴 했지만 시야 왜곡 등 후유증이 컸고, 자칫 시력을 잃을 위험도 따랐습니다. 화가 오노레 도미에Honoré Daumier, 1808~1879와 메리 카사트Mary Cassatt, 1844~1926가 백내장 수술 후 시력을 회복하

클로드 모네, 〈수련〉, 1915~1926년경, 캔버스에 유채, 200.7×426.9cm, 캔자스시티 넬슨앳킨스미술관

지 못한 사례는 모네를 주저하게 만들었습니다. 그는 수술을 미루다 1923년에야 수술대에 올랐습니다. 수술 후 다시 색을 볼 수 있게 되었다고 느꼈지만, 청색증과 같은 색감 왜곡은 끝내 남았습니다.

그럼에도 그는 붓을 내려놓지 않았습니다. 잘 보이지 않는 눈을 보완하기 위해 기억과 직관에 의존했고, 세부 묘사보다 큰 색의 덩어리와 감각적인 붓질로 화면을 채워 나갔습니다. 때로는 완성한 작품을 긁어내고 덧칠하기도 했으며, 색을 구별하기 위해 물감 튜브에 직접 글씨를 써 표시했습니다. 아이러니하게도, 시각의 혼란 속에서 완성한 후기 수련 연작들은 훗날 추상 회화의 시발점이 되었다는 평가를 받습니다.

모네와 다윈이 밝혀낸 기업의 생존법

⋮

모네가 관찰해 캔버스에 담아낸 것처럼 자연과 사물은 빛과 시간의 흐름에 따라 끊임없이 달라집니다. 이른 아침의 수련과 저녁 노을 속 수련이 전혀 다른 얼굴을 보여주듯 말입니다. 노년의 모네는 백내장이라는 치명적 시련에도 굴하지 않았습니다. 화가가 시력을 잃는 일은 기업으로 치면 사업을 이어갈 수 없는 절체절명의 위기에 가깝습니다. 마치 1990년대 후반 코닥에 불어닥친 필름에서 디지털로의 전환과 다르지 않습니다. 코닥은 변화에 제때 대응하지 못해 쇠락했지만, 모네는 좌절 대신 도전을 택했습니다. 그는 형태를 해체하고 색채와 붓질에 집중하는 새로운 화법으로 나아가며, 마침내 추상 회화의 길을 열었습니다.

기업을 둘러싼 환경 역시 끊임없이 변화합니다. 따라서 역동적인 환경에 잘 적응하고 대응하는 것이 기업의 중요한 과제가 됩니다. 이때 필요한 것이 바로 '변화 관리(change management)'입니다. 변화 관리는 기업이 환경 변화에 효과적으로 대응하고 새로운 목표를 달성하기 위해 변화 과정을 계획·실행·관리하는 체계적 접근 방식을 뜻합니다. 이는 단순히 인력 감축 중심의 구조 조정이나 IT 도입을 통한 업무 혁신에 국한되지 않습니다. 업무 프로세스와 조직 문화 전반을 아우르며, 변화 요인을 찾아내고 대응해 성과로 연결하는 포괄적 개념입니다.

현장에서는 '레윈의 3단계 변화 모델'과 '존 코터의 8단계 변화 관리 모델'이 가장 널리 활용됩니다. 1947년 심리학자 쿠르트 레윈Kurt Lewin, 1890~1947은 논문 〈Frontiers in Group Dynamics〉에서 '해동(Unfreeze) – 변화(Change) – 재동결(Refreeze)'로 요약되는 3단계 모델을 제시했습니다.

해동 단계는 기업이 기존 프로세스와 시스템을 바꿔야 할 필요성을 인식하는 과정입니다. 이를 위해서는 현재 당면한 문제의 근본 원인을 정확히 파악하고, 과거의 성공 방식이 더 이상 유효하지 않다는 사실을 직시하는 현실 자각이 무엇보다 중요합니다. 14쪽에서 다룬 '통념 뒤집기(flipping the orthodoxy)'와도 같은 맥락입니다.

그러나 많은 구성원은 익숙한 방식을 바꾸는 데 본능적으로 거부감을 느낍니다. 특히 오랜 기간 기존 방식으로 성과를 쌓아 임원 자리에 오른 경영진일수록 해동 과정은 더 불편합니다. 그 결과 변화 과정은 내부 저항에 부딪히고, 저항이 클수록 기업은 외부 환경 변화에 적응하기 어려워집니다.

찰스 다윈Charles Robert Darwin, 1809~1882은 생물이 환경에 적응해 생존과 번식에 유리한 형질을 지닌 개체가 살아남고 그 형질이 유전된다는 '자연선택이론'을 내놓았습니다. 그 이전까지는 장 바티스트 라마르크Jean Baptiste Lamarck, 1744~1829의 '용불용설(자주 쓰는 기관은 발달하고 쓰지 않는 기관은 퇴화한다는 주장)'이 주류였지만, 후천적 형질은 유전되지 않는다는 사실이 밝혀지면서 자연선택이론이 정설로 자리 잡았습니다.

즉, 강자가 살아남는 것이 아니라 살아남은 자가 강자가 되는 것입니다. 예를 들어, 우연히 목이 긴 기린이 태어났다고 합시다. 목이 긴 기린은 경쟁이 덜한 높은 나무의 이파리를 뜯어먹을 수 있어 생존에서 유리한 위치를 차지합니다. 결국 이러한 형질이 대대로 유전되며 오늘날 목이 긴 기린만 남게 된 것이지요. 기업도 마찬가지입니다. 다만 자연계에서처럼 우연한 돌연변이를 기다릴 수는 없습니다. 기업은 스스로 변화의 '돌연변이'를 만들어 내야만 합니다.

변화 단계는 해동 단계에서 인식한 변화의 필요성과 동인을 실질적인 행동으로 옮기는 과정입니다. 이 단계의 첫 번째 과제는 구체적인 목표를 설정하고, 이를 달성하기 위한 체계적인 실행 계획을 세우는 것입니다. 그 과정에서 결코 간과해서는 안 될 핵심 요소가 있습니다. 바로 구성원에 대한 커뮤니케이션과 동기부여입니다.

기업이 변화 관리에 실패하는 가장 큰 원인도 여기에 있습니다. 충분하지 않은 소통으로 구성원들의 공감대가 형성되지 않고, 변화 추진의 동력이 될 동기부여가 부족할 경우 조직 내에 루머가 퍼지고 불안과 저항이 만연하게 됩니다.

마지막 재동결 단계는 변화의 결과를 안정적으로 정착시키는 내재화 과정입니다. 변화의 성과를 조직 문화와 프로세스 속에 뿌리내리게 하고, 이를 발판 삼아 새로운 도약을 준비하는 단계입니다.

관성을 벗어나 새로운 궤도로 진입하기 위한 힘

경영학자 존 코터John Kotter, 1947~는 1995~1996년 100여 개 기업의 변화 관

리 실패 사례를 분석하여 성공적인 변화 관리의 8단계 모델을 제시했습니다.

첫 번째는 조직 구성원에게 위기의식을 심는 것입니다. 어찌 보면 당연한 과정입니다. 변화의 필요성을 절감하지 못하면 그 어떤 전략도 무용지물이 되기 때문입니다. 필자의 경험에 비추어 볼 때, 위기의식이 구성원들에게 결코 연례행사처럼 인식되지 않도록 해야 합니다. 매년 CEO와 경영진이 신년사에서 위기의식을 강조하다 보면 자칫 '양치기 소년 효과'가 나타날 수 있기 때문입니다. 과도한 위기의식은 오히려 긴장감을 약화시킬 수 있습니다. 중요한 것은 말이 아니라 경영진이 행동을 통해 위기의식을 보여주는 것입니다.

두 번째는 변화를 이끌 동지를 모으는 것입니다. 대개 기업은 변화 관리를 주도할 TFT(Task Force Team)를 구성합니다. 혁신적인 변화는 결코 개인의 힘으로 끌어낼 수 없기 때문이죠. 그런데 변화 관리 조직을 구성하는 일에서부터 난관에 부딪히는 경우가 많습니다. 구성원들이 TFT에 참여하기 위해서는 현 부서와 개인의 업무로부터 자유로워야 하는데 현실은 그렇지 못하기 때문입니다. TFT 활동을 하더라도 기존 업무를 병행해야 하고 소속 부서와 이해관계가 충돌하는 경우 조직의 관성을 깨기도 쉽지 않습니다. 그렇다 보니 변화 의지가 약하고 현재 조직에서 업무 영향도가 낮은 인력이 TFT에 차출되는 경우도 많습니다.

따라서 성공적인 변화 관리를 위해서는 관성을 벗어나려는 의지가 있는 다양한 구성원뿐 아니라 조직 내 영향력과 의사 결정권이 있는 핵심 인물을 TFT에 반드시 포함시켜야 합니다. 특히 CEO는 이러한 조직에 강력한 권한을 부여함으로써 기업 전체 구성원에게 변화의 의지와 신뢰를 보여주어야 합니다.

세 번째는 변화의 방향을 명확히 하는 것입니다. 추상적인 비전보다는 간결하고 구체적인 청사진을 마련하고, 이를 실행할 계획을 수립합니다.

네 번째는 비전의 전파입니다. 구성원들의 마음을 움직여 적극적인 참여를 유도할 수 있도록 설득해야 합니다. 이때 중요한 점은 전파의 내용이 부서, 시기, 상황에 따라 달라지면 안 된다는 것입니다. 메시지는 일관성을 유지해야 합니다.

다섯 번째는 변화에 걸림돌이 되는 장애물을 없애는 것입니다. 변화 과정에 문제가 되는 사내 규정을 과감히 철폐하고 비협조적인 조직을 교육하여 도전적이고 유연한 기업문화를 조성해야 합니다.

여섯 번째는 단기 성과 창출입니다. 대개 기업과 구성원들은 변화 관리의 성과를 오래 기다릴만한 인내심이 부족합니다. 게다가 '뭐 달라지는 게 있겠어?'와 같은 회의적인 심리가 지배적입니다. 따라서 작은 성과라도 빠르게 만들어 공유해 구성원의 사기를 북돋우고 회의론을 누그러뜨려야 합니다. 단기 성과 창출은 '펭귄 효과(누군가 먼저 움직일 때까지 기다리다가 일단 선두가 행동하면 모두가 한꺼번에 따라 움직이는 현상)'의 지렛대가 될 수 있습니다. 다만 주의할 점은 목표 기간을 설정하되 너무 짧은 기간 내 성과를 압박해서는 안 됩니다. 지나친 단기 성과 압박은 형식적이거나 거짓 성과를 양산해 장기 성과의 독이 될 수 있기 때문입니다.

단기 성과 창출은 '펭귄 효과'의 지렛대가 될 수 있다.

일곱 번째는 단기 성과를 토대로 성과를 공고화하고 변화의 범위를 전사로 확대하는 것, 여덟 번째는 조직 문화에 변화를 정착시키는 것입니다. 이 단계는 변화의 과정과 방법을 내재화하여 조직이 상시 프로그램으로 운영하고 성과를 낼 수 있는 상태를 의미합니다. 전 구성원들을 대상으로 교육 프로그램을 운영하는 것도 좋은 방법입니다.

또 다른 변화 관리 모델로는 'ADKAR'이 있습니다. 이 모델은 개인의 변화를 인식(Awareness) – 열망(Desire) – 지식(Knowledge) – 능력(Ability) – 강화(Reinforcement)의 다섯 단계로 설명하며, 조직 전체가 아니라 개인의 변화 과정을 진단하고 이에 맞춰 대응하는 데 초점을 둡니다.

모든 변화 관리 모델이 지향하는 바는 같습니다. 바로 '관성의 법칙'을 깨뜨리는 것입니다. 뉴턴의 제1 법칙처럼, 조직도 외부 자극이 없으면 기존 상태를 유지하려는 성향이 강합니다. 변화 관리는 이 관성을 벗어나 새로운 궤도로 진입하기 위한 힘을 불어넣는 과정이라 할 수 있습니다.

변화는 위도 아래도 아닌 중간에서 시작된다

레윈의 3단계 변화 관리 모델은 구성원의 동기부여가 성공의 핵심임을 강조합니다. 이에 관련된 필자의 경험을 소개합니다. 2000년대 초반 'e-Biz 전환' 바람이 불자, 금융 업계는 앞다투어 인터넷뱅킹을 도입하기 시작했습니다. 지금은 스마트폰으로 몇 번만 터치하면 이체와 대출까지 손쉽게 처리할 수 있지만, 당시에는 PC로 은행 업무를 본다는 것 자체가 매우 낯선 상황이었습니다.

A은행은 경쟁사들의 인터넷뱅킹 가입자가 빠르게 늘어난다는 소식에 조바심을 내며 서둘러 프로모션을 추진했습니다. 전국 지점 창구에서 직접 인터넷뱅킹 가입 신청을 받도록 한 것이죠. 그러나 이런 방식의 변화 관리는 결국 실패로 끝났습니다. 왜였을까요?

A은행은 변화 관리의 핵심인 고객가치 실현과 구성원 동기부여를 소홀히 했습니다. 창구 직원들은 바쁜 업무에 더해 동기도 없는 추가 과제를 떠안았을 뿐이었고, 시간에 쫓겨 고객에게 인터넷뱅킹의 가치를 충분히 설명하지 못했습니다. 더구나 서비스 확산이 오히려 자신의 일자리를 위협할 수 있다는 불안까지 겹쳤습니다.

이 사례가 보여주듯, '글로벌 선진 기업이 하니까', '경쟁사가 하니까'라는 관성적 사고만으로는 변화 관리가 결코 성과를 낼 수 없습니다. 그렇다면 어떻게 해야 할까요?

첫째, 변화를 통해 고객이 얻는 가치를 명확히 정의하고 전달해야 합니다. 고객이 궁극적으로 얻을 수 있는 혜택과 이점이 무엇인지 고객에게 친절하게 알려주어야 합니다. 둘째, 구성원들의 공감대를 형성하고 그들을 위해 적절한 동기를 부여해야 합니다. 이는 단순한 물질적 보상만 의미하는 것이 아닙니다. 목표에 대한 충분한 공감과 과제를 실행할 수 있는 환경을 제공하는 것을 뜻합니다. 공감이 결여된 변화 관리는 수동적이고 형식적으로 흐를 수밖에 없습니다. 더 큰 문제는 구성원들이 몇 번의 어설픈 변화 관리 프로그램을 겪고 나면 이후 새로운 변화 관리에 별 감흥이 없어진다는 것입니다. 변화를 위해서는 기대와 설렘이 필요하지만, 잘못된 접근은 그 기대를 '뻔한 결말'로, 설렘을 '귀찮음'으로 바꾸어 버립니다.

아래 도식은 변화 관리의 성공 요소를 정리한 것입니다. 고객가치를 명확히 정의하고 구성원에 대한 동기부여가 이루어질 때, 변화 관리는 비로소 의미 있는 성과로 이어집니다.

많은 전문가가 변화 관리 방식으로 톱다운(top-down)을 권하지만, 필자의 생각은 다릅니다. 중간 관리자의 역할이 무엇보다 중요합니다. 중간 관리자들은 일선의 업무 내용과 고충을 구체적으로 인지하고 있으

■ 변화 관리의 성공 요소 매트릭스

변화 관리가 성공하려면 '고객가치 정의와 전달'와 '구성원의 동기부여'라는 두 축이 균형 있게 충족되어야 한다는 것을 보여준다.

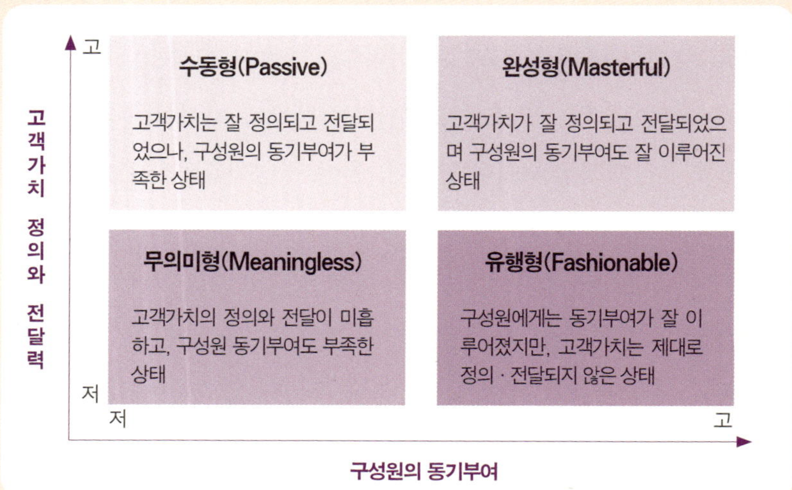

* 출처 : 《전혀 다른 생성형 AI》(2024년), 심영환

며, 경영진과 커뮤니케이션을 수월하게 할 수 있는 위치에 있습니다. 즉, 경영진과 실무진 사이의 가교 역할을 합니다. 하지만 한국의 조직 문화 특성상 경영진의 지시를 받아쓰기 하거나 하향 전달에 익숙한 중간 관리자가 많아서 변화 관리 실행에 어려움을 겪는 경우가 종종 발생합니다. 아무리 훌륭한 전략이라도 구성원의 공감과 동기부여 없이는 성과를 낼 수 없습니다. 그래서 톱다운 방식보다 구성원들의 공감대를 얻기 쉽고 동기부여에 유리한 미들-업·다운(middle-up·down) 방식이 더 효과적입니다. 중간 관리자가 경영진과 실무진 양쪽에 동시에 영향력을 발휘할 때, 구성원 간 공감대 형성이 훨씬 용이해지고 구성원의 몰입과 자발성이 높아지기 때문입니다.

변화 관리를 위한 두 개의 눈

모네의 수련 연작은 마치 동영상 같습니다. 작품을 이어서 감상하면 시간과 계절의 변화를 눈앞에서 고스란히 느낄 수 있습니다. 모네도 이를 의도했습니다. 그는 말년에 완성한 대형 수련 연작을 프랑스 정부에 기증하며 단 한 가지 조건을 내걸었습니다. 작품을 반드시 특정 공간에 영구 설치해, 관람자가 사방으로 작품에 둘러싸인 채 시간·빛·자연의 리듬을 온몸으로 체험하게 해 달라는 것이었습니다. 그의 뜻에 따라 파리 오랑주리미술관은 내부를 개조해 타원형 전시실을 마련하고, 천장을 유리 돔으로 바꿔 자연광이 은은히 스며들도록 했습니다.

파리 오랑주리미술관은 본래 오렌지 나무 온실이었던 공간을 개조한 것이다. 이곳 1층은 오직 모네의 수련 연작을 위해 마련된 전시실이다. 모네는 자신의 작품이 특정 공간에 영구 설치되어, 관람자가 사방으로 그림에 둘러싸인 채 시간 · 빛 · 자연의 리듬을 온몸으로 체험하기를 원했다. 그의 뜻에 따라 미술관은 내부를 개조해 타원형 전시실을 조성하고, 천장을 유리 돔으로 바꿔 자연광이 은은히 스며들도록 했다.

기업의 변화 관리 역시 스틸샷이 아니라 동영상이어야 합니다. 환경은 멈춰 있지 않고, 기술과 트렌드는 끊임없이 바뀌기 때문에 이에 대응하기 위한 변화 관리도 지속될 수밖에 없습니다. 한때 휴대폰의 절대 강자였던 노키아가 애플과 삼성전자에 왕좌를 내준 것은 변화에 대한 경영진과 구성원의 저항이 지나치게 컸기 때문입니다.

여기서 변화 관리를 위한 두 개의 눈을 제시합니다. 소설가 마르셀 프루스트Marcel Proust, 1871~1922는 말했습니다.

"진정 무엇인가를 발견하는 여행은 새로운 풍경을 바라보는 것이 아니라 새로운 눈을 가지는 데 있다."

늘 다니던 곳, 여러 번 방문한 여행지가 있습니다. '이미 여러 번 갔는데, 또 갈 필요가 있겠어?' 하지만 눈감고도 그릴 수 있을 만큼 익숙한 곳도 마치 처음 본 것처럼 낯설게 여겨질 때가 있습니다. 새로운 지식과 경험을 통해 다른 관점으로 바라볼 때입니다. 처음 방문하는 장소라도 새로운 시각으로 보지 못하면 진부하고, 여러 번 방문한 장소라도 새로운 시각으로 바라보면 전혀 다른 풍경이 펼쳐집니다. 이것이 첫 번째 변화의 눈입니다.

"난 사람의 얼굴을 보았을 뿐 시대의 모습을 보지 못했소. 시시각각 변하는 파도만 쳐다본 격이지. 바람을 보아야 하는데……. 파도를 만드는 건 바람인데 말이오."

영화 〈관상〉에서 조선 최고의 관상가인 내경(송강호 분)의 대사입니다. 파도를 만드는 것은 보이지 않는 바람입니다. 마찬가지로 기업이 생존하려면 겉으로 드러난 현상만 보는 것이 아니라, 그것을 움직이는 시장과 환경 변화를 꿰뚫고 있어야 합니다. 이것이 두 번째 변화의 눈입니다.

늘 '새로운 시각'으로 '바람과 같은 시장의 변화'를 볼 수 있는 눈을 갖추지 못한 기업은 결국 도태될 수밖에 없습니다.

WHEN

HERMES

MET

MUSE

Chapter 2

모든 것은
소비자의 마음에서
비롯되었다

익숙함과 낯섦 사이, 골디락스를 찾아서

중간 불일치 이론과 문턱

1993년, 부여군은 능산리의 한 공터에 주차장을 짓기로 결정했습니다. 공사를 서둘러 시작하고 싶었던 부여군은 문화재 발굴단에 조속히 작업을 마쳐 달라고 독촉했습니다. 그러나 부여 토박이 출신의 한 발굴단원은 이곳에 유적이 묻혀 있을 것이라 확신하며, 백방으로 뛰어다니며 발굴 예산과 기간을 어렵게 확보했습니다.

12월 12일 오후 4시, 발굴단원의 눈에 물웅덩이 속에서 번뜩이는 금속의 귀퉁이가 스쳤습니다. 웅덩이에는 기와 조각과 물이 가득 차 있었고, 발굴단원은 홀로 엎드려 얼음장처럼 차가운 물에 손을 담근 채 기와 조각을 하나하나 걷어냈습니다. 세 시간 넘는 고된 작업 끝에 그는 마침내 묵직한 유물 하나를 파냈습니다.

수습한 유물을 박물관으로 옮긴 발굴단은 미지근한 물에 적신 면봉으로 표면을 조심스레 닦아냈습니다. 흙이 벗겨지자 점차 정교한 무늬와 장식이 드러났습니다. 마침내 높이 60센티미터가 넘는 거대한 향로가 온전히 모습을 드러내자, 발굴 관계자들의 입에서 탄성이 터져 나왔습니다.

"백제의 혼이 되살아났다!"

"검소하되 누추하지 않고, 화려하되 사치스럽지 않다"

⋮

국보 제287호 〈백제 금동대향로〉 발굴 일화입니다. 〈백제 금동대향로〉는 높이 62센티미터, 무게 11.8킬로그램에 달하는 대형 유물입니다. 뚜껑에는 첩첩산중의 풍경 속에서 악기를 연주하는 악사를 비롯해, 다양한 인물과 봉황·용·호랑이·사슴 등의 동물이 표현되어 있습니다. 특히 뚜껑 꼭대기에 달린 봉황은 목과 부리로 여의주를 품은 채 날개를 활짝 펼치고 있어 힘찬 생명력을 드러냅니다. 향로의 몸체는 활짝 핀 연꽃을 형상화했으며, 그 위에 불사조·물고기·학 등의 동물이 배치되어 있습니다. 받침 부분은 용이 승천하는 듯한 역동적인 자세로 장식되어 있습니다.

〈백제 금동대향로〉는 중국 한나라에서 유행한 '박산향로'의 영향을 받은 작품입니다('박산'은 신선들이 사는 세계를 형상화한 것). 그러나 단순한 모방에 그치지 않고 한층 더 발전시켰습니다. 크기는 압도적으로 커졌

〈백제 금동대향로〉,
백제시대(6~7세기),
동 표면에 도금, 높이 62.5cm,
무게 11.8kg, 국립부여박물관

으며, 뚜껑에 펼쳐진 신선의 세계는 더욱 웅장하고 구성 또한 드라마틱합니다. 꼭대기에 우뚝 선 봉황은 작품의 화룡점정으로, 우아하면서도 고귀한 조형미를 완성합니다. 더욱 주목할 점은 사람, 동물, 산봉우리 등을 하나하나 붙여 만든 것이 아니라, 틀(거푸집)을 만들어 그 안에 쇳물을 부어 주조했다는 것입니다. 이처럼 〈백제 금동대향로〉는 백제 금속공예의 정수를 보여주는 걸작입니다.

제가 특히 좋아하는 표현 중에 "검이불루화이불치(儉而不陋 華而不侈)"가 있습니다. 김부식1075~1151이 《삼국사기》에서 백제의 미를 설명하며 남긴 말로, "검소하되 누추하지 않고, 화려하되 사치스럽지 않다"는 뜻입니다. 한마디로 '절제의 미'라 할 수 있습니다. 〈백제 금동대향로〉야말

〈백제 금동대향로〉의 뚜껑 부분. 불교와 도교의 요소가 어우러진 이 향로는 겹겹이 솟은 산이 입체적으로 조형되고, 동물 · 인물 · 나무 등 세부 요소가 사실적으로 표현되어 있다.

〈왕흥사지 사리기〉,
577년,
높이 청동제 10.3cm,
은제 6.8cm,
금제 4.6cm,
국립부여문화재연구소

〈왕흥사지 사리기〉 중
금제 사리기 뚜껑.

로 그러한 백제의 미학을 대표하는 예술품입니다.

백제의 미학을 보여주는 또 다른 공예품으로는 부여 왕흥사지에서 출토된 사리기(舍利器, 사리함)가 있습니다. 사리란 부처나 고승의 몸을 화장한 뒤 남은 작은 알갱이로, 불교에서 신성한 영적 상징이자 공양과 신앙의 대상입니다. 이러한 사리는 여러 겹의 함 속에 봉안되었는데, 안쪽 함으로 들어갈수록 더욱 귀한 재료로 만들어지는 것이 특징입니다. 〈왕흥사지 사리기〉는 577년(위덕왕 24년)에 제작된 것으로 현재 우리나라에서 확인된 가장 오래된 사리기입니다. 청동·은·금으로 만든 세 개의 함은 러시아 전통 인형 '마트료시카'처럼 큰 함 속에 작은 함이 차례로 들어가는 구조입니다. 청동사리함의 바깥면에는 왕흥사 창건과 관련된 내용이 음각되어 있습니다. 단순하고 단아한 외형의 사리함 뚜껑에는 연꽃 문양이 정교하게 새겨져 있어, 백제 특유의 절제된 아름다움이 한층 더 돋보입니다.

너무 낯설지 않으면서도 완전히 익숙하지 않은 '새로움'

⋮

"검이불루화이불치"의 미학은 화려함과 소박함, 낯섦과 진부함 사이에서 황금비를 찾아내는 데 있습니다. 예술의 절제미가 균형 속에서 빛나듯, 인간의 인지 과정에서도 비슷한 원리가 작동합니다. 경영학에서 이와 맞닿아 있는 것이 바로 '중간 불일치 이론(Theory of Moderate Incongruity)'입니다.

이 이론은 인지심리학자 조지 맨들러George Mandler, 1924~2016가 1975년 저서 《Mind and Emotion》에서 '중간 불일치' 개념을 제시하면서 시작되었습니다. 이후 맨들러는 여러 연구를 통해 중간 불일치 개념을 발전시켜, 소비자심리학에서 널리 활용되는 이론으로 확장했습니다.

중간 불일치 이론은 기존 스키마(schema)와 새로운 정보 간의 차이가 어느 정도일 때 뇌가 긍정적으로 기억하고 반응하는지를 설명합니다. 여기서 스키마란 정보를 구성하고 해석하는 인식 체계, 즉 특정 정보에 대한 일종의 고정 관념을 뜻합니다. 예를 들어 뇌가 '여름'이라는 단어를 접하면 '무더위', '바다', '에어컨' 등을 떠올리는데, 이것이 스키마의 작동 방식입니다.

일반적으로 뇌는 새로운 정보가 기존 것과 매우 유사하거나 혹은 지나치게 상이할 경우 정보 처리량이 줄어듭니다. 반면 기존의 것과 '중간 수준'의 차이를 보일 때는 정보 처리량이 현저히 증가합니다. 즉, 뇌는 너무 낯설지도 않고 그렇다고 완전히 익숙하지도 않은 새로운 정보에 가장 큰 흥미를 느끼며 긍정적으로 반응하는 것입니다.

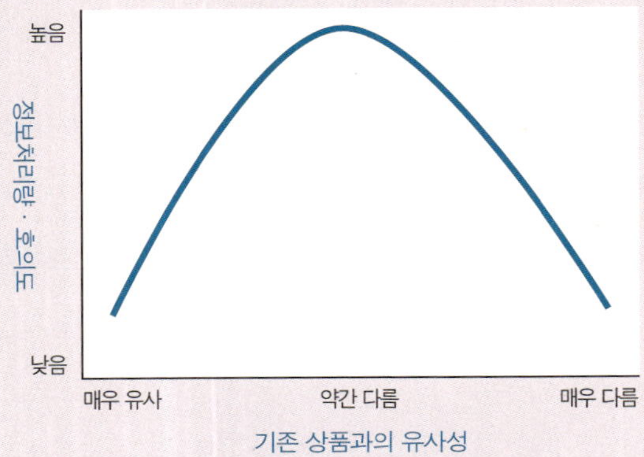

■ 중간 불일치 이론

기존 제품과 너무 비슷하거나 지나치게 다르면 소비자의 호감이 낮아졌고, 적당히 차별화된 제품일 때 관심과 호감이 커졌다.

그 이유는 너무 낯선 정보는 처음에는 호기심을 불러일으키지만 곧 어렵다는 생각에 관심을 접거나 거부하기 쉽고, 반대로 기존 정보와 지나치게 유사한 경우에는 이미 알고 있는 것이라 치부해 더 이상 흥미를 느끼지 못하기 때문입니다. 인간의 뇌는 늘 최소의 노력으로 최대의 효과를 얻으려는 속성을 지니고 있습니다.

일상에서도 중간 불일치 이론을 쉽게 발견할 수 있습니다. 음악 오디션 프로그램에서 리메이크곡을 부르는 참가자는 원곡을 너무 낯설지도, 지나치게 익숙하지도 않게 재해석할 때 비로소 공감을 얻습니다. 영화도 익숙한 서사 속에 예상하지 못한 반전이 있을 때 더 큰 사랑을 받습니다. 중간 불일치 이론을 요리에 비유하면 '익힘의 정도'와 같습니다. 고기가 알맞게 익어야 맛있듯, 새로움도 익숙함과 낯섦 사이의 황금비율을 이룰 때 오래 기억되고 호감을 불러일으킵니다.

잠깐, 퀴즈를 하나 내겠습니다. 오른쪽 사진 속 물건의 용도는 무엇일까요? 정답은 바로 신개념 마우스 '아이스멜(iSmell)'입니다. 2001년에 출시된 아이스멜은 이름에서 알 수 있듯 '향기 나는 마우스'였죠. 128개의 향기 카트리지를 탑재해 화면 속 콘텐츠에 어울리는 향을 내뿜는 제품이었습니다. 참으로 기발한 아이디어입니다. 아이스멜은 성공했을까요? 불행히도 출시 몇 달 만에 시장에서 사라졌고, 이를 만든 디지센트(Digiscent)는 파산하고 말았습니다.

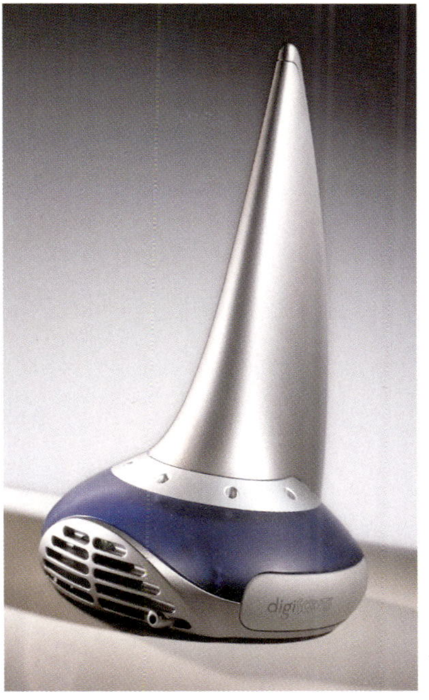

사진 속 제품은 어디에 쓰는 물건일까요?

문제는 제품 외관만 보고는 용도를 짐작할 수 있는 소비자가 거의 없었다는 점입니다. 한마디로 '낯섦의 끝판왕'이었던 것이죠. 게다가 아이스멜은 전투 게임을 할 때 피를 연상시키는 혐오스러운 냄새까지 내뿜으며 새로움을 과시했습니다. 하지만 이런 기능은 소비자가 원한 것도 아니었고, 소비자들은 이런 기상천외함에 일반 마우스보다 몇 배 비싼 값을 지불할 만한 가치를 느끼지 못했습니다. 결국 기존 마우스와는 너무나 다른 아이스멜에 소비자들은 호감을 느낄 수 없었던 것입니다. 기업의 신상품이나 서비스도 '익숙함과 낯섦 사이'에서 절묘한 균형 감각이 필요합니다.

소녀는 왜 조금씩 모습을 바꿨을까?

'모튼솔트(Morton Salt)'는 미국 레스토랑이나 마트에서 흔히 볼 수 있는, 125년 역사의 소금 브랜드입니다. 이 브랜드는 로고가 꽤 재미있습니다. 우산을 쓴 소녀가 옆구리에 소금통을 끼고 소금을 줄줄 흘리며 걷고 있습니다. 그런데 소녀는 왜 아까운 소금을 흘리고 다니는 걸까요? 그것이 바로 모튼솔트가 고객에게 전하고 싶은 메시지이기 때문입니다.

혹시 소금통을 흔들어도 소금이 덩어리져 잘 나오지 않았던 경험이 있으신가요? 소금은 습기에 약해 시간이 지나면 쉽게 뭉쳐버립니다. 특히 비 오는 날이면 눅눅함이 더 심해지겠죠. 로고에서처럼 비가 오는데도 불구하고 소금 알갱이가 흩어져 떨어진다는 것은, 모튼솔트가 습기에도 굳지 않는다는 사실을 은유적으로 보여주는 것입니다.

"When it rains, it pours." 모튼솔트의 브랜드 슬로건입니다. 일반적으로는 '설상가상'이라는 의미로 쓰이지만, 이 경우에는 "비가 와도 모튼솔트는 잘 쏟아진다"는 뜻입니다. 단 한 줄의 짧은 문장과 시각적인

■ **모튼솔트 로고 변천사**

1914년

1921년

1941년

로고만으로 모튼솔트는 다른 소금 브랜드와 뚜렷이 차별화된 콘셉트를 전달했습니다.

로고에 소녀가 처음 등장한 것은 1914년입니다. 125년 역사를 자랑하는 소금 브랜드답게, 시대 변화에 맞춰 소녀의 모습도 몇 차례 달라졌습니다. 처음 등장했을 때 소녀는 곱슬머리에 하얀 원피스를 입고 있었습니다. 이후 변화를 거듭하다가 1941년에는 당시 큰 인기를 끈 영화 〈오즈의 마법사〉의 도로시처럼 두 갈래로 머리를 땋고 밝은 노란색 원피스를 입은 모습으로 바뀌었습니다. 1968년에는 지금과 같은 단발머리가 되었고, 원피스 디자인도 훨씬 단순해졌습니다. 현재 사용 중인 로고는 2014년 우산 쓴 소녀 탄생 100주년을 맞아 업그레이드한 버전입니다.

역사를 되짚어보면 로고 속 소녀의 모습이 여러 차례 변한 듯 보이지만, 실제로는 오랜 소비자조차 눈치채지 못할 정도로 미세한 변화에 불과합니다. 모튼솔트는 왜 수십 년 동안 로고를 조금씩만 바꿔 왔을까요? 그것은 소비자가 급격한 변화를 원하지 않는다는 사실을 잘

1956년 1968년 2014년

100세를 훌쩍 넘긴 모튼솔트 로고 속 소녀는 시대 변화에 맞춰 조금씩 모습을 바꾸며 소비자와의 심리적 거리를 최소화해 왔다.

알고 있었기 때문입니다. 마케팅에서는 이러한 소비자 감각의 경계를 'threshold'라고 부릅니다. 우리말로는 '식역', '역치', '문턱' 등으로 번역되지만, 여기서는 직관적인 이해를 위해 '문턱'으로 통일하겠습니다.

거부감을 유발하는 보이지 않는 경계선

⋮

'문턱(threshold)'은 인간이 시각·청각·후각 등 감각적인 자극을 느낄 수 있는 경계 강도를 뜻합니다. 마케팅에서는 소비자가 어떤 자극을 인식하고 반응하는 정도를 전략적으로 활용합니다. 모튼솔트가 로고를 바꿀 때마다 소비자의 거부감이나 부정적 인식을 최소화할 수 있었던 것도 바로 이 문턱 개념을 적용했기 때문입니다.

문턱을 조금 더 구체적으로 살펴보겠습니다. 예를 들어 겨울철 난방기를 섭씨 24도로 맞춰 놓았다면, 실내 온도가 24도 이상일 때는 작동하지 않고, 그 아래로 떨어져야 다시 가동됩니다. 이때 경계가 되는 온도인 '24도'가 문턱입니다. 온탕에 들어갔을 때 뜨거움을 느끼게 하는 경계 온도 역시 같은 개념입니다.

문턱에는 두 가지가 있습니다. '절대문턱(Absolute Threshold)'은 자극을 감지할 수 있는 최소 강도, '차이문턱(Just Noticeable Difference; JND)'은 두 자극 간 차이를 느낄 수 있는 최소 강도를 의미합니다. 예컨대 절대문턱은 일반적인 시력을 가진 사람이 멀리 있는 간판 글자를 읽을 수 있는 수준이고, 차이문턱은 10킬로그램의 짐을 든 사람이 무게를 조금 줄이거나 늘렸을 때 변화를 감지할 수 있는 수준입니다.

절대문턱에는 '하한문턱(Below Threshold)' 개념도 있습니다. 소비자가 쉽게 눈치채지 못할 정도의 변화를 주는 것을 말합니다. 예를 들어 제과 업체가 가격과 포장 크기는 그대로 두고 과자의 양을 조금 줄이거나, 초콜릿의 금박 포장지를 아주 얇게 바꾸는 경우가 이에 해당합니다.

모튼솔트 로고는 두 자극 간 차이를 겨우 느낄 수 있을 정도의 강도로만 변화를 준 차이문턱의 대표적 사례입니다. 100년이 넘는 시간 동안 모튼솔트는 우산을 쓴 소녀를 내세워 소비자와 소통해 왔습니다. 소녀의 모습은 조금씩 달라졌지만, 브랜드가 전하려는 가치는 변함없이 유지되었습니다. 오늘날에도 모튼솔트는 "She's still the one." 캠페인을 통해 전통적인 이미지를 지키면서도 현대적 감각을 더해 소녀의 상징성을 이어가고 있습니다.

인간이 느낄 수 있는 자극의 경계를 무의식의 차원으로 확장한 개념이 '잠재 지각(subliminal perception)'입니다. 1957년, 마케터 제임스 비커리James McDonald Vicary, 1915~1977는 미국 뉴저지의 한 영화관에서 '잠재의식 광고(subliminal advertising)' 실험을 진행했습니다. 그는 상영하는 영화에 "콜라를 마셔라"와 "팝콘을 먹어라"라는 문장이 1/3000초 동안 반복적으로 노출되도록 했습니다. 순식간에 스쳐 지나가는 문장을 사람들은 알아차리지 못했습니다. 비커리는 실험 결과 콜라 판매가 18.1%, 팝콘 판매가 57.7% 증가했다고 발표했습니다.

그러나 비커리가 구체적인 실험 데이터를 공개하지 않고, 다른 연구자들이 동일한 결과를 재현하지 못하며 실험 결과는 진위 논란에 휩싸였습니다. 이후 다수 국가에서는 잠재의식 광고가 인간의 자유의지를 침해하고 정치·종교 선동에 악용될 우려가 있다는 이유로 이를 엄격히 금지하고 있습니다.

차이문턱을 간과해 참패한 사례도 있습니다. 1985년 4월, 코카콜라는 기존 콜라를 단종시키고 '뉴 코크(New Coke)'를 출시했습니다. 펩시콜라의 도전으로 시장점유율이 하락하자, 무려 99년간 지켜온 콜라 맛에 변화를 준 것입니다. 뉴 코크는 이전보다 더 달콤하고 부드러운 맛을 내도록 만들었습니다.

하지만 결과는 참혹했습니다. 판매량은 급감했고 소비자 항의가 빗발쳤습니다. 결국 출시 79일 만인 1985년 7월, 코카콜라는 옛 맛을 '코카콜라 클래식'이라는 이름으로 부활시켰습니다. 뉴 코크는 1992년 '코크 II'로 리브랜딩해 명맥을 이어갔지만, 2002년에 완전히 단종되었습니다.

뉴 코크가 실패한 이유는 무엇일까요? 미국 소비자들이 100년 가까이 익숙해진 맛을 단숨에 바꿔 버렸기 때문입니다. 맛뿐 아니라 BI 서체도 크게 달라졌습니다. 유려한 곡선의 필기체에서 굵고 경직된 서체로 바뀌었던 것이죠. 결국 뉴 코크는 맛과 시각적 이미지 모두에서 소비자가 받아들일 수 있는 차이문턱을 넘어섰기에 실패로 끝난 것입니다.

코카콜라 BI는 유려한 곡선의 필기체지만, 뉴 코크는 굵고 경직된 서체다.

기업들은 익숙함과 낯섦의 '문턱'을 활용해 제품과 서비스를 설계합니다. 스마트폰의 진동은 절대문턱을 기준으로, 사람이 인식할 수 있는 최소한의 떨림 크기에 맞춰 설계됩니다. 초콜릿은 차이문턱을 이용해 단맛을 유지하면서 설탕 농도를 미세하게 조절합니다. 가격 인상에도 차이문턱이 적용됩니다. 소비자가 큰 변화를 느끼지 못하도록 가격 끝자리를 '9'로 맞추는 방식이 대표적이지요. 반대로 신제품이나 서비스의 기능 차이를 강조할 때는 차이문턱을 의도적으로 크게 느끼도록 광고합니다. 요약하면, 기업은 불리한 변화(가격 인상 등)는 차이문턱을 최소화하고, 소비자에게 매력적인 혜택은 차이문턱을 극대화해 전달하는 전략을 씁니다.

네이버와 구글은 검색창에 '시각적 문턱'을 활용해 이용자들에게 소소한 즐거움을 선사합니다. 검색창의 기본 구조는 그대로 두되, 기념일이나 행사, 인물의 업적을 기리기 위해 로고를 일시적으로 변형하는 것

구글 검색창의 로고 변화. 왼쪽부터 시계방향으로 2025년 MLB 가을 클래식 시작, 2025년 어머니의 날, 2022년 스티븐 호킹 탄생 80주년 기념, 2025년 한국 대선 기념 로고.

이죠. 이를 통해 익숙함과 낯섦 사이의 절묘한 균형을 유지합니다. 로고는 기업의 얼굴이자 정체성입니다. 이렇게 로고를 변형해 일시적 변주를 주는 것은 소비자에게 '익숙하지만 지루하지 않은 브랜드'라는 인상을 심어줍니다. 더불어 "오늘 네이버 로고 봤어?", "오늘 구글 로고 기발하더라" 같은 대화를 이끌어내며 자연스럽게 입소문을 퍼뜨립니다.

딱 한 발짝 앞서 나가기

⋮

퀴즈를 한 번 더 내볼게요. 오른쪽 작품의 제목은 무엇일까요? 잠시 생각할 시간을 드리며, 먼저 이 작품을 그린 네덜란드 화가 테오 반 두스뷔르흐Theo van Doesburg, 1883~1931를 소개합니다. 그는 피에트 몬드리안Piet Mondrian, 1872~1944과 함께 '데 스테일(De Stijl)' 운동을 이끈 인물입니다. 네덜란드어로 '양식(The Style)'을 뜻하는 데 스테일은 복잡함보다 단순함, 감정보다 이성, 개인적 취향보다 보편적 미를 추구한 예술 운동이었습니다. 데 스테일을 주창한 예술가들은 자연의 불규칙한 형태 대신 수직선과 수평선, 기하학적 도형, 그리고 빨강·파랑·노랑의 삼원색으로 세계를 표현하고자 했습니다. 몬드리안의 〈빨강, 파랑, 노랑의 구성〉은 이러한 정신을 상징하는 대표작입니다.

이제 정답을 공개할 차례입니다. 작품의 제목은 〈댄서들〉입니다. 제목과 그림 사이에 약간의 간극이 느껴집니다. '댄서'라는 단어에서 우리가 떠올리는 인체의 움직임 대신, 화면 가득 기하학적 도형만 펼쳐

테오 반 두스뷔르흐,
〈댄서들〉, 1916년,
시멘트 보드 위에 유채,
48×62cm,
오테를로 크뢸러-뮐러미술관

져 있기 때문입니다.

하지만 가만히 들여다보면, 도형들이 만들어내는 리듬과 곡선 속에서 댄서의 몸짓이 서서히 느껴집니다. 관람자가 이 순간 경험하는 것이 바로 '중간 불일치'입니다. 너무 낯설어 이해할 수 없는 것이 아니라, 익숙한 기대와 새로운 시각 언어 사이에서 생겨나는 절묘한 어긋남입니다. 〈댄서들〉은 춤이라는 익숙한 주제를 추상적 형식으로 변주해, 낯설지만 충분히 해석 가능한 미적 경험을 선사합니다.

예술뿐 아니라 비즈니스도 마찬가지입니다. 익숙함만 고집하면 시대에 뒤처지고, 낯섦만 추구하면 괴짜 취급받기 십상입니다. 그래서 시대의 흐름을 이끄는 사람과 기업은 언제나 '딱 한 발짝 앞서 나가기'를 고민합니다. 기업들은 오늘도 소비자가 느끼는 익숙함과 낯섦 사이, '골디락스(goldilocks)'를 찾아 헤매고 있습니다.

쓰레기 취급 받던 작품이 수천억 원이 되기까지

가격 결정 방식

몇 달째 월세가 밀린 골칫덩어리 세입자에게 독촉하러 몽마르트르 언덕을 오르고 있습니다. 예술가 행세를 하며 작업실을 빌려 놓고 월세는 제대로 내지 않는 한량들을 여럿 겪어 봤지만, 이번만큼 고약한 세입자는 드뭅니다. 오늘도 빈손으로 버티기만 한다면, 차라리 그림이라도 받아 올 작정입니다.

작업실 문을 열자마자 술 냄새가 훅 끼칩니다. 무언가를 끄적이다 인기척을 느끼고 나온 남자에게 월세를 내놓으라며 목소리를 높이자, 그는 너저분하게 쌓인 종이 더미에서 몇 장을 집어 들더니 내게 건네며 말합니다.

"이걸로 대신하지요."

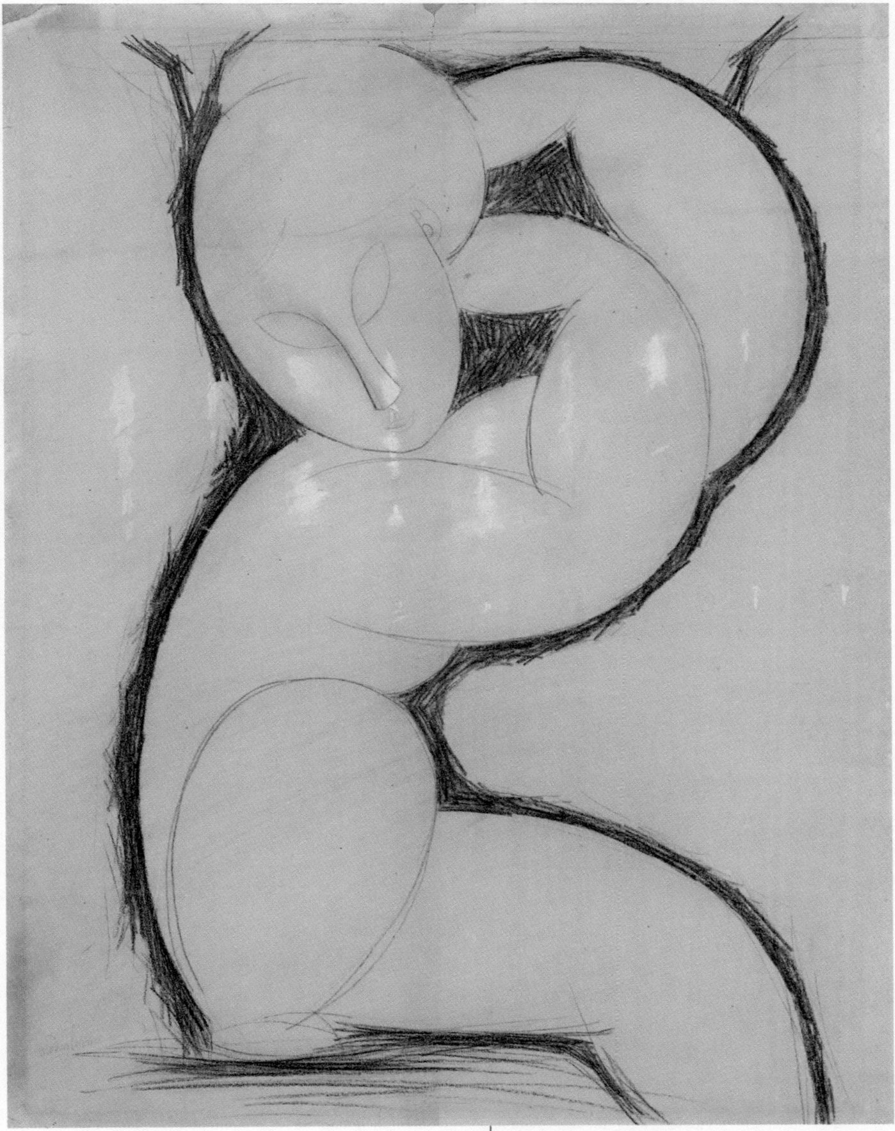

아메데오 모딜리아니, 〈카리아티드〉, 1913~1915년,
종이에 연필과 크레용, 64.6×49.9cm,
멜버른 빅토리아국립미술관

대충 휘갈긴 것 같은 드로잉은 기괴하기 짝이 없습니다.
"이런 빌어먹을 종이 쪼가리가 아니라, 돈을 달란 말이오."

쓰레기 취급 받던 '20세기 초 최고의 누드화'

이 이야기는 아메데오 모딜리아니Amedeo Modigliani, 1884~1920와 집주인 사이에 있었을 법한 장면을 필자가 상상을 더해 각색한 것입니다. 실제로 생활고에 허덕이던 모딜리아니는 술값을 즉석 드로잉으로 대신하거나, 이렇게 월세를 그림으로 갚았다는 일화가 전해집니다. 그러나 그의 드로잉을 건네받은 사람들은 대부분 그것을 쓰레기 취급했습니다. 129쪽의 〈카리아티드〉 또한 당시에는 그와 다르지 않은 홀대를 받았을지 모릅니다. 모딜리아니는 생전에 단 한 번도 자신의 작품을 '제값'에 팔아 본 적이 없었기 때문입니다.

조각가 콘스탄틴 브랑쿠시Constantin Brancusi, 1876~1957와의 만남은 모딜리아니의 예술관을 뒤흔든 전환점이었습니다. 브랑쿠시의 급진적으로 단순화된 조각은 그에게 형태의 본질을 향한 새로운 시선을 열어주었습니다. 모딜리아니는 조각이야말로 인간의 구조적 아름다움을 포착하는 길이라 믿었습니다. 그는 조각 작업과 함께 진행한 〈카리아티드〉 연작을 통해 선·면·볼륨 같은 조형의 기초 원리를 다시 체득해 나갔습니다. '카리아티드(caryatid)'는 서양 고전 건축에서 기둥을 대신하는 여신상을 말합니다. 이후 그의 회화에서 두드러지는 길고 가느다란 목,

아메데오 모딜리아니, 〈누워 있는 누드〉, 1917년, 캔버스에 유채, 89×146cm, 개인 소장

단순화된 얼굴, 가면 같은 눈매 역시 모두 이 시기 조각에 몰두하며 형성된 표현 방식입니다. 단순한 형태로 여체를 간결하게 포착한 〈카리아티드〉는 그가 이상적 형태를 탐색하며 자신의 고유한 조형 언어를 다듬어 가던 과정을 잘 보여줍니다.

1917년, 모딜리아니는 생애 처음이자 마지막 개인전을 열었습니다. 그러나 염원하던 전시는 개막 당일 경찰의 폐쇄 조치를 받았습니다. 갤러리 앞에 걸린 누드 그림을 본 누군가가 '음란하다'라고 신고했기 때문입니다. 전시에 소개된 일곱 점의 누드 작품은 '외설'이라는 낙인이 찍힌 채 사실상 값어치를 인정받지 못했습니다. 그리고 불과 3년 뒤, 결핵과 알코올·약물 중독으로 쇠약해진 모딜리아니는 서른다섯의 나이로 생을 마감했습니다.

그러나 그의 사후 약 100년이 지나며 상황은 완전히 뒤바뀌었습니다다. 2015년 뉴욕 크리스티 경매에서 1917년 선보였던 누드 연작 중 하나인 〈비스듬히 누운 누드〉가 1억 7040만 달러(약 1973억 원)에 낙찰되면서 당시 전 세계 경매 낙찰액 2위를 기록했습니다. 이어 2017년에는 〈누워 있는 누드〉(131쪽)가 뉴욕 소더비에서 1억 5720만 달러(약 1681억 원)에 팔렸습니다. 한때 술값과 월세를 대신했던 그의 드로잉은 이제 한 장이 수십억 원에 달하는 작품이 되었습니다.

미술품의 가격은 어떻게 결정되나

지금까지 경매에서 가장 비싸게 팔린 미술 작품은 레오나르도 다빈치Leonardo da Vinci, 1452~1519의 〈살바토르 문디〉(231쪽)로, 4억 5031만 달러(약 6660억 원)에 거래되었습니다. 그 뒤를 피카소Pablo Picasso, 1881~1973, 모딜리아니 등의 작품이 잇고 있습니다. 다만 이 순위에는 국가가 운영하는 박물관 소장품이나 종교 기관이 벽화·천장화 형태로 보유하고 있는 작품은 포함되어 있지 않습니다. 만약 그러한 작품들까지 거래된다고 가정해 가격을 매긴다면, 기존의 최고가 기록은 쉽게 경신될 것입니다.

이들 작품은 워낙 큰 예술적·문화적 가치를 지니기 때문에 고액 보험이나 국가 보증 형태로 보호되고 있습니다. 대표적으로 〈모나리자〉의 보험평가액은 한때 8억 7000만 달러에 달했습니다. 〈최후의 만찬〉, 〈아테네 학당〉, 〈천지창조〉 같은 작품은 벽화나 천장화이기 때문에 거래 자체가 불가능하지만, 그 가치는 금액으로 환산하기 어려울 정도입니다.

그렇다면 유명 미술 작품의 가격은 어떻게 정해질까요? 일반적으로 미술 작품의 가치는 작가의 명성, 작품의 희소성과 보존 상태, 미술사적 의의, 명확한 출처, 전시 이력, 시장 수요 등 여러 요소의 영향을 받습니다.

미술품 거래는 주로 경매 시장에서 공개 경쟁 방식으로 이루어집니다. 세계적으로 잘 알려진 경매 기관으로는 소더비(Sotheby's), 크리스티(Christie's), 필립스(Phillips), 본햄(Bonhams), 헤리티지 옥션(Heritage Auctions) 등이 있습니다.

소장자가 경매 기관에 출품을 의뢰하면 경매사나 전문 감정가가 작품의 진위와 예상가를 평가하고, 출품자와 경매사는 '최소 낙찰 보장가'를 협의해 정합니다. 경매는 현장, 전화, 온라인 라이브, 사전 응찰 등 다양한 방식으로 진행됩니다. 작품은 최초 제시가에서 시작해 보장가를 넘는 가장 높은 가격을 부른 참가자에게 낙찰됩니다. 경매사가 망치를 두드려 낙찰을 확정하기 때문에 이를 '해머 프라이스(hammer price)'라고 부릅니다. 실제 구매자가 지불하는 최종 가격은 여기에 구매 수수료(낙찰가의 10~30%)가 더해진 금액입니다. 예를 들어 〈살바토르 문디〉의 최종 가격 4억 5031만 달러는, 낙찰가 4억 달러에 약 5000만 달러의 구매 수수료가 더해진 것입니다.

위대한 미술 작품을 돈으로 환산한다는 사실이 안타깝지만, 이것 역시 자본주의 사회의 한 단면일 것입니다. 미술 작품이 경매에서 가격으로 평가되듯, 이 세상의 모든 상품과 서비스 또한 결국 가격을 통해 그 가치가 매겨집니다.

가격은 어떻게 경쟁력이 되는가

⋮

'가격'은 기업이 제품을 시장에 성공적으로 내놓기 위해 조절해야 하는 네 가지 핵심 요소인 '4P Mix(Product, Price, Place, Promotion)' 중 하나입니다. 가격은 소비자의 인지 가치, 시장 상황, 경쟁 환경 등을 종합적으로 고려해 결정됩니다. 이번과 다음 글에서는 '가격'에 대해 살펴볼 예정입니다. 이번 글에서는 가격이 어떤 방식으로 결정되는지, 그리고 각 산업에서 경쟁 우위를 확보하기 위해 기업들이 활용하는 전략에는 무엇이 있는지를 중심으로 살펴보겠습니다.

가격을 결정하는 방식에는 여러 가지가 있습니다. 원가 가산법은 제품의 원가에 일정 마진을 더해 가격을 정하는, 가장 기본적인 가격 결정 방식입니다. 즉, 재료비·인건비·시설 운영비 등 모든 원가에 고정된 표준이익률을 더해 가격을 산정합니다. 표준이익률은 일반적으로 해당 업계의 평균 영업이익률을 기준으로 삼으며, 업계 관행처럼 작동하기도 합니다.

표준이익률은 산업 구조, 경쟁 강도, 자본 집약도, 기술 진입 장벽, 공급망 안정성 등 다양한 요인들을 결합해 결정합니다. 예를 들어 유통업은 마진이 낮아 표준이익률이 보통 2~5% 수준에 그치지만, 반도체 제조업은 기술 장벽과 설비 투자 규모가 크기 때문에 25~40%에 달하는 높은 표준이익률을 형성합니다.

목표 이익 가격 결정법은 기업이 설정한 목표 이익 수준을 정해 놓고 이를 달성할 수 있는 가격을 책정하는 것입니다. 특정 연도의 경영 목표나 신제품의 성과 목표를 실현하기 위해 전략적으로 가격을 책정

■ **상품과 서비스의 가격 산정법**

가격 산정 방법	의미	고려 사항
원가 가산법	제품 원가에 표준이익률을 가산하는 방법	수요와 경쟁에 대한 고려 필요
목표 이익 가격 결정법	기업이 목표로 하는 이익을 얻기 위해 손익분기점(BEP) 이상의 적정 투자 수익을 달성할 수 있도록 가격을 설정하는 방법	가격탄력성 및 목표 이익에 도달할 수 있는 수요 예측 필요
가치 기반 가격 결정법	구매자의 가치 인식을 기준으로 가격을 결정하는 방법	구매자의 가치 인식에 대한 정확한 판단 필요
경쟁 기반 가격 결정법	원가나 수요보다는 시장 내 경쟁사의 상품 가격과 비교하여 결정하는 방법	수요의 탄력성을 측정하기 어려운 경우 사용

하는 방식입니다.

가치 기반 가격 결정법은 소비자가 상품에 대해 느끼는 가치를 토대로 가격을 책정하는 것입니다. 소위 명품으로 불리는 브랜드들은 높은 가격으로, 품질이 낮다고 인식되는 제품은 저가로 판매합니다.

경쟁 기반 가격 결정법은 경쟁사의 가격을 기준으로 자사 제품의 가격을 책정하는 방식입니다. 후발 업체는 대개 시장 진입을 위해 선도 업체보다 낮은 가격 전략을 선택합니다. 브랜드 인지도가 낮을수록 가격경쟁력을 통해 시장에 침투하려는 경향이 강하기 때문입니다.

경쟁 우위를 확보하기 위한 세 가지 기본 전략

⋮

가격 전략을 살펴보기 전에, 특정 산업군에서 경쟁 우위를 확보하기 위한

'본원적 경쟁 전략'을 먼저 이해할 필요가 있습니다. 마이클 포터Michael Eugene Porter, 1947~는 이를 차별화, 원가 우위, 집중화 세 가지로 구분했습니다.

차별화 전략은 경쟁 브랜드와 다른 기능적·감성적 가치를 제공하고, 그 차별화의 대가로 높은 가격을 책정하는 방식입니다. 브랜드 차별화에 성공하면 소비자는 기꺼이 프리미엄 가격을 지불합니다.

원가 우위 전략은 일반적으로 경쟁사보다 낮은 원가 구조를 바탕으로 저렴한 가격에 판매하는 것입니다. 원재료와 부품 공급망의 다변화, 장기 파트너십을 통한 공급자 교섭력 강화, 생산 공정의 효율화 등으로 생산 원가를 낮출 수 있습니다. 이 전략에서 중요한 것은 '판매가격'이 아니라 '기업의 비용 구조'입니다. 낮은 생산 원가는 두 가지 선택지를 제공합니다. 하나는 낮은 원가로 시장에서 가격경쟁력을 높이는 것이고, 다른 하나는 높은 이익률을 유지하는 것입니다.

예를 들어 삼성전자와 SK하이닉스의 메모리 반도체 이익률이 높은 이유는 수율(웨이퍼 1장에 들어 있는 칩 개수 중 정상 작동하는 칩의 비율로 수율이 높을수록 불량률이 낮음) 개선을 통한 공정 효율 상승과 시장 선도 기업으로서의 강력한 공급자 교섭력 덕분입니다. 즉, 원가 우위 전략이 반드시 저가 전략을 의미하는 것은 아닙니다.

집중화 전략은 틈새시장을 공략하는 방식으로, 특정 고객군을 위해 차별화 전략이나 원가 우위 전략을 선택적으로 결합해 활용할 수 있습니다. 즉, 한 기업이 전체 시장에서는 차별화 전략을 추구하더라도 특정 고객군을 위해서는 원가 우위를 통한 저가 전략을 병행할 수 있습니다. 예를 들어 애플은 브랜드 차별화를 통해 아이폰의 프리미엄 전략을 유지하면서도, 가격 민감층을 위해 저사양 부품을 활용한 보급형 모델을 출시합니다. 그럼에도 애플의 프리미엄 브랜드 이미지는 훼손되지 않습니다.

한편, 경영학에서는 차별화와 원가 우위 어느 쪽에도 속하지 못하는 상태를 'stuck in the middle'이라고 부릅니다. 우리말로 옮기면 '중간에 끼어 어정쩡한 상태'입니다. 이는 기업이 본원적 경쟁 전략을 명확히 선택하지 못하면 실패할 가능성이 매우 높다는 점을 의미합니다.

미술품의 가격은 가치의 뒤늦은 반향

139쪽 그림을 보실까요. 푸른 눈의 여인이 헐렁한 흰색 셔츠를 입고 의자에 앉아 있습니다. 왼손으로 뺨을 괴고 머리를 오른쪽으로 살짝 기울인 표정에는 헤아릴 수 없는 깊은 침묵이 서려 있습니다. 모딜리아니는 연인 잔 에뷔테른Jeanne Hébuterne, 1898~1920을 모델로 삼아, 훗날 자신의 대표작으로 꼽히는 이 초상화를 완성했습니다.

모딜리아니와 에뷔테른은 1917년에 만나 그의 생이 끝날 때까지 함께했습니다. 지독한 가난과 오랫동안 앓아 온 결핵, 술과 약물에 기대 살아가는 방탕한 생활, 그리고 끝내 인정받지 못한 예술적 고독은 모딜리아니를 서서히 무너뜨렸습니다. 1920년 1월 24일, 그는 마침내 병세를 이기지 못하고 눈을 감았습니다. 그리고 이틀 뒤, 깊은 절망에 잠긴 에뷔테른은 둘째를 임신한 몸으로 부모의 집 옥상에서 뛰어내려 그의 뒤를 따랐습니다.

모딜리아니의 작품이 사후 천문학적 가치를 얻게 된 데에는 그의 비극적 생애 또한 일정 부분 영향을 미쳤습니다. 앞서 언급했듯 미술 작품의 가치는 작가의 명성, 작품의 희소성과 보존 상태, 미술사적 의의, 명확한 출처, 그리고 시장 수요 등이 복합적으로 작용해 결정됩니다. 1950~1970년대에 록펠러재단을 비롯한 미국 주요 컬렉터들이 모딜리아니의 작품을 집중적으로 매입하면서 가격이 큰 폭으로 상승했습니다. 당시 미국은 경제 호황기였고 모던아트 열풍이 절정에 달한 시기로, 모딜리아니의 독특한 조형 언어가 비로소 미술사적 가치를 인정받게 된 것입니다.

또한 모딜리아니 작품은 희소성이 극도로 높다는 점이 가격 형성에 결정적인 역할을 했습니다. 서른다섯이라는 젊은 나이에 요절한 탓에 작품 수 자체가 많지 않을뿐더러, 연인 에뷔테른마저 그의 뒤를 따르면서 작품을 체계적으로 관리할 유족이 부재했습니다. 여기에 술값이나 월세를 대신해 작품을 넘기던 그의 생활 방식 탓에 많은 작품이 소실되었습니다. 그리고 모딜리아니 생전에 작품을 헐값에 구입한 초기 구매자들마저 작품의 가치를 제대로 평가하지 못해 후대까지 온전히 남아 전해지지 못한 경우가 적지 않았습니다. 또한 유족이 작품 목록을 정리하는 '카탈로그 레조네(catalogue raisonné)' 작업이 이루어지지 않았기 때문에, 시장에서는 진위가 명확히 검증된 소수의 작품만 거래되는 구조가 고착되었습니다. 이러한 희소성과 불확실성은 오히려 시장에서 가격을 급격히 끌어올리는 요인으로 작용했습니다.

우리는 흔히 미술품의 가격이 작품의 미적 수준이나 예술적 완성도를 그대로 반영한다고 생각합니다. 그러나 실제 미술 시장에서 가격은 훨씬 더 복잡한 메커니즘을 따라 움직입니다. 모딜리아니 생전에 그의 작품 가격이 터무니없이 낮았던 이유도 예술성이 부족해서가 아니라, 당대의 미술 시장이 그 가치를 받아들일 준비가 되어 있지 않았기 때문입니다.

아메데오 모딜리아니, 〈잔 에뷔테른〉, 1919년, 캔버스에 유채, 91.4×3cm, 뉴욕 메트로폴리탄미술관

프랑스 철학자 장 보드리야르Jean Baudrillard, 1929~2007는 "예술 작품의 가격은 미적 가치가 아니라 사회적 욕망의 강도다"라고 말했습니다. 다시 말해, 미술 작품의 가격은 절대적 기준이 아니라 후대가 그 예술가에게 부여한 평가·욕망·상징성이 축적된 결과라는 뜻입니다.

가격은 숫자가 아니라 메시지다

가격에 담긴 전략들

2021년, 이탈리아의 한 미술품 경매장에서 아무것도 없는, 말 그대로 '허공'이 1만 5000유로(한화 약 1800만 원)에 낙찰되는 일이 벌어졌습니다. 빈 공간을 출품한 이는 개념 미술 작가 살바토레 가라우Salvatore Garau, 1953~, 1만 5000유로짜리 허공의 이름은 〈나는 존재한다(Io Sono)〉입니다. 물리적 실체가 전혀 없는, '보이지 않는' 작품입니다.

작품이 설치된 공간에는 아무것도 놓여 있지 않았습니다. 단지 작가가 "여기에 조각이 존재한다"고 선언한 빈 자리만 있을 뿐이었죠. 실물이 없으니 낙찰자가 받은 것도 작품의 존재를 인증하는 증명서 한 장뿐이었습니다. 가라우는 여기에 더해 낙찰자에게 "'허공'을 전시할 150×150센티미터의 공간을 확보할 것"을 요구하기도 했습니다.

이탈리아의 개념 미술가 살바토레 가라우는 〈나는 존재한다〉라는 제목의 '보이지 않는 조각'을 선보였다. 관객의 눈앞에 놓인 것은 작가가 "여기에 조각이 존재한다"고 선언한 빈 자리뿐이었다. 이 허공은 경매에서 1만 5000유로에 낙찰되었다.

이 기이한 작품을 두고 한쪽에서는 "예술계를 향한 대담한 농담", "물질 중심 미술을 넘어선 실험"이라며 옹호했고, 다른 쪽에서는 "예술 사기"라며 혹평했습니다.

1800만 원짜리 〈벌거벗은 임금님의 옷〉

그러나 실체가 없는 작품이었음에도, 경매사가 제시한 시작가는 사람들의 판단을 이끄는 강력한 기준점이 되었습니다. 가격이라는 숫자가 붙는 순간, 허공이 갑자기 '가치를 지닌 예술품'으로 보이기 시작한 것이죠.

이처럼 정보가 충분하지 않거나 합리적 근거가 약하더라도 사람들은 처음 접한 정보에 과도하게 의존하는 경향이 있습니다. 이를 행동경제학에서는 '앵커링 효과(anchoring effect)'라고 부릅니다. 미술품 경매에서 시작가가 일종의 기준점(앵커)이 되어 입찰자가 그보다 높은 가격을 자연스럽게 제시하도록 만드는 것이 대표적 사례입니다. 경쟁 심리까지 더해지면, 경제적 가치를 넘어서는 과다 지불이 쉽게 발생합니다. 실제 〈나는 존재한다〉의 경매 시작가는 6000유로였지만, 입찰 경쟁이 치열해지며 낙찰가는 1만 5000유로까지 치솟았습니다. 주식 시장에서 어떤 종목이 내재 가치보다 높게 거래되는 현상 역시 같은 맥락으로 이해할 수 있습니다.

이러한 인간의 편향을 가장 적극적으로 활용하는 주체가 바로 기업입니다. 소비자의 인식이 특정 숫자에 쉽게 고정된다는 사실을 잘 아는 기업들은 가격을 설계할 때 앵커링 효과를 정교하게 활용합니다. 기준점을 높여 상대적 저렴함을 부각하거나, 가격을 잘게 나누어 부담을 낮추고, 특정 조건에서만 할인되는 것처럼 보여 희소성을 자극하는 방식 등이 대표적입니다. 이제부터는 우리가 일상에서 무심코 지나쳤던 이러한 가격 전략들을 하나씩 살펴보겠습니다.

가격은 어떻게 무기가 되는가?

‘시장 침투(market penetration)’ 전략은 경쟁사 제품보다 낮은 가격으로 출시해 시장점유율을 확대하려는 방식입니다. 주로 후발 사업자나 열위 사업자가 우위에 있는 지배적 사업자와 경쟁하기 위해 낮은 가격으로 소비자의 구매를 유도할 때 사용합니다. 샤오미나 화웨이 같은 중국 IT 제품이 경쟁사 대비 매우 저렴한 가격에 판매되는 것이 대표적 사례입니다. 또한 시장 선도 기업이라 하더라도 새로운 상품을 처음 알리는 초기 단계에서는 손실을 감수하더라도 저변 확대를 위해 시장 침투 전략을 택하는 경우가 있습니다.

반면 ‘초기 고가(market skimming)’ 전략은 신상품 출시 초기에 높은 가격으로 시장에 진입한 뒤, 시간이 지나면서 점차 가격을 인하하는 방식입니다. 이는 명품 브랜드가 항상 고가를 유지하는 프리미엄 가격 전략과는 구분됩니다. ‘초기 고가’라는 표현은 “우유에서 크림을 걷어낸다(skim the cream off the milk)”는 관용구에서 유래했습니다. 가장 수익성이 높은 상층 고객군을 먼저 확보해 이익을 극대화한 뒤 점차 가격을 내려 추가 수익을 확보한다는 의미를 담고 있습니다. 일반적으로 상품이 수명 주기(PLC; Product Life Cycle)에서 성장기나 성숙기에 접어들면 가격을 낮춰 구매층을 넓히게 됩니다.

OLED TV는 초기에는 매우 높은 가격에 판매되었으나, 시간이 지날수록 가격을 인하해 대중화를 시도한 대표적 사례입니다. 다만 이러한 초기 고가 전략은 기술력과 제품 효용성이 충분히 뒷받침되지 않으면 효과를 거두기 어렵습니다. 구글의 '글래스(증강현실 디바이스)'나 애플의 '비전 프로(AR · VR 기기)'처럼 초기 고가 전략을 구사했지만, 가격은 높고 효용성은 낮아 혁신 수용자(innovator)나 초기 선도자(early adopter) 같은 제한된 소비층만 구매하는 데 그친 사례도 있습니다. 사실상 실패한 가격 전략이었다고 할 수 있습니다.

'다이내믹 가격(dynamic pricing)' 전략은 시장 상황과 수요 변화에 따라 가격을 실시간으로 조정하는 방식으로, 전통적인 고정 가격제와는 대조적인 개념입니다. 항공권과 호텔 숙박료가 대표적인 사례입니다. 항공권은 출발일이 가까울수록 가격이 오르다가, 탑승률이 낮으면 다시 가격을 낮춰 판매를 촉진합니다. 호텔 숙박료 역시 주말·휴일·성수기에는 비싸고, 평일·비수기에는 상대적으로 저렴합니다.

장기 불황이 지속되면서 '마감 할인 중개 앱'이 인기를 끌고 있습니다. 예를 들어 편의점에서 소비 기한이 한 시간 남은 상품은 소비자가의 최대 50% 할인된 가격으로 판매되는데, 앱을 통해 미리 구매 예약을 할 수 있습니다. 이러한 다이내믹 가격 전략은 기업에는 유휴 자원

활용 및 재고 관리 비용 절감이라는 이익을, 소비자에게는 더 저렴한 가격에 구매할 수 있는 기회를 제공하는 윈윈 전략입니다.

어떻게 하면 더 싸게 느낄까?

이번에는 다양한 '할인 가격(discount pricing)' 전략을 살펴보겠습니다. 대형 유통 기업들은 블랙프라이데이 행사처럼 특정 기간에 가격을 대폭 인하해 판매를 촉진합니다. 자동차 보험사들은 여러 특약 조건을 통해 소비자에게 할인 혜택을 제공합니다. 예를 들어 연간 주행거리가 보험사가 정한 기준 이하인 경우, 운전 기록 장치를 부착해 급가속·급감속하지 않는 '착한 운전'을 한 경우 등이 해당합니다. 이는 사고 감소가 곧 보험금 지급 건수 감소로 이어지기 때문에 기업에도 이익이 됩니다.

가격을 활용한 흥미로운 할인 캠페인도 있습니다. 두바이의 이케아(IKEA)는 고객이 매장까지 이동하는 데 걸린 시간과 상품을 직접 조립하는 시간을 금전 가치로 환산해 할인해 주는 "Buy With Your Time" 캠페인을 진행해 큰 호응을 얻었습니다. 이케아가 도심에서 떨어진 곳에 매장을 열어 임대료를 낮추고, DIY(Do It Yourself) 전략을 통해 가격 경쟁력을 확보하며 성장해 온 기업이라는 점을 생각하면, 이 캠페인은 그들의 브랜드 역사와도 자연스럽게 맞닿아 있습니다.

할인보다 한 단계 더 나아가, 아예 무료로 상품을 제공해 즐거움을 선사한 사례도 있습니다. 초콜릿 브랜드 키캣(KitKat)은 파라과이에서

키캣은 공원 벤치에 앉아 쉬는 사람들에게 무료로 제품을 제공하는 캠페인을 통해 브랜드 슬로건 "Have a break, Have a KitKat"을 효과적으로 각인시켰다.

"The Break Machine" 캠페인을 진행했습니다. 공원 벤치에 사람이 1분 이상 앉아 쉬고 있으면, 벤치 옆 자판기 투입구에서 키캣이 자동으로 나오는 방식이었습니다. 이 캠페인은 소셜미디어에서 큰 화제를 모았고, 키캣의 브랜드 슬로건인 "Have a break, Have a KitKat"을 소비자의 기억 속에 더욱 강하게 각인시키는 효과를 거두었습니다.

일상에서 흔히 접하는 1+1 상품이나 벌크(bulk) 단위로 판매되는 동종 상품 역시 실질적인 가격 할인 전략의 하나로 볼 수 있습니다.

유인 상품(loss leader)을 활용하는 '리더 가격(leader pricing)' 전략도 있습니다. 대형마트에서는 종종 치킨 등을 원가에도 못 미치는 파격적인 가격에 판매하는 행사를 진행합니다. 이는 소비자를 매장으로 끌어들여 더 큰 소비를 유도함으로써 전체 매출과 이익을 높이려는 전략입니다. 특정 상품에서는 손실을 보더라도, 그로 인해 다른 상품의 매출이 증가하면 총이익은 오히려 늘어나기 때문에 이러한 상품을 유인 상품이라고 부릅니다. 다만 혜택만 챙기는 '체리피커(cherry picker)'가 많아지면, 이 전략은 기대만큼의 효과를 발휘하기 어려워 주의가 필요합니다.

'시장 탈취 가격(predatory pricing)' 전략은 언뜻 유인 상품 전략과 비슷해 보이지만, 이름에서 알 수 있듯 목적이 근본적으로 다릅니다. 이 전략은 단기적으로 원가 이하의 비정상적으로 낮은 가격에 상품을 판매해 경쟁사를 시장에서 몰아내거나 신규 진입을 차단하는 데 목적이 있습니다. 이후 경쟁사가 사라지면 다시 가격을 올려 손실을 회수하기 때문에, 공정한 시장 경쟁을 해치는 불법적 요소가 다분합니다.

2009년 아마존은 아기용품 전문 온라인몰 '다이퍼스(Diapers.com)'와의 경쟁에서 기저귀 가격을 과도하게 할인해 고객을 빼앗았습니다. 기저귀 1박스가 팔릴 때마다 7달러의 적자를 감수하면서 말이죠. 이 사건은 당시 '독점금지법' 위반 논란을 낳았습니다. 그러나 다이퍼스가 아마존을 제소할 경우 천문학적인 비용이 들고 판결까지 오랜 시간이 걸려, 승소하기도 전에 파산할 수 있었습니다. 결국 아마존이 다이퍼스를 인수하는 것으로 사태는 마무리되었습니다.

디지털 플랫폼 시대가 열리며 시장 탈취 전략은 새로운 형태로 진화했습니다. 자사 서비스 가격은 그대로 두면서 경쟁사의 가격을 간접적으로 상승시키는 '역방향 시장 탈취(reverse predatory)' 전략이 등장한 것입니다. 애플은 경쟁 서비스인 스포티파이(Spotify)가 애플 앱스토어에서 서비스를 제공할 경우 30%의 수수료를 부과했고, 그 결과 이용자들이 애플의 아이튠즈 스트리밍 서비스를 선택하도록 유도했습니다. 이에 대해 2024년 3월 EU는 애플이 반독점법을 위반했다며 약 2조 7000억 원의 과징금을 부과했습니다.

'묶음 가격(bundle pricing)' 전략은 서로 다른 여러 상품을 하나로 묶어, 개별 가격의 합보다 저렴하게 판매하는 방식입니다. 패스트푸드점의 세트 메뉴나 통신사의 결합 상품이 대표적인 예입니다. 이 전략은 기업이 핵심 상품과 보조 상품을 함께 판매할 수 있어 전체 매출을 끌어올리는 효과가 있습니다.

웹툰과 웹소설이 큰 인기를 얻으면서, 이들 콘텐츠만의 독특한 가격 전략도 주목받고 있습니다. 초반 회차를 무료로 제공한 뒤 후속 회차를 유료로 전환하는 부분 무료화 방식, 일정 시간이 지나야 무료로 열람할 수 있도록 해 조급한 독자의 결제를 유도하는 지연 무료 공개 방식, 선결제한 이용자에게 남들보다 먼저 콘텐츠를 볼 수 있게 하는 선열람 방식 등은 우리나라 웹툰·웹소설 산업이 최초로 만든 가격 모델입니다.

가격은 숫자가 아니라 심리다

영국의 풍자화가 토머스 롤랜슨Thomas Rowlandson, 1757~1827은 런던 펠멜(Pall Mall)에 있던 크리스티 경매장(1766년 설립)을 스케치하며 생생한 장면을 포착했습니다. 좁은 공간을 가득 메운 잘 차려입은 사람들, 돋보기로 작품을 꼼꼼히 들여다보는 이들, 서로의 표정을 읽어가며 가격의 흐름을 가늠하는 사람들. 단상 위 경매사가 부르는 숫자 하나에 모두의 표정이 출렁입니다.

그들의 눈앞에 놓인 것은 그림이지만, 실제로 겨루는 것은 작품의 가치가 아니라 서로의 심리입니다. 숫자가 오르내릴 때마다 사람들의 감정은 긴장과 흥분, 욕망과 허세 사이를 끊임없이 오갑니다. 이 경

토마스 롤랜슨, 〈펠멜의 크리스티 경매실〉, 1808~1810년경, 종이에 펜과 갈색 잉크, 33×47cm, 뉴욕 메트로폴리탄미술관

매장의 열기는 하나의 사실을 말해 줍니다. "가격표 뒤에는 심리가 있다." 결국 가격 전략의 성패는 숫자를 어떻게 정하느냐가 아니라, 그 숫자를 소비자가 어떻게 '느끼도록' 만들 것인가에 달려 있습니다.

'심리적 가격(psychological pricing)' 전략은 바로 이 지점을 활용합니다. 소비자의 심리를 자극해 가격에 대한 저항감을 낮추는 방법입니다. 그중 '기준점 가격(anchoring pricing)' 기법은 먼저 높은 가격을 제시해 소비자가 이후 가격을 상대적으로 저렴하게 느끼도록 만드는 방법입니다. 예를 들어 "정가 50000원 → 행사 가격 45000원"과 같이 할인 전 가격을 강조하거나, 고급형 제품의 높은 가격을 먼저 보여준 뒤 상대적으로 저렴한 보급형 제품을 제시하는 방식이 대표적 사례입니다. 이러한 기법은 소비자의 인지적 기준점을 조정해 구매를 유도하는 효과가 있습니다.

'매력적 가격 제시(charm pricing)' 기법도 있습니다. 인지심리학과 행동경제학 연구에 따르면 사람들은 가격을 인식할 때 가장 왼쪽에 있는 숫자에 강하게 영향을 받는 경향이 있습니다. 이를 왼쪽 숫자 편향(left-digit bias)이라고 합니다. 예를 들어 20000원과 19900원은 실제 차이가 100원에 불과하지만, 소비자는 전자를 '2만 원대', 후자를 '1만 원대'로 받아들여 전혀 다른 가격처럼 느낍니다. 이는 뇌가 숫자를 읽을 때 처음 보이는 숫자를 '기준점'으로 삼기 때문입니다.

이러한 인지적 편향을 바탕으로, 판매자는 딱 한 단계 아래 가격(just-below pricing)을 제시해 소비자의 심리적 마지노선을 교묘하게 공략합니다. 이를 '단수 가격 전략'이라고 합니다. 대개 소비자는 10000원이라는 가격에 대해서는 구매 저항이 크지만 9900원에는 상대적으로 저항이 훨씬 낮습니다.

흥미롭게도 이러한 가격 전략은 과거 일부 마트 직원들의 현금 유용을 방지할 목적에서 도입되었습니다. POS(Point of Sale) 시스템이 없던 시절에는 대부분 현금 거래였습니다. 그러다 보니 1만 원짜리 상품처럼 거스름돈이 필요 없는 경우에, 간혹 이 돈을 계산원이 가로채는 일이 있었습니다. 그러나 상품을 9900원에 판매하면 계산원이 잔돈을 거슬러주는 과정에서 거래 기록이 남기 때문에 현금 유용을 방지하는 효과가 있었습니다.

홈쇼핑에서 자주 보이는 "오늘만 30% 할인", "1000개 한정", "전화주문 폭주", "마감 임박" 같은 문구는 희소성과 긴급성을 자극해 구매를 유도하는 심리적 가격 전략이며, 보통 '딜(deal) 광고'로 분류됩니다.

'프레이밍 효과(framing effect)'도 있습니다. 동일한 가격이라도 판매자가 어떻게 제시하느냐에 따라 소비자의 반응이 달라집니다. 예를 들어 정가가 10만 원인 상품에 대해 "50% 할인"과 "5만 원 할인"을 제시했을 때 소비자는 할인율 방식에 구매 의사가 더 높아진다는 것이 여러 실험에서 확인됐습니다(Kahneman & Tversky, 1979/Grewal et al., 1998).

"월 3000원 vs. 연 36000원" 역시 같은 금액이지만 대부분의 소비자는 월 납부가 더 저렴하다고 느낍니다. 소액을 나누어 내는 구조가 한 번에 내는 것보다 심리적 부담이 적기 때문입니다. 이처럼 가격은 숫자 그 자체보다 어떤 방식으로 제시되는가에 따라 다르게 인식됩니다.

2017년 '넛지(Nudge) 이론'으로 노벨경제학상을 받은 리처드 탈러 Richard H. Thaler, 1945~ 역시 가격과 심리를 연계한 흥미로운 가설을 발표했습니다. 그는 사람들이 목적에 따라 마음속에 여러 개의 계좌를 갖고 있는 것처럼 행동한다고 보며, 이를 '심리계좌'라고 명명했습니다.

이제 다음 상황에서 여러분이라면 어떤 선택을 할지 한 번 생각해 보시기 바랍니다(이해를 돕기 위해 우리나라 사례에 맞게 일부 각색했으며, 스마트폰 대중화 이전에 종이 티켓만 사용하던 시기를 가정했습니다).

지갑 속에는 만 원짜리 10장이 있다.

① 영화티켓(1만 원)을 미리 사두었는데, 상영 시간을 기다리던 중 티켓을 잃어버린 것을 알게 되었다.

② 영화관에 도착해 티켓을 사려는 순간, 지갑 속 10만 원 중 만 원짜리 지폐 한 장이 없어진 것을 알게 되었다.

두 가지 상황 중 여러분은 어떤 경우에 다시 1만 원을 내고 영화를 보시겠습니까? 심리계좌 이론에 따르면, 사람들은 첫 번째보다 두 번째 상황에서 다시 돈을 내고 영화를 보는 경향이 더 높다고 합니다. 똑같이 1만 원을 잃어버렸는데도 왜 이런 차이가 생길까요?

리처드 탈러는 이러한 차이를 다음과 같이 설명했습니다. ①은 마음속 계좌가 1만 원짜리 영화티켓계좌와 9만 원짜리 현금계좌 이렇게 두 개입니다. ②는 마음속 계좌가 10만 원짜리 현금계좌 하나입니다. 사람들은 ①의 상황에서 현금계좌에는 손실이 없지만 영화티켓계좌는 100% 손실이 발생한 것으로, ②의 상황에서는 현금계좌에서만 10% 손실이 발생한 것으로 인식합니다. 사람들은 '100% 손실'보다 '10% 손실'을 훨씬 작게 느끼기 때문에, ②의 상황에서 영화티켓을 다시 사는 일이 상대적으로 덜 부담스럽게 느껴진다는 것입니다.

합리적이라고 생각하는 비합리적인 가격

지금까지 다양한 가격 전략을 살펴보았습니다. 가격은 상품의 가치를 직접적으로 드러내는 요소이므로, 마케팅 믹스에서 매우 중요한 역할을 합니다. 기업이 가격을 어떻게 설계하느냐에 따라 시장점유율, 매출, 수익성 같은 재무적 성과는 물론 브랜드 이미지와 시장 포지셔닝 같은 정성적 효과까지 달라집니다.

리처드 탈러가 노벨경제학상을 수상했을 때 한 기자가 상금을 어떻게 쓸 계획인지 묻자, 그는 이렇게 답했습니다. "최대한 비합리적으로 쓰려고 노력할 것입니다." 농담처럼 들리는 이 한마디에는 그의 연구 철학이 고스란히 담겨 있습니다. 전통 경제학이 인간을 완벽하게 합리적이고 계산적인 존재로 가정해 온 반면, 탈러는 사람들이 감정에 흔들리고 편향에 빠지며 때로는 전혀 예상하지 못한 방식으로 결정을 내린다는 사실을 일관되게 보여준 학자입니다.

특히 상금처럼 '뜻밖의 소득'은 사람들이 가장 비합리적으로 소비하는 대표적 사례입니다. 로또에 당첨돼 큰돈을 손에 넣었지만 금세 전 재산을 탕진하거나 오히려 더 불행해졌다는 이야기는 낯설지 않습니다. 이를 '공돈 효과(house money effect)'라고 부릅니다. 카지노에서 딴 돈을 '하우스 머니'라고 부르는 데서 유래한 개념입니다. 사람들은 노력하지 않고 얻은 돈을 일종의 보너스나 무료 혜택처럼 인식하기 때문에 더 대담하고 충동적으로 소비하는 경향이 있습니다.

우리는 가격 앞에서 얼마나 합리적일까요? 어쩌면 상품의 가격은 논리적 계산의 결과라기보다, 소비자의 비합리적 심리와 이를 활용하는 기업의 전략이 맞물려 형성되는 산물인지도 모릅니다.

〈펠멜의 크리스티 경매실〉 부분도.

루머를 잠재우는 법

평판 관리

감정과 상상력이 결합해 사실처럼 퍼져나가는 검증되지 않은 이야기를 우리는 '루머(rumor)'라고 부릅니다. 이번에 살펴볼 〈아펠레스의 중상모략〉은 루머로 고통받았던 화가가, 자신보다 훨씬 앞선 시대에 같은 억울함을 겪은 화가의 이야기를 소환한 작품입니다. 후대의 화가는 산드로 보티첼리Sandro Botticelli, 1444~1510, 앞선 시대의 화가는 고대 그리스의 아펠레스Apelles, B.C. 4세기경입니다.

아펠레스는 알렉산드로스 대왕Alexander the Great, B.C. 356~323의 총애를 받은 화가로, 뛰어난 사실성과 정교한 선묘로 명성을 떨친 인물로 전해집니다. 고대 문헌에서는 '그리스 최고의 화가'로까지 평가되지만, 안타깝게도 그의 작품은 오늘날 단 한 점도 남아 있지 않습니다.

산드로 보티첼리, 〈아펠레스의 중상모략〉, 1495년경, 나무 패널에 템페라, 62×91cm, 피렌체 우피치미술관

중상모략의 피해자에게 자신을 투영한 보티첼리

⋮

평소 아펠레스를 시기하던 한 화가가 프톨레마이오스 왕Ptolemy I Soter, B.C. 367~283에게 "아펠레스가 반역을 꾀하고 있다"고 거짓 고발합니다. 왕은 사실 여부를 확인하지 않은 채 아펠레스를 체포해 고문했고, 아펠레스는 극심한 고통을 겪어야 했습니다. 이후 우여곡절 끝에 그의 무고함이 밝혀지자 왕은 잘못을 인정하고 사과하며 명예를 회복시켜 주었습니다. 이 이야기는 고대 그리스 작가 루키아노스Lukianos, 120~195년경의 저작 《중상모략》에 기록되어 있으며, 보티첼리는 이를 바탕으로 아펠레스가 억울하게 모함받던 순간을 생생하게 재현했습니다.

르네상스의 거장답게 보티첼리는 〈아펠레스의 중상모략〉에 다양한 알레고리(추상적 개념이나 복잡한 의미를 구체적 이미지·인물·사건에 빗대어 표현하는 상징 기법)를 담았습니다.

화면 오른쪽, 나귀 귀를 하고 의자에 앉아 있는 인물이 왕입니다. 그에게 귓속말하는 두 여인은 '무지'와 '의심'입니다. 횃불을 들고 왕 앞에 선 남자는 '질투'입니다. 그는 중상모략을 점화한 최초의 원인, 즉 왜곡된 감정과 분노·증오가 만들어낸 불씨를 나타냅니다.

화면 중앙에서 벌거벗은 채 용서를 빌고 있는 남자가 모함을 받은 아펠레스입니다. 그의 머리채를 잡아끌고 왕 앞으로 데려가는 파란 옷의 여인은 '루머' 또는 '중상모략'입니다. 그녀를 치장해 주는 두 여인은 '기만'과 '음모'로, 거짓이 언제나 매혹적이고 치장된 모습으로 등장한다는 점을 상징합니다.

보티첼리는 〈아펠레스의 중상모략〉에 다양한 알레고리를 담았다. 화면 오른쪽에는 무지와 의심에 흔들리는 왕이, 중앙에는 중상모략과 이를 부추기는 기만과 음모가, 왼쪽에는 진실이 있다.

화면 왼쪽의 검은 옷을 입은 인물은 '고통', 그 옆에서 하늘을 향해 손을 들고 있는 인물은 '진실'을 의미합니다. 이들은 "세속의 소문과 감정에 휘둘리지 말라"는 메시지를 시각적으로 전하며, 진실이 결국 드러난다는 도덕적 교훈을 더합니다.

보티첼리는 왜 천 년도 넘은 옛 사건을 다시 불러왔을까요? 그 이유는 중상모략으로 고통받던 아펠레스의 모습에서 자신의 처지를 보았기 때문입니다. 당시 피렌체는 정치·종교·문화적으로 극심한 혼란에 빠져 있었습니다. 1494년 프랑스 왕 샤를 8세Charles VIII, 1470~1498의 이탈리아 침공으로 메디치 가문이 몰락했고, 뒤이어 수도사 사보나롤라Girolamo Savonarola, 1452~1498가 정권을 장악했습니다. 사보나롤라는 "사치, 향락, 부패로 타락한 피렌체를 정화하라"고 외치며 강도 높은 개혁을 추진했습니다. 이러한 분위기 속에서 신화와 인문주의 전통에 기반한 미술은 타락의 상징으로 지목되어 비난을 받았습니다. 자연스럽게 메디치 가문의 후원을 받으며 활동해 온 보티첼리도 중상모략의 대상이 되었습니다. 그는 아펠레스의 이야기를 빌려 자신이 느낀 억울함과 불안을 은유적으로 표현한 것입니다.

'지렁이 패티' 루머에 휩싸인 맥도날드

누구나 살면서 억울한 누명을 쓰거나 근거 없는 비방에 휘말리는 순간을 겪습니다. 기업도 다르지 않습니다. 오랫동안 쌓아온 긍정적인 평판이 사실무근의 루머 하나로 하루아침에 무너지는 경우도 있습니다. 그래서 기업은 평판을 중요하게 여기고 이를 체계적으로 관리해야 합니다. 경영학에서는 이를 '평판 관리(Reputation Management)'라고 부릅니다.

평판 관리는 소비자가 기업이나 브랜드에 대해 좋은 이미지를 형성하도록 돕고, 위기 상황에서 효과적으로 대응해 부정적 영향을 최소화하는 활동입니다. 이를 통해 매출, 고객 충성도, 투자 등 기업 성과 전반에 긍정적인 효과를 가져올 수 있습니다. 평판 관리는 크게 두 가지 차원으로 나뉩니다. 첫째, 기업의 이미지를 긍정적으로 만들고 지속적으로 유지하는 활동, 둘째, 기업의 잘못이나 뜻하지 않은 루머로 평판이 훼손됐을 때 이를 회복하기 위한 대응 활동입니다. 여기서는 〈아펠레스의 중상모략〉이 보여주듯, 기업이 근거 없는 루머에 직면했을 때 어떻게 대응하는 것이 효과적인지 살펴보려 합니다.

먼저 미국 캘리포니아대 언어학과 교수 조지 레이코프George Lakoff, 1941~

가 주장한 '프레임 이론'을 이해할 필요가 있습니다. 프레임은 어떤 의제를 인식할 때 우리의 사고를 특정 방향으로 이끄는 '해석의 틀'입니다. 이 이론에 따르면, 전략적으로 구성된 프레임을 먼저 제시해 대중의 사고 구조를 선점한 쪽이 승리하며, 이를 부정하거나 반박하려는 시도는 오히려 그 프레임을 강화하는 역효과를 낳습니다. 레이코프는 2006년《프레임 전쟁》에서 특정 공격에 대한 가장 나쁜 대응은 그것을 계속해서 반박하는 것이라고 강조합니다.

하지만 많은 기업과 유명인은 실제 루머에 휩싸이면 이 원칙을 잊고, 부정적 프레임을 더욱 강화하는 방식으로 대응하곤 합니다. 과거 맥도날드가 그 대표적 사례입니다.

1978년 맥도날드는 '지렁이 고기로 햄버거 패티를 만든다'는 황당한 루머로 큰 위기에 직면했습니다. 사회심리학자 고든 올포트Gordon Willard Allport, 1897~1967는 루머의 강도를 '내용의 중요성 × 모호함'이라는 간단한 공식으로 설명합니다. 사람들의 삶과 직접 연결된 주제일수록 관심이 높아지고, 정보가 부족하거나 불분명할수록 상상과 추측이 그 빈틈을 채운다는 의미입니다. 그런 점에서 '지렁이 패티' 루머는 그 자체로 강력한 확산 조건을 갖추고 있었습니다.

물론 루머는 사실이 아니었지만, 루머가 퍼진 직후 맥도날드의 판매량은 급격히 하락하기 시작했습니다. 이에 경영진은 신속하게 대책 회의를 열고 '정면돌파' 전략을 선택했습니다. 맥도날드는 자사가 FDA 승인 소고기를 사용한다는 사실을 언론에 적극 알렸고, "지렁이는 파운드당 6달러로 소고기(1.5달러)보다 훨씬 비싸 굳이 넣을 이유가 없다"

1978년 맥도날드는 지렁이로 패티를 만든다는 루머에 휩싸였고, 이를 반박하며 정면 대응한 결과 오히려 매출이 더 급감하는 위기를 겪었다. EBS 다큐프라임 〈킹메이커 : 1부. 네거티브 전쟁〉 영상 갈무리.

는 내용을 담은 TV 광고도 내보냈습니다. 그리고 매장에는 '지렁이 무첨가'라는 공인 검사 결과를 부착하며 루머 차단에 나섰습니다.

그러나 결과는 아이러니했습니다. 판매량은 오히려 더 떨어져, 무려 30% 가까이 추락했습니다. 정면돌파 전략이 루머를 몰랐던 사람들에게까지 소문을 확산시켰고, 소비자들은 맥도날드 로고를 볼 때마다 '꿈틀거리는 지렁이'를 연상하게 되었기 때문입니다. 즉, 부정적 프레임을 해명하려는 시도가 오히려 그 프레임을 강화한 셈입니다.

맥도날드는 새로운 커뮤니케이션 전략을 찾기 위해 내부적으로 실험을 진행했습니다. 피실험자들을 열 명씩 세 그룹으로 나누어 각각 다른 방에 배치한 뒤, 모든 그룹에 '지렁이 고기 패티' 루머가 보도되는 뉴스를 시청하게 했습니다. 이후 첫 번째 방에는 루머를 정면 반박하는 광고를 보여주었고, 두 번째 방은 아무런 정보를 제공하지 않은 채 무대응 상태로 두었습니다. 세 번째 방에는 다른 실험자를 투입해 프랑스 음식점에서 달팽이 요리나 거위 간을 먹은 이야기로 자연스럽게 화제를 전환하도록 했습니다. 점심시간이 되자 세 개의 방에 모두 맥도날드 햄버거를 들여보냈습니다. 결과는 어떻게 나왔을까요?

실험자들은 세 번째 방 > 두 번째 방 > 첫 번째 방 순으로 햄버거를 더 많이 먹었습니다. 이 결과를 토대로 맥도날드는 진실 여부를 따지는 반박 전략을 중단했고, 지렁이를 떠올리게 할 수 있는 햄버거 광고 노출도 최소화했습니다. 대신 프렌치프라이와 밀크셰이크 등 전혀 다른 제품군에 대한 마케팅 커뮤니케이션을 강화했고, 그 결과 급락했던 매출을 다시 끌어올리는 데 성공했습니다.

평판 관리의 전환점이 된 삼양라면의 '우지 파동'

삼양식품의 '우지 파동'은 한국 식품산업과 기업 커뮤니케이션 역사에서 중요한 전환점이 된 사건입니다. 1960~1970년대 라면 업계에서는 주로 돈지(돼지기름)와 우지(소기름)를 혼합해 사용했으며, 1972년 농심이 '야자라면'을 출시하면서 처음으로 식물성 팜유가 도입되었습니다. 삼양식품은 1980년대에도 일부 제품에 우지를 사용했습니다. 팜유와 우지는 모두 포화지방 함량이 높아 어느 한쪽이 더 건강한 성분이라고 보기는 어렵습니다. 삼양식품이 우지를 고수한 이유도 특유의 고소한 풍미 때문이었습니다.

1989년, '삼양식품 등이 식품에 써서는 안 되는 공업용 우지를 사용했다'는 익명의 투서가 검찰에 접수되었고, 이 내용이 방송과 언론을 통해 확산되며 국민적 공포가 커졌습니다. 삼양식품의 대응은 맥도날드의 초기 대응과 유사했습니다. '공업용 우지'라는 표현이 수입 통관 과정에서 사용된 분류 용어가 와전된 것이라는 점, 정부가 20여 년 전부터 동물성 지방 보급을 위해 우지 수입을 허용했다는 점, 우지가 팜유보다 톤당 100달러 더 비싸기 때문에 원가를 줄이려고 우지를 사용한 게 아니라는 점, 정제하지 않은 상태의 우지와 팜유는 모두 비식용이며 세계 어디에서도 식용·비식용을 구분하지 않는다는 점 등을 논리적으로 설명했습니다. 보건사회부(현 보건복지부) 역시 우지를 사용한 식품이 인체에 해롭지 않다는 공식 발표를 내놓았습니다.

그러나 '비누와 윤활유 원료로 사용되는 공업용 기름 라면'이라는 낙인은 좀처럼 지워지지 않았습니다. 삼양식품이 반박할수록 소비자들은 오히려 '공업용', '비식용'이라는 부정적 이미지를 더 강하게 떠올렸습니다. 결국 회사는 공장 가동을 멈추고, 시중에 유통된 제품까지 전량 회수해 폐기해야 했습니다. 루머가 퍼지기 직전 26%에 달하던 시장점유율은 순식간에 10% 이하로 추락했습니다. 긴 법정 공방 끝에 8년 만에 대법원에서 무죄를 인정받았지만, 이전 상태로 돌아갈 수는 없었습니다.

기업이 루머가 아닌 자신의 잘못으로 평판을 훼손한 사례도 있습니다. 2024년 5월, 애플은 아이패드 광고 한 편을 공개했다가 대중의 뭇매를 맞았습니다. 광고에서는 유압 프레스가 조각상, 피아노, 필름 카메라, 게임기 등 창조적 도구들을 납작하게 짓눌러 파괴하고, 그 자리에 신형 아이패드가 놓였습니다. 아이패드 하나에 이 모든 기능이 담겨 있다는 메시지를 전달하려 한 것이었지만, 소비자들은 오히려 세상의 아름답고 창의적인 것들을 애플이 무자비하게 파괴한다는 인상만 받았습니다.

논란이 커지자 애플은 사과와 함께 광고를 내리고, 한 달 뒤 'Worlds Made on iPad'라는 새로운 캠페인을 선보였습니다. 이번에는 인간의 창의성과 아이패드의 조화를 강조하는 내용으로, 한 달 전 광고가 남긴 부정적 이미지를 해소하기 위해 힘썼습니다.

루머의 본질을 정확히 꿰뚫은 명화

천연두(우두) 백신 접종에 대한 대중의 근거 없는 공포를 풍자한 제임스 길레이James Gillray, 1756~1815의 〈우두 접종의 놀라운 효과〉(164쪽)는 루머의 본질을 정확히 포착한 작품입니다.

영국의 의사 에드워드 제너Edward Jenner, 1749~1823는 우유를 짜는 사람들이 천연두를 가볍게 앓고 다시 걸리지 않는다는 사실에 착안해 천연두 백신을 고안했습니다. 그러나 영국 사회에는 "소의 고름을 사람에게 넣는다니, 위험하다"는 공포와 루머가 폭발적으로 퍼졌고, 급기야 많은 사람이 백신을 접종하면 소로 변한다는 유언비어를 믿기에 이르렀습니다.

백신 옹호론자들은 소가 인도와 이집트에서 신성한 동물로 여겨지는 만큼 그 체액도 성스럽다는 점, 그리고 접종 후 소로 변한 사람은 단 한 명도 없다는 점을 강조하며 반박했습니다. 그러나 대중에게 각인된

제임스 길레이,
〈우두 접종의 놀라운 효과〉,
1802년,
에칭 후 손으로 채색,
23.4×33.8cm,
시카고아트인스티튜트

'백신 = 소'라는 연결 고리를 끊어내지는 못했습니다. 실제로 백신이라는 말은 소를 뜻하는 라틴어 'vacca'에서 유래했습니다.

루머는 정보의 공백에서 자라납니다. 확실한 진실이 보이지 않는 상황에서는 두려움·혐오·분노 같은 감정적 단서가 사실보다 더 빠르게 받아들여집니다. 자극적인 내용일수록 기억에 오래 남고, 이미 가진 편견이나 믿음과 결합하며 설득력이 커집니다. 전파 과정에서 더욱 단순하고 극적인 형태로 변형되며, 결국 하나의 강력한 프레임으로 굳어지는 것이 루머의 작동 방식입니다.

매 순간 당신 머리에 떠오르는 흰곰

앞의 사례에서 맥도날드의 초기 대응은 "우리 햄버거는 지렁이 고기로 만들지 않습니다"라는 직접적인 반박 광고를 내는 것이었습니다. 이를 '반박 전략'이라고 합니다. 하지만 결과에서 보듯, 반박 전략은 루머를 확대 · 재생산하고 더욱 강력한 연상작용을 일으켜 오히려 역효과를 가져옵니다. 맥도날드가 여러 차례 시행착오 끝에 소비자 실험을 통해 확인한 사실도 이를 뒷받침합니다. 루머를 잠재운 것은 결국 반박 대응이 아니라, 프렌치프라이와 밀크셰이크에 대한 마케팅 커뮤니케이션을 강화하는 것이었습니다.

소비자행동론에서는 이를 '인출 전략(Retrieval Strategy)'과 '저장 전략(Storage Strategy)'으로 설명합니다. 인출 전략은 소비자에게 긍정적으로 축적되어 있던 프렌치프라이와 밀크셰이크의 이미지를 끌어내어 화제를 다른 방향으로 전환하는 것입니다. 저장 전략은 이러한 긍정적 이미지 연상을 강화해 기존의 '지렁이 고기 패티'라는 부정적 정보의 연결 고리를 끊고, 그 자리에 새로운 정보를 주입해 부정적 기억을 덮는 방식입니다.

맥도날드의 소비자 실험을 뒷받침하는 학문적 증거도 있습니다. 1987년 미국 심리학자 대니얼 웨그너Daniel Merton Wegner, 1948~2013는 참가자들을 두 그룹으로 나누어 5분 동안 A그룹에는 절대 흰 곰을 떠올리지 말라고, B그룹에는 자유롭게 생각하라고 지시했습니다. 그리고 두 그룹 모두에게 "흰 곰이 떠오르면 벨을 누르라"고 했습니다. 결과는 A그룹이 B그룹보다 더 자주 벨을 눌렀습니다. 어떤 생각을 억제할

수록 오히려 그것이 더 활성화되는 원리입니다. 이를 '흰곰 효과(White Bear Effect)'라고 합니다.

왜 하필 흰곰이냐고요? 러시아의 문호 도스토옙스키Fyodor Mikhailovich Dostoevskii, 1821~1881의 에세이《여름날의 인상에 관한 겨울 메모》에 나오는 다음 문장에서 착안했기 때문입니다. "스스로 다음과 같은 과제를 내보라. 흰곰에 대해 생각하지 말라. 그러면 당신은 저 저주스러운 존재가 매 순간 당신의 머리에 떠오르게 될 것이다." 흰곰 효과는 우리 일상 속 불안, 스트레스, 여러 가지 금단 현상에도 적용되는 유용한 이론입니다.

1973년 일본의 지역 거점 은행인 도요카와 신용금고는 곧 파산할 것이라는 근거 없는 루머로 곤욕을 치렀습니다. 루머가 급속도로 퍼진 열흘간 대규모 집단 인출 상태가 발생하며 뱅크런 위기에 처했습니다. 은행은 초기에 "우리 은행은 안전하다"라는 반박 커뮤니케이션을 펼쳤지만 소용이 없었습니다. 결국 관점을 바꾼 후에야 상황은 진정되었습니다. 은행은 "원하는 만큼 마음껏 인출하세요"라는 메시지의 광고를 내고, 업무 시간이 지나도 인출을 허용했습니다. 공포를 억누르기보다 공포의 원인을 제거한 것입니다.

고객을 진심으로 이해하려 할 때, 탈출구가 열린다

지금까지 근거 없는 루머에 대한 기업의 커뮤니케이션 전략을 다루었습니다. 하지만 실제 기업의 잘못이나 부주의로 발생한 사고에 대응하는 커뮤니케이션 전략도 중요합니다. 이러한 커뮤니케이션 전략을 'CAT 원칙'으로 정의할 수 있습니다. CAT는 콘텐츠(Contents), 태도(Attitude), 타이밍(Timing)의 첫 글자를 딴 것으로 소비자에게 전달하고자 하는 내용·태도·타이밍이 중요하다는 의미입니다. CAT의 콘텐츠에는 'CAP'가 포함되어야 합니다. CAP는 피해자에 관한 관심과 걱정(Care and Concern), 보상계획(Action plan), 예방책(Prevention)입니다.

기업이 고객 커뮤니케이션 과정에서 이러한 원칙을 제대로 지키지 않는다면 걷잡을 수 없는 불매 운동으로 이어져 막대한 손해를 보거나 존폐 상황에 놓일 수도 있습니다.

현대는 소셜미디어 기술의 발달과 활성화를 통해 나쁜 소식은 좋은 소식보다 훨씬 더 빨리 퍼져 나갑니다. "발 없는 말이 천리를 간다"는 속담이 있듯이 이제 입 없는 소셜미디어가 만 리까지 소식을 퍼트립니다. 게다가 유튜브의 알고리즘으로 인해 자신의 가치관이나 신념에 부합하는 정보에만 주목하고 이와 반대되는 정보를 무시하는 사고방식과 태도의 '확증 편향(Confirmation Bias)' 현상도 갈수록 심화되고 있습니다. 또한 자신의 신념에 반대되는 사실을 접했을 때, 원래 자신의 신념을 지키거나 더 강하게 밀어붙이는 경향도 심해졌습니다. 이를 '백파이어 효과(Backfire Effect)'라고 합니다. 인지부조화 현상 때문이죠. 오늘날 우리 사회와 정치가 직면한 심각한 문제이기도 합니다. 보는 것을 믿는 것이 아니라 믿고 싶은 것을 보는 경향이 더욱 짙어지고 있습니다. 소비자의 이러한 비합리적 사고방식과 태도를 이해할 때, 기업은 부정적 평판에 보다 효과적으로 대응할 수 있습니다.

너머의 세계를 보여주는 은유의 힘

메타포 광고

"연탄재 함부로 발로 차지마라 / 너는 누구에게 한번이라도 따뜻한 사람이었느냐."

안도현 시인의 〈너에게 묻는다〉 마지막 구절은 강렬한 은유를 담고 있습니다. 여기서 '연탄재'는 한때 뜨겁게 타올라 사람을 따뜻하게 해주었던 존재를 상징합니다. 시인은 다 타고난 뒤 무심히 버려지는 연탄재의 처지를 통해, 헌신과 희생이 쉽게 잊히고 무가치하게 여겨지는 현실을 날카롭게 드러냅니다.

은유는 사물이나 감정을 다른 대상에 빗대어 표현하는 기법입니다. 종종 비유와 혼동되지만, 둘 사이에는 분명한 차이가 있습니다. 비유는 'A는 B처럼'이라는 방식으로 비교 대상을 드러내고, 은유는 'A는 B다'

한스 홀바인, 〈대사들〉, 1533년, 오크 패널에 유채, 206×209cm, 런던 내셔널갤러리

처럼 두 대상을 직접 동일시합니다. 예를 들어 "그녀는 장미처럼 아름답다"는 비유이고, "그녀는 장미다"는 은유입니다. 은유는 단어의 겉뜻을 넘어, 우리 머릿속에 새로운 장면과 의미를 떠올리게 합니다. "그녀는 장미다"라는 말을 들으면 우리는 실제 꽃을 떠올리기보다, 아름답지만 장미 가시처럼 날카로운 면모도 있는 도도한 여성을 상상하게 됩니다. 이것이 은유가 열어 주는 또 다른 세계입니다.

은유로 캔버스를 채운 홀바인

한스 홀바인Hans Holbein, 1497~1543은 은유를 회화 속에 정교하게 구현한 대표적인 화가입니다. 그의 작품 〈대사들〉에는 다양한 은유가 담겨있습니다. 표면적으로는 세련된 복식의 두 인물을 묘사한 초상화처럼 보이지만, 그 속에는 당시의 정치적 긴장과 시대적 맥락이 녹아 있습니다.

왼편 인물은 프랑스 외교 특사이자 작품의 의뢰인이고, 오른편은 그의 친구이자 성직자입니다. 이 시기 잉글랜드 국왕 헨리 8세Henry Ⅷ, 1491~1547는 캐서린 왕비와 이혼하고 앤 불린Anne Boleyn, 1507~1536과 재혼하기 위해 가톨릭교회와 결별하고 잉글랜드 국교회를 독립시켰습니다. 두 명의 대사는 잉글랜드 국교회의 분리를 저지하기 위해 힘을 모은 인물들이었습니다.

탁자 위에는 천구의, 해시계, 사분의(천문 관측 도구), 토르카툼(태양광의 각도를 측정하는 도구) 등 여러 가지 물건이 놓여 있습니다. 이 작품이 제작된 시기는 콜럼버스Christopher Columbus, 1451~1506의 신항로 개척, 코페르니쿠스Copernicus, 1473~1543의 지동설 주장, 제롤라모 카르다노Gerolamo Cardano, 1501~1576의 3·4차 방정식 풀이 등 이성과 과학이 눈부시게 빛나던 시대였습니다. 류트(기타와 비슷한 현악기), 악보, 피리 등 음악과 관련된 물건들도 눈에 띕니다. 류트의 줄 하나가 끊어진 모습은 가톨릭과 잉글랜드 국교회 사이의 갈등과 결별을 은유적으로 보여줍니다. 과학 도구와 악기들은 르네상스가 얼마나 지적 호기심과 인간의 성취로 충만했던 시대였는지를 상징하는 동시에, 그 이면의 긴장과 불협화음까지 함께 보여줍니다.

그림 하단에는 형체를 알아보기 어려운 형상이 대각선으로 길게 그려져 있습니다. 바로 '왜상(anamorphosis)' 기법으로 표현된 두개골입니다. 왜상은 원근법과 투시법을 활용해 의도적으로 형태를 일그러뜨린 것으로, 유리잔에 비추거나 작품을 옆에서 비스듬히 볼 때 온전한 모습이 드러납니다. 전통적으로 미술에서 두개골은 인생의 덧없음과 죽음 앞에서의 겸허함을 상징합니다. 〈대사들〉은 결국 인간의 권력과 지식이 아무리 화려해도 죽음 앞에서는 무력하다는 사실을 일깨우는, 르네상스의 영광과 허무를 동시에 품은 작품이라 할 수 있습니다.

〈대사들〉에서 왜상 기법으로 표현된 두개골.

광고, 은유로 설득하다

⋮

기업의 마케팅 활동 가운데 은유와 비유를 가장 적극적으로 활용하는 영역은 '광고'입니다. 광고는 기업, 개인, 단체가 상품·서비스·정책·인물·이념 등을 대중에 알리고, 이를 통해 관심, 태도, 행동의 변화를 이끌어내는 커뮤니케이션 활동입니다. 근대적 의미의 광고는 산업혁명 이후 대량 생산 체제에서 발생한 잉여 상품을 소비시키기 위해 등장했다고 볼 수 있습니다.

광고는 용도와 매체에 따라 몇 가지 유형으로 구분됩니다. 용도에 따른 유형으로는 상품이나 서비스 판매를 목적으로 하는 상업 광고, 기업의 이미지와 철학을 알리는 기업 광고, 사회적 가치나 윤리적 행동을 촉진하는 공익 광고, 선거철 정당이나 후보를 알리 위한 정치 광고가 있습니다.

매체에 따른 유형은 전통 매체 광고와 디지털 매체 광고로 나눌 수 있습니다. 전통 매체 광고에는 TV, 라디오, 신문, 잡지, 옥외 광고(OOH; Out of Home)가 포함되며, 불특정 다수를 겨냥하는 이 같은 광고 활동을 ATL(Above The Line)이라고 부릅니다. 이벤트, 전시, CRM(Customer Relationship Management), PPL(Product Placement), 온라인 광고 등 ATL 이외의 마케팅 활동은 BTL(Below The Line)이라고 합니다.

디지털 매체 광고에는 웹사이트 배너 광고, 검색 광고, 소셜미디어 광고, 유튜브 광고, 이메일 광고, 앱 광고, 네이티브 광고(뉴스 기사나 블로그 형식의 정보 제공형 광고) 등이 있습니다. 이들은 특정 고객층을 정밀

맥도날드가 두바이 시내 전역에서 실시한 OOH 광고. 자사의 로고 골든아치를 그네로 재해석해, 소비자에게 '즐거움'이란 브랜드 감성을 체험하게 만듦으로써 정서적 유대감과 주목도를 높였다. 아울러 이를 해변에 설치함으로써 소셜미디어를 통한 바이럴 효과를 극대화할 수 있었다.

하게 겨냥하는 타깃 광고로, 전통 매체 광고에 비해 효율성이 높아 갈수록 중요성이 커지고 있습니다. 앞으로는 생성형 AI 기술의 발전으로 더욱 정교한 타깃팅이 가능해질 것이며, 메타버스(Metaverse) 기술을 기반으로 한 새로운 광고 매체도 등장할 것으로 예상됩니다.

소비자 입장에서 광고는 종종 기피 대상입니다. 사람들은 유튜브를 시청할 때 광고를 피하기 위해 유료 구독 서비스를 이용하기도 합니다. OTT 서비스가 없던 시절 미국에서는 프로그램만 녹화하고 중간광고는 건너뛰는 '티보(Tivo)'라는 장치가 있을 정도였습니다. 그러나 흥미롭고 기발한 광고는 소비자들이 자발적으로 소셜미디어에 공유하거나 퍼 나르기도 합니다.

이 지점에서 광고와 홍보의 차이가 드러납니다. 광고는 광고주인 기업이 비용을 지불해야 하며, 타깃 고객에게 전달할 명확한 메시지가 있어야 합니다. 반면 언론 보도처럼 광고주가 직접적인 비용을 내지 않고 노출되는 것은 홍보(PR; Public Relations)라고 합니다. 물론 홍보 역시 언론 매체와의 관계 속에서 간접적으로 광고비가 집행되는 경우가 많습니다.

한편, 광고를 '선전'이라고 부르는 사람들도 있는데요. 선전을 뜻하는 영어 '프로파간다(propaganda)'는 원래 17세기 가톨릭교회가 교리와 신앙을 전파하기 위해 만든 기구 이름에서 비롯되었습니다. 처음에는 '사상을 퍼뜨린다'는 중립적 의미였지만, 오늘날에는 특정 정치·이념적 목적을 위해 대중의 여론과 행동을 조작하거나 선동하는 편향적 커뮤니케이션을 가리키는 말로 쓰입니다. 따라서 광고나 홍보와는 성격이 사뭇 다르므로 구분이 필요합니다.

잘 만든 광고의 비밀

필자는 학창 시절 미국의 한 국립공원을 찾았다가 산 입구에서 인상적인 푯말을 본 기억이 있습니다.

"곰이 우리 집에 허락도 없이 들어와 어지럽히는 것을 싫어하듯, 곰도 우리가 허락 없이 그들의 집을 어지럽히는 것을 싫어합니다."

또 이런 문구도 있었습니다.

"우리는 곰의 집인 숲에 들어갈 때 손님입니다. 손님이라면 예의를 지켜주세요."

반면 우리나라 명산에서 흔히 볼 수 있는 푯말은 어떻습니까?

"쓰레기 무단 투기 시 과태료 부과"

여러분은 두 종류의 푯말 가운데 어느 쪽이 더 마음에 와 닿으십니까? 사람의 마음을 움직여 행동을 이끌어내는 효과적인 광고의 비밀이 바로 여기에 있습니다. 그것이 '메타포(metaphor)'입니다.

은유를 뜻하는 메타포는 메시지를 특정 개념이나 사물에 빗대어 표현하는 기법입니다. 메시지를 직접적으로 표현하지 않고도 의도한 바를 효과적으로 전달할 수 있습니다. 미국 국립공원의 푯말에서 '우리 집'은 자연을 상징하는 메타포라 할 수 있습니다. "자연을 보호하자"는 메시지를 담고 있지만, 경고나 제재 같은 부정적인 뉘앙스 없이 공감과 자발적인 참여를 유도합니다.

광고를 만드는 이들은 늘 소비자의 시선을 붙들기 위해 애씁니다. 그러나 "이 제품은 싸다", "이 제품은 훌륭하다"와 같은 직접적인 외침만으로는 소비자의 마음을 움직일 수 없습니다. 그래서 마케팅 학자들이 주목한 것이 바로 메타포의 힘입니다. 연구에 다르면 광고 속 메타포는 소비자로 하여금 스스로 의미를 찾기 위해 생각하게 만들고, 그 결과 다른 광고보다 더 많이 집중하게 합니다(Deborah J. MacInnis, 2004). 나아가 소비자의 개인적 경험과 광고 속 메타포가 연결될수록 그 효과는 더욱 커진다고 합니다(Chip Heath, 2005).

예를 들어 보겠습니다. 대한항공이 2025년에 선보인 "Anywhere is

Possible" 캠페인입니다. 이 캠페인은 승객의 비행 여정을 단순한 이동이 아니라 꿈을 이루는 과정으로 은유하며 큰 호응을 얻었습니다. "325명의 승객은 같은 곳을 향하지만, 당신의 세상은 바로 거기서부터", "떨리는 첫 도전, 바라던 두 번째 기회, 소중한 세 번째 만남"과 같은 광고 카피가 이를 잘 보여줍니다.

그렇습니다. 비행기를 타는 사람들에게는 저마다의 사연이 있습니다. 면접을 보기 위해, 가족을 만나기 위해, 유학길에 오르며, 혹은 버킷리스트를 실현하기 위해……. 모두 우리의 일상에서 쉽게 경험할 수 있는 것들입니다. 대한항공은 이러한 메타포를 통해 스스로를 단순한 '항공사'가 아니라, 고객의 꿈을 나르고 실현을 돕는 '동반자'로 자리매김하고자 했던 것입니다.

메타포로 흥하기도 망하기도

⋮

메타포 활용 사례 몇 가지를 살펴보겠습니다. 먼저 한 소시지 브랜드의 프로모션 광고입니다. 소시지는 브랜드가 워낙 많고, 소비자들이 맛으로는 차이를 잘 구분하지 못하는 경쟁이 치열한 상품입니다. 마케팅 대행사 'Jekyll and Hyde'는 소시지를 가장 좋아하는 주요 소비층이 어린이라는 점에 주목했습니다. 그리고 'Sausage Fun'이라는 프로모션을 기획했습니다. 어린이들이 좋아하는 풍선과 동물 이미지를 소시지와 연결시켜, 경쟁 브랜드와는 다른 인식을 심어주고 차별화된 포지셔닝

소시지 브랜드의 메타포를 활용한 재미있는 제품 프로모션. 어린아이도 공감할 수 있는 명확한 연결성, 그 놀라운 은유의 기술이 결국 사람들의 마음을 움직이는 힘을 만들어낸다.

에 성공한 사례입니다.

메타포를 활용하여 문제의식을 강렬하게 전하는 유럽 공익광고도 있습니다. 아래는 동물 보호 단체의 공익광고 카피입니다.

"만약 축구 선수가 부상당했을 때 필요 없다고 쏴 죽이는 데 동의한다면 당신은 축구를 응원할 자격이 없다. 그런데 경마는 왜 응원하는가?"

불편한 진실이지만, 경마에서 다리를 다친 말은 안락사되는 경우가 많습니다. 골절이 경미하면 치료가 가능하지만, 설령 회복하더라도 다시 시합에 나갈 수 없기 때문입니다. 이 광고는 '경마'를 인간의 경기인 축구에 빗대어, 잔혹함을 날카롭게 비판하고 있습니다.

178쪽 그림은 세계자연기금(WWF)의 공익광고입니다. 지구 온난화로 인한 기후 위기를, 아이스크림이 녹아내리는 장면으로 표현했습니다. 단순한 경고 문구보다 훨씬 강렬하게 다가옵니다. 공익광고에서 메타포가 자주 쓰이는 이유가 바로 여기에 있습니다. 시각적 요소와 언어적 요소가 만나면 메시지는 단순한 정보가 아니라 울림으로 남기 때

지구 온난화를 경고하는 세계자연기금의 공익광고.

문입니다. 이 현상은 '이중부호화 이론(Dual Coding Theory)'으로 설명할 수 있습니다. 캐나다 심리학자 앨런 파이비오Allan Paivio, 1925~2016는 인간이 정보를 처리할 때 두 개의 채널을 활용한다고 말했습니다. 하나는 글·말·숫자처럼 언어적 기호를 다루는 채널이고, 다른 하나는 그림·이미지·공간을 담당하는 시각적 채널입니다. 이 둘은 독립적으로 작동하지만 서로 연결되며, 한쪽 정보가 다른 쪽을 보완하고 강화합니다. 그래서 텍스트에 이미지를 곁들이면 메시지가 더 잘 이해되고 오래 기억됩니다.

메타포를 잘못 활용해 곤경에 처한 기업도 있습니다. 자동차 브랜드 아우디(Audi)는 중국에서 진행한 메타포 광고로 엄청난 비난을 받았습니다. 광고 내용은 이렇습니다. 결혼식장에서 백년가약을 맹세하는 신랑과 신부가 있습니다. 그런데 갑자기 시어머니가 나타나 신부의 코와 귀를 잡아당기고, 입을 벌리게 해 입 안을 살펴봅니다. 이어 도로를 달리는 아우디 차량 아래로 "중요한 결정은 항상 신중하게 해야 합니다"라는 카피가 등장합니다.

여성을 상품에 비유한 이 광고는 즉각적인 반발을 불러일으켰고, 단순한 항의를 넘어 불매운동으로까지 이어졌습니다. 이 사례가 보여주듯, 메타포는 사회적으로 바람직하지 못한 태도나 각종 차별에 적용해서는 안 됩니다.

은유의 숲을 거니는 여행자

다시 미술 작품 이야기로 돌아가 보겠습니다. 이번에 살펴볼 작품은 프란시스코 고야Francisco José de Goya y Lucientes, 1746~1828의 판화집 《변덕(Los Caprichos)》에 수록된 43번째 작품 〈이성이 잠들면 괴물이 깨어난다〉(180쪽)입니다. 제목은 고야가 직접 붙인 것으로, 그 자체가 하나의 메타포입니다. 즉, 이성을 의인화해 '이성이 사라지면 인간 내면에 감춰진 비이성이라는 괴물이 깨어난다'는 메시지를 담고 있습니다. 이는 심리학자 카를 구스타프 융Carl Gustav Jung, 1875~1961이 말한 '그림자 자아' 개념과도 맞닿아 있습니다.

작품 속 엎드려 잠든 남성은 '이성'을, 그 뒤편의 부엉이·박쥐·고양이는 어리석음과 미신 등 '비이성'을 상징합니다. 이 동물들은 스페인 민속 문화에 투영된 집단적 인식을 반영합니다. 고야는 이 작품을 통해 '이성이 잠들면 비이성과 광기가 지배하는 어둠이 몰려온다'는 사실을 은유적으로 드러낸 것입니다.

18세기 스페인은 계몽주의 사상이 유럽 전역에 퍼지고 있었음에도 여전히 봉건적 질서와 가톨릭교회의 영향 아래 있었고, 부르봉 왕실

프란시스코 고야, 〈이성이 잠들면 괴물이 깨어난다〉, 1797~1798년, 에칭(판화), 21.5×15.2cm, 마드리드 프라도미술관

과 귀족들의 무능과 부패는 사회를 병들게 했습니다. 고야의 작품은 그런 시대적 현실에 대한 날카로운 비판이었습니다.

이 작품은 오늘날 대한민국에도 큰 울림을 줍니다. 불법 비상계엄을 통한 내란 사태를 전 국민이 목도하며, 이성이 부재한 권력자들과 집단이 민주주의에 얼마나 치명적인 위협이 될 수 있는지 뼈저리게 깨달았기 때문입니다. 〈이성이 잠들면 괴물이 깨어난다〉는 지금 이 순간에도 전 세계가 맞닥뜨리고 있는 비이성과 극단주의를 경계하는 공익광고로 사용해도 전혀 손색이 없을 것입니다.

다음으로 설명이 필요 없는 유명한 작품 두 점을 보겠습니다. 먼저 에두아르 마네Edouard Manet, 1832~1883의 〈피리 부는 소년〉입니다. 모자를 쓰고 붉은색 바지를 입은 소년 병사가 정면을 응시한 채 피리를 불고 있습니다. 사용된 색채는 검은색, 빨간색, 흰색 등 몇 가지에 불과합니다. 배경 또한 어디가 벽이고 어디가 바닥인지조차 구분되지 않을 만큼 텅 빈 회색 공간일 뿐이지요. 그러나 바로 그 단순함이 소년의 존재를 더욱 또렷하게 부각시킵니다. 그림을 바라보고 있으면, 실제로 피리 소리가 흘러나오는 듯한 착각마저 듭니다.

두 번째 작품은 에드바르 뭉크Edvard Munch, 1863~1944의 〈절규〉입니다. 이 그림은 뭉크가 두 친구와 산책하던 중 겪은 강렬한 체험에서 비롯되었습니다. 그는 노을이 지는 하늘을 바라보다, 하늘이 핏빛으로 물들고 구름이 불타는 듯 느꼈다고 합니다. 그리고 순간 자연이 비명을 지르는 듯한 환청에 사로잡혔습니다. 뭉크는 그때의 압도적인 감정을 고스란히 화폭에 옮겨 놓았습니다.

에두아르 마네, 〈피리 부는 소년〉, 1866년, 캔버스에 유채, 160.5×97cm, 파리 오르세미술관

에드바르 뭉크, 〈절규〉, 1893년, 보드에 템페라, 83.5×66cm, 오슬로국립미술관

화면 중앙에는 뭉크 자신의 내적 공포를 형상화한 인물이 서 있습니다. 검은 옷을 입은 인물은 공포에 사로잡힌 얼굴로 두 손으로 귀를 막고, 자연의 비명을 외면하려는 듯합니다. 왜곡된 곡선으로 일그러진 몸은 불안과 공포를 증폭시키며, 뭉크가 느꼈던 두려움을 캔버스 너머 감상자에게까지 생생하게 전달합니다.

이번에는 한국방송광고진흥공사(KOBACO)가 2013년에 제작한 공익광고를 보겠습니다. 주제도, 표현 기법도 전혀 다른 〈피리 부는 소년〉과 〈절규〉 두 작품을 위아래로 배치했을 뿐인데, 완전히 새로운 메시지가 탄생했습니다. '층간소음'이라는 사회 문제를 이보다 더 재치 있게 표현할 수 있을까요. "아름다운 선율도 아래층 이웃에게는 때론 고통이 될 수 있습니다!"라는 카피도 군더더기 없습니다.

층간소음을 일으키는 이웃을 지나치게 부정적으로 묘사해서는 공감을 얻기 어렵습니다. 아파트 같은 집합건축물에서는 일상적인 생활 소음조차 층간소음으로 이어지기 때문입니다. 이 광고는 바로 그 지점을 찌르며, 공익광고가 지녀야 할 설득의 힘을 보여줍니다.

미술관은 단순히 작품을 보관하는 창고가 아닙니다. 그곳은 은유가 끝없이 태어나는 샘입니다. 작품들은 모두 각자의 은유를 품고 있으며, 그 풍요로움은 말로 다 설명할 수 없습니다. 미술관에 들어서는 순간 우리는 끝없는 은유의 숲을 거니는 여행자가 됩니다. 언뜻 예술과 접점이 없어 보이는 일을 하는 필자가 오늘도 미술관을 찾는 이유입니다.

한국방송광고진흥공사(KOBACO)가 2013년 '층간소음'을 주제로 제작한 공익광고. © 한국방송광고진흥공사

의뢰인의 무의식까지 꿰뚫어 본 화가

고객 니즈의 이해

사진 기술이 아직 충분히 발달하지 않았던 19세기 후반까지 '초상화'는 화가들에게 생계를 유지하는 가장 확실한 수단이었습니다. 의뢰인의 지위가 왕이나 귀족처럼 높거나, 화가의 삶에 직접적인 영향을 미칠 수 있는 인물일수록 의뢰인의 영향력은 막강했습니다. 그런 점에서 자크 루이 다비드Jacques-Louis David, 1748~1825는 의뢰인의 '니즈(needs)'를 100%, 아니 그 이상 충족시킨 화가라 할 수 있습니다.

1780년대 후반 다비드는 루이 16세Louis XVI, 1754~1793의 눈에 띄어 명성을 쌓게 됩니다. 루이 16세의 의뢰로 그린 〈호라티우스 형제의 맹세〉가 그의 마음을 흡족하게 했기 때문입니다. 그러나 프랑스혁명이 일어나자, 다비드는 루이 16세에게 후원을 받은 경력이 오히려 독이 될 수 있다고 판단했습니다. 그래서 프랑스혁명을 촉발한 사건을 묘사한 〈테니스 코트의 선서〉를 그리며 혁명을 주도한 급진파(자코뱅파)의 환심을 얻기 위해 애썼습니다.

고객의 잠재 니즈까지 해결해 주는 화가

그러던 중 급진파 지도자 장폴 마라Jean Paul Marat, 1760~1820가 온건파 지지자에게 암살당하는 사건이 벌어졌습니다. 급진파는 마라의 죽음을 정치적으로 활용하고자 다비드에게 그림을 의뢰했습니다. 그 결과 탄생한 작품이 바로 〈마라의 죽음〉입니다. 다비드는 마라의 부패한 시신이나 참혹한 살해 현장을 사실적으로 묘사하지 않았습니다. 대신 마라를 숭고한 순교자로 이상화해 정치적 메시지를 극대화했습니다. 욕조 밖으로 축 늘어진

자크 루이 다비드, 〈마라의 죽음〉, 1793년, 캔버스에 유채, 165×128cm, 브뤼셀 벨기에왕립미술관

자크 루이 다비드, 〈생베르나르 고개의 나폴레옹〉, 1801년, 캔버스에 유채, 246×231cm, 빈미술사박물관

폴 들라로슈,
〈알프스를 넘는 나폴레옹〉,
1850년,
캔버스에 유채,
279×214cm,
리버풀 워커아트갤러리

마라의 팔은 미켈란젤로Michelangelo Buonarroti, 1475~1564의 〈피에타〉에서 성모 마리아의 품에 안긴 예수를 연상시키고, 마라의 표정 또한 고요하고 성스러운 분위기를 자아냅니다.

〈마라의 죽음〉은 급진파로부터 열렬한 찬사를 받았고, 프랑스혁명 과정에서 다비드의 입지를 더욱 공고히 해주었습니다. 비즈니스 관점에서 보면, 고객의 니즈를 100% 충족시켜 '고객 만족'을 실현한 것입니다.

이후 프랑스는 또다시 정치적 대변혁을 맞습니다. 1799년 나폴레옹 보나파르트Napoléon Bonaparte, 1769~1821는 쿠데타를 일으킨 뒤 스스로 황제로 등극하며, 결과적으로 왕정 체제로의 복귀라는 아이러니한 역사를 만들어냈습니다. 다비드는 이러한 변화 속에서 새로운 의뢰인인 나폴레옹을 맞이했고, 다시 한 번 의뢰인의 마음을 사로잡습니다.

다비드는 〈생베르나르 고개의 나폴레옹〉에서 나폴레옹의 알프스 횡단 장면을 영웅적으로 묘사해, 단순한 초상화를 넘어 정치적 '프로파간다(propaganda, 선전)'로 활용될 수 있는 강력한 이미지를 만들어냈습니다. 물론 나폴레옹의 니즈도 완벽하게 충족시켰습니다.

흥미롭게도 같은 장면을 동시대의 역사화가 폴 들라로슈Paul Delaroche, 1797~1856도 그렸는데요. 들라로슈의 그림 속 나폴레옹은 농부가 이끄는 노새를 타고, 해진 군복을 걸친 채 추위에 몸을 잔뜩 웅크리고 있습니다. 이와 비교하면 다비드가 그린 나폴레옹은 거의 '창작에 가까운' 묘사였다는 사실이 더욱 분명해집니다.

고객이 해결하려는 근본적인 문제, 니즈

⋮

다비드를 화가가 아닌 한 인간으로 평가하자면 그는 기회주의자에 가까울지도 모릅니다. 그러나 여기서는 그에 대한 가치 판단은 배제하고, 그의 그림을 '고객 니즈(customer needs)' 관점에서만 조명해 보겠습니다. 화가가 의뢰인의 의도를 파악해 초상화를 그리듯, 기업은 고객 니즈를 이해하고 파악한 뒤 상품과 서비스를 제공합니다. 마케팅에서 고객 니즈란 고객이 상품·서비스를 통해 해결하고자 하는 근본적인 필요를 의미합니다. 이와 유사한 개념으로 '고객 원츠(customer wants)'가 있습니다.

여러분이 공구점 주인이고, 누군가 드릴을 사러 왔다고 가정해 보겠습니다. 그렇다면 고객이 정말 '원하는 것'은 무엇일까요? 경영학자 시어도어 레빗Theodore Levitt, 1925~2006은 고객이 진짜 필요로 하는 것은 '드릴'이 아니라 '구멍'이라고 설명합니다. 이때 '구멍'이 니즈이고, '드릴'은 니즈를 충족하기 위한 수단, 즉 원츠입니다. 구멍을 뚫기 위해서는 드릴뿐 아니라 망치와 못 같은 다른 방법도 사용할 수 있으니, 고객이 궁극적으로 원하는 것은 특정 제품이 아니라 '문제 해결'인 셈입니다.

이렇듯 마케팅에서 중요한 것은 상품이나 서비스를 단순히 판매하는 것이 아니라, 고객이 해결하려는 근본적인 문제(니즈)를 이해하는 일입니다. 우리가 배고프면 음식을 먹는 것도 같은 맥락입니다. 배고픔이라는 니즈는 동일하지만, 이를 해결하는 원츠는 사람마다 다를 수 있습니다. 어떤 이는 햄버거를, 어떤 이는 짜장면을 선택합니다. 소통이 니즈라면, 이를 해결하는 원츠는 시대에 따라 우편, 이메일, 소셜미디어 등 다양한 형태로 바뀔 수 있습니다. 결국 니즈는 변하지 않지만, 니즈를 충족시키는 원츠는 취향과 시대에 따라 달라질 수 있는 것입니다.

그렇다면 앞서 언급한 자코뱅파와 나폴레옹의 니즈는 무엇이었을까요? 그들이 근본적으로 원했던 것은 단순히 '잘 그린 그림 한 점'이 아니었습니다. 역사적 사건을 정치적으로 활용해 시민들을 선동하고, 자신들의 정당성을 강화하는 것이었습니다. 이러한 고객 니즈를 충족할 수 있는 원츠는 그림일 수도 있고, 책이나 연설문, 혹은 음악일 수도 있습니다. 그러나 당시 그들의 목적에 가장 효과적으로 부합한 수단은 다비드의 그림이었습니다.

고객 니즈는 다음의 몇 가지 유형으로 구분할 수 있습니다.

■ **고객 니즈의 유형**

	표면적 니즈 (explicit needs)	암묵적 니즈 (implicit needs)	잠재적 니즈 (latent needs)	미충족 니즈 (unmet needs)
정의	고객이 명확히 인식하고 표현한 니즈	고객이 표현하지 않았지만 내심 기대하고 있는 니즈	고객 스스로 인식하지 못한 숨겨진 니즈	현재 상품이나 서비스로 충족되지 않은 니즈
특징	고객이 명확히 알고 있음	고객이 무의식적으로 기대하거나 요구함	고객도 모름	고객이 알고 있지만 해결되지 않은 니즈와 몰라서 해결되지 않은 니즈

'보이는 것이 다가 아니다'라는 말이 있습니다. 빙산을 떠올려보죠. 수면 위로 드러난 부분은 극히 일부분이고, 그보다 훨씬 큰 덩어리가 수면 아래에 숨어 있습니다. 눈에 보이는 빙산의 일각이 '표면적 니즈'라면, 수면 아래 숨은 거대한 부분은 '암묵적 니즈'와 '잠재적 니즈'입니다. 빙산의 아래로 내려갈수록 발견하기 어려워지기 때문에, 더 깊숙한 부분일수록 잠재적 니즈에 해당합니다. 미충족 니즈란 이 다양한 니즈 중 아직 충족되지 못한 것을 뜻합니다. 표면적 니즈는 고객이 직접 불만을 표현해 해결되는 경우가 많지만, 암묵적 니즈와 잠재적 니즈는 그렇지 못한 경우가 대부분입니다.

그렇다면 암묵적 니즈와 잠재적 니즈는 어떻게 다를까요? 기업이 암묵적 니즈를 해결하면 고객 만족을 끌어낼 수 있습니다. 고객이 굳이 말하지 않았는데도 기업이 먼저 알아서 해결해 주었기 때문입니다.

카페를 찾았을 때의 경험을 예로 들어보겠습니다. 아주 작은 차이가 서비스 만족도를 크게 높일 수 있으며, 추가적인 시간·비용·노력도 거의 들지 않습니다. 어떤 카페는 빨대 포장을 완전히 벗겨 컵에 꽂아 주고, 또 어떤 카페는 빨대 윗부분 비닐은 그대로 두고 아래쪽 포장만 벗겨 꽂아 줍니다. 겉보기에는 별것 아닌 차이처럼 보이지만, 코로나19 팬데믹 당시를 떠올려보면 이야기가 달라집니다. 누군가의 손이 닿은 빨대가 자신의 입술에 닿는 것은 매우 위험하게 느껴졌습니다. 일상에서 고객이 말하지 않아도 존재하는, 바로 이런 요구가 '암묵적 니즈'입니다.

여기에서 한 걸음 더 나아가, 잠재적 니즈는 고객이 전혀 인지하지 못한 것이므로 기업이 이를 발굴해 해결해 준다면 경쟁사와의 차별화 요인으로 작용하거나 혁신적인 상품으로 이어질 수 있는 기회를 만들어 줍니다. 다비드의 〈마라의 죽음〉과 〈생베르나르 고개의 나폴레옹〉은 의뢰인의 암묵적 니즈는 물론 잠재적 니즈까지 한 번에 해결해 준 사례라고 할 수 있습니다. 이처럼 고객의 암묵적 니즈와 잠재적 니즈를 발견하는 것을 '고객 인사이트'라고 합니다.

영어 'insight'는 말 그대로 '안쪽을 들여다본다'는 뜻입니다. 겉으로 드러난 것을 보는 것보다 훨씬 어렵죠. 우리말의 '통찰'처럼 예리한 관찰을 통해 사물의 본질을 꿰뚫어 보는 행위를 의미합니다. 고객 인사이트가 뛰어난 기업일수록 시장에서 경쟁우위를 확보하는 데 유리합니다.

마케팅 근시안에 빠지지 않는 법

고객 인사이트를 발견하기 위해 반드시 알아두어야 할 개념으로 '마케팅 마이오피아(marketing myopia)'가 있습니다. 이 개념은 시어도어 레빗이 1960년 〈하버드 비즈니스 리뷰(HBR)〉에 발표한 아티클에서 처음 소개되었습니다. 마케팅 마이오피아란 기업이 고객의 근본적인 니즈를 이해하는 데 소홀하고, 단기적 이익이나 상품 기능 개선에만 집중한 나머지 시장 변화와 혁신의 기회를 놓쳐 결국 도태되는 '마케팅 근시안'을 의미합니다.

기업이 마케팅 근시안에 빠지지 않기 위해서는 고객을 깊이 이해하고, 잠재적 니즈를 정확히 파악할 줄 알아야 합니다. '자동차의 왕' 헨리 포드Henry Ford, 1863~1947가 남긴 유명한 말이 있습니다. "만일 내가 고객에게 무엇을 원하는지 물었다면, 그들은 '더 빨리 달리는 말'을 원한다고 말했을 것이다." 자동차가 대중화되기 전까지 고객은 자신에게 그것이 필요하다는 사실조차 알지 못했습니다. 고객도 인지하지 못한 잠재 니즈를 발굴하고 일깨운 사람이 바로 헨리 포드였습니다. 만약 그가 고객의 표면적 니즈나 암묵적 니즈만을 기반으로 제품을 개발했다면, 자동차의 대중화는 훨씬 늦어졌을지도 모릅니다.

이와 유사한 사례도 있습니다. 1950년대 고층빌딩이 늘어나면서 엘리베이터 이용자들의 불만도 함께 증가했습니다. 당시 엘리베이터 속도가 지금처럼 빠르지 않았기 때문입니다. 사람들은 "더 빨리 올라가게 해달라"고 불만을 터뜨렸지만, 당시 기술 수준에서는 안정성 문제로 속도를 크게 높일 수 없었습니다.

그런데 이 문제를 단번에 해결한 방법이 있었습니다. 고도의 기술이나 막대한 비용을 들인 것이 아니라, 단지 엘리베이터 안에 '거울'을 설치한 것이었습니다. 사람들의 표면적인 요구는 "엘리베이터의 속도를 높여 달라"는 것이었지만, 그들이 실제로 느꼈던 불편은 '지루함'과 '답답함'이었습니다. 즉 그들이 진정으로 원했던 것은 물리적 속도가 아니라 심리적 속도의 개선이었던 것입니다. 오늘날 거의 모든 엘리베이터 안에 거울이나 얼굴이 비치는 투명 재질의 벽이 설치된 이유가 바로 여기에 있습니다.

이처럼 고객은 종종 기업이 새로운 해결책을 제시하기 전까지, 스스로 진정 무엇을 원하는지 알지 못합니다. 그래서 기업은 고객이 말하는 것뿐 아니라, 고객이 원하게 될 잠재 니즈를 찾아내는 것이 중요합니다.

의뢰인을 불편하게 한 그림들

화가와 초상화 의뢰인의 관계가 항상 좋을 수만은 없습니다. 화가의 명성이 그리 높지 않을 경우, 대가를 지불하는 의뢰인이 대개 '갑'의 위치에 서게 마련입니다. 그러다 보니 의뢰인의 요구는 까다롭고, 그림이 마음에 들지 않을 경우 큰 불만을 제기하곤 했습니다. 이번에 소개할 화가들 역시 이러한 의뢰인의 니즈와 충돌하며 큰 시련을 겪어야 했습니다.

존 싱어 사전트, 〈마담 X〉, 1884년, 캔버스에 유채, 243×143cm, 뉴욕 메트로폴리탄미술관

미국 화가 존 싱어 사전트John Singer Sargent, 1856~1925가 그린 〈마담 X〉는 큰 논란을 불러일으킨 초상화입니다. 당시 초상화가로 명성을 쌓아가던 사전트는 더 큰 성공을 위해 프랑스 사교계에서 가장 유명한 미녀로 꼽히던 고트로Virginie Amélie Avegno Gautreau, 1859~1915부인을 여러 차례 설득해 모델로 세웠습니다.

긴 시간 끝에 완성된 그림 속 고트로 부인은 도도한 옆얼굴, 우아한 자세, 백옥 같은 피부로 눈부신 아름다움을 드러내고 있습니다. 사전트는 이 작품에 큰 만족을 느끼며 1884년 살롱전에 〈마담 X〉라는 제목으로 출품했습니다. 그러나 작품은 전시되자마자 거센 비난의 대상이 되었습니다.

사실 오늘날 우리가 보는 그림(메트로폴리탄미술관 버전)은 최초 출품작과 다릅니다. 원래 그림은 고트로 부인이 입은 드레스의 오른쪽 어깨끈이 아래로 흘러내려 있었습니다. 이 디테일이 당시 프랑스 사회에서는 지나치게 선정적으로 받아들여졌고, 관람객들은 그녀를 '품위 없는 여자'로 몰아붙였습니다. 심지어 "매춘부 같다"는 모욕적인 비난까지 쏟아졌습니다. 고트로 부인의 흰 피부를 더욱 돋보이게 하려고 사전트가 공들여 그린 검은 새틴 드레스조차 '천박하다'며 힐난의 대상이 되었습니다.

결국 고트로 부인은 전시를 철회해 달라고 요구했고, 작품도 구매하지 않았습니다. 사전트는 명성에 큰 타격을 입고 세간의 비난을 피해 파리를 떠나 런던으로 거처를 옮겨야 했습니다.

말 그대로 어깨끈 하나가 작품을 '실패작'으로 만든 것입니다. 훗날 사전트는 현재 메트로폴리탄미술관에 있는 버전처럼 어깨끈을 다시 그렸습니다(X-레이 검사 결과 재작업이 이루어진 것이 확인됨).

그림을 그릴 당시 고트로 부인이 어깨끈 처리에 대해 어떤 요구를 했는지는 알려진 바가 없습니다. 다만 여러 정황을 고려하면 두 사람이 이에 대해 의견을 주고받았을 가능성은 충분히 있습니다. 부유한 사업가의 아내였던 고트로 부인 입장에서는 굳이 어깨끈을 내려 그리는 방식으로 논란을 만들고 싶지 않았을 것입니다. 그럼에도 어깨끈이 흘러내린 모습으로 그려진 것을 보면, 사전트의 예술적 고집이 더 강했고 그녀가 이를 받아들였을 가능성이 큽니다.

드레스 어깨끈에 대한 처리는 고객의 '암묵적 니즈'로도 해석할 수 있습니다. 고트로 부인은 비록 강하게 표현하지는 않았지만, 당연히 자신이 정숙하고 품위 있는 모습으로 그려지기를 기대했을 것입니다. 더욱이 사전트가 〈마담 X〉를 완성하기 전에 그린 그녀의 다른 초상화(196쪽)를 보았다면, 그녀의 그런 기대는 한층 더 강해졌을 것입니다.

존 싱어 사전트, 〈건배하는 고트로 부인〉, 1882~1883년, 캔버스에 유채, 32×41cm, 보스턴 이사벨라스튜어트가드너박물관

렘브란트 하르먼스존 판 레인Rembrandt Harmenszoon van Rijn, 1606~1669의 〈야간 순찰대〉(219쪽) 역시 의뢰인의 니즈를 제대로 반영하지 못해 큰 불만을 산 작품으로 알려져 있습니다. 17세기 네덜란드는 상업의 발달로 '길드'라 불리는 조합이 성행했고, 그에 따라 집단 초상화가 유행했습니다. 〈야간 순찰대〉는 16~18명의 조합원이 비용을 균등하게 지불해 공동으로 의뢰한 작품이었습니다. 그러나 정작 완성된 그림에서 조합원들의 얼굴은 어떤 이는 밝고 선명하게 묘사된 반면, 어떤 이는 화면 구석에 배치되어 잘 보이지도 않았습니다. 심지어 대가를 지불하지도 않은 정체불명의 인물까지 포함되어 있어 조합원들의 불만을 키웠습니다.

〈야간 순찰대〉 이후 렘브란트는 악의적인 소문에 시달렸고, 작품 주문도 거의 끊기며 큰 어려움을 겪었습니다. 아이러니하게도 전성기에 그린 이 초상화가 그의 경력에 가장 큰 타격을 준 작품이 되고 말았습니다. 물론 오늘날 〈야간 순찰대〉는 걸작으로 평가되지만, 당시 '대가를 받고 그린 초상화'라는 점을 감안하면 의뢰인, 즉 고객의 니즈를 전혀 고려하지 않은 작품이었습니다. 이처럼 고객의 암묵적·잠재적 니즈를 간과하면 아무리 예술적 성취가 높아도 고객과 충돌할 수 있습니다.

'내가 이런 걸 원했었구나!'

LG전자는 종종 고객조차 인식하지 못한 니즈를 파악해 이를 선제적으로 제품에 반영하며 세계 최초의 신제품을 출시해 왔습니다. 그 결과 시장과 고객의 반응도 매우 긍정적이었습니다. 외출 후 옷의 먼지를 털어주고 깔끔하게 관리해 주는 '스타일러', 스마트폰이나 태블릿처럼 손쉽게 이동시키며 사용할 수 있는 TV인 '스탠바이미', 청소 후 먼지통을 비우는 번거로움을 없앤 '코드제로' 등이 대표적 사례입니다.

스타일러는 어떤 고객 니즈에서 출발했을까요? 잦은 미세먼지, 회식 후 옷에 배는 냄새, 비에 젖은 옷, 비싼 드라이클리닝 비용 등 고객이 일상에서 겪는 불편함에 주목한 것입니다. 고객들은 분명 이러한 불편을 느끼고 있었지만, 이를 정확히 해결해 줄 상품이 무엇인지까지는 떠올리지 못했습니다. LG전자는 이러한 잠재 니즈를 읽어 세계 최초로 '스타일러'라는 상품을 만들었을 뿐만 아니라 '의류 관리기'라는 새로운 시장까지 개척한 것입니다.

스탠바이미 역시 마찬가지입니다. 오늘날 사람들은 유튜브는 물론 TV 프로그램과 영화까지 스마트폰을 통해 '개인적으로' 시청하는 경향이 강해졌습니다. 송길영 작가의 표현을 빌리자면 '핵개인화' 니즈가 강해진 것이죠. LG전자는 이러한 변화 속에서 개인화된 시청 환경은 유지하되, 침대·주방·거실·캠핑장 등 원하는 공간 어디서든 편안한 자세로 '큰 화면'에서 영상을 보고 싶어 하는 잠재적 니즈를 포착했습니다. 그 결과 내장 배터리를 탑재해 자유롭게 이동할 수 있는 무선형 TV '스탠바이미'를 출시했습니다. 발매 직후 젊은 세대를 중심으로 폭발적인 인기를 얻으며 품절 사태까지 발생했고, 스탠바이미는 '이동식 라이프스타일 TV'라는 새로운 트렌드를 만들어냈습니다.

코드제로 청소기 역시 같은 맥락에서 탄생한 제품입니다. 기존 무선 진공청소기의 가장 큰 불편은 청소 후 먼지를 비우는 과정이었습니다. 먼지통을 비우는 번거로움은 물론, 비우는 순간 발생하는 먼지 날림이 호흡기에 영향을 주는 문제도 있었습니다. LG전자는 자동 먼지 비움 기능을 도입해 이러한 니즈를 완벽하게 해결했습니다.

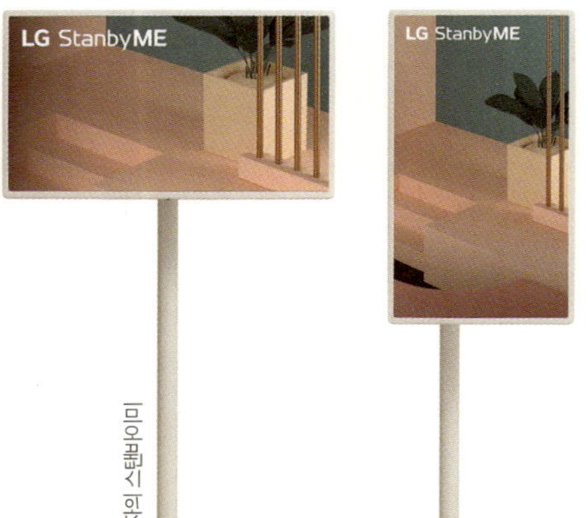

LG전자의 스탠바이미

이처럼 고객 니즈는 대부분 고객이 일상에서 겪는 불편함에서 출발합니다. 기업은 이를 해결하기 위해 표면적 니즈, 암묵적 니즈, 잠재적 니즈를 세심하게 파악하고, 그에 맞는 솔루션을 찾아내야 합니다.

고객 니즈를 정확히 파악해 소위 '대박'을 터뜨린 사례를 하나 더 살펴보겠습니다. 미국의 위성 라디오 서비스 1위 기업인 '시리우스XM 홀딩스(SiriusXM Holdings)'입니다. 이 기업의 위성 라디오 서비스는 주로 어떤 고객을 위한 것일까요? 답은 미국의 지리적 특성과 밀접하게 연관되어 있습니다. 시리우스XM의 핵심 고객은 바로 화물 트럭 운전자들입니다. 미국은 국토가 워낙 넓어 화물 운송의 상당 부분을 트럭 운전자가 담당합니다. 이들은 밤낮을 가리지 않고 오랜 시간 운전해야 하므로 '졸음'이 가장 큰 위험 요소입니다. 즉 그들의 니즈는 '졸음을 방지하고 집중력을 유지하는 것'이었습니다.

표면적인 니즈만 보면 졸음 방지 음료, 껌, 약품 등이 떠오르기 쉽습니다. 그러나 잠재적 니즈 관점에서 보면 해결책은 전혀 다릅니다. 그들에게 필요한 것은 끊기지 않고 들을 수 있는 라디오와 다양한 콘텐츠였습니다. 일반 라디오 방송은 지역마다 음영 구역이 많아 장거리 운행 중 신호가 자주 끊기기 때문입니다. 반면 위성 라디오 서비스는 전 지역에서 안정적으로 신호를 제공하며 콘텐츠 재생을 멈추지 않습니다. 바로 이 점이 화물 트럭 운전자의 잠재적 니즈를 충족시킨 것입니다.

"사랑하면 알게 되고, 알게 되면 보이나니"

2025년 3월, 2000년대 초반까지 우리나라 패밀리 레스토랑의 대명사였던 T.G.I.프라이데이스가 한국 시장에서 철수했습니다. 미국 본사 역시 경영난으로 법정관리에 들어간 상태입니다. 가장 큰 원인을 꼽자면 변화한 고객 니즈를 제대로 파악하지 못한 점을 들 수 있습니다. 국내 시장에서는 1인 가구 증가와 저출산 등 인구 구조가 크게 변했고, 프리미엄 레스토랑이나 특색 있는 맛집을 찾는 고객이 늘었습니다. 코로나19 팬데믹을 거치며 배달·테이크아웃·간편식에 대한 니즈가 급증했고, 해외여행의 일상화로 다양한 먹거리 경험이 확대되면서 과거처럼 서양식 메뉴가 특별하지도 않게 되었습니다. 결국 '패밀리 레스토랑'이라는 콘셉트 자체가 더 이상 유효하지 않게 된 것입니다.

T.G.I.프라이데이스와 유사한 베니건스, 토니 로마스도 이미 몇 해 전 한국 시장에서 철수했습니다. 그러나 모든 패밀리 레스토랑이 고객에게 외면받은 것은 아닙니다. 빕스, 아웃백 스테이크하우스, 애슐리는 여전히 고객의 선택을 받고 있습니다. 이들은 변화한 고객 니즈를 정확히 읽고 대응했습니다. 빕스는 스테이크 전문점으로 포지셔닝하며 고객 니즈를 충족시켰고, 아웃백은 배달·포장 수요 증가에 발맞춰 서비스를 확장했습니다. 애슐리는 프리미엄 뷔페 중심으로 메뉴를 재편해 변화하는 취향을 반영했습니다. 이처럼 동일 업종·유사 서비스 안에서도 변화하는 고객 니즈를 반영한 기업과 그렇지 못한 기업은 존폐가 갈릴 수 있습니다.

영화 〈봄날은 간다〉에서 남자 주인공(유지태 분)은 헤어지자고 하는 여자 주인공(이영애 분)에게 "사랑이 어떻게 변하니?"라고 묻습니다. 이 질문에 "사랑은 움직이는 거야"라는 한 통신사 광고 카피로 답할 수 있겠습니다. 고객 니즈도 시대와 트렌드에 따라 끊임없이 움직입니다. 다만 사랑의 본질이 변하지 않듯, 고객 니즈를 이해하려는 기업의 태도와 본질은 변하지 않습니다.

필자가 오랜 기간 산업 현장에서 체득한 것이 하나 있습니다. 고객 니즈는 분명 중요하지만 그렇다고 만병통치약도, 절대적 진리도 아니라는 사실입니다. 상품 개발 과정에서는 고객 니즈를 어디까지 반영할지, 즉 대규모 시장을 대상으로 하는 범용성을 지향할 것인지, 혹은 틈새시장을 위한 맞춤형 전략을 지향할 것인지부터 결정해야 합니다.

특히 B2B 시장에서 고객 니즈를 반영할 때는 더욱 조심해야 합니다. 섣불리 특정 기업 고객의 요구 사항을 모두 반영하다 보면, 결국 그 기업만을 위한 '전용 상품'으로 전락해 더 큰 시장을 잃을 수 있기 때문입니다. 물론 상품을 변형하여 다른 기업 고객에게 제공할 수도 있습니다. 하지만 이렇게 되면 제공 기업 입장에서는 비슷한 제품을 여러 개 만들고 관리해야 하는 상황으로 이어져, 오히려 관리 비용과 운영 부담이 크게 증가합니다.

고객 인사이트를 찾는 과정에서 조선 후기 문장가 유한준柳漢俊, 1732~1811의 글은 많은 시사점을 줍니다. "사랑하면 알게 되고, 알게 되면 보이나니, 그때 보이는 것은 전과 같지 않으리라." 고객 인사이트 역시 연인의 마음을 이해하듯, '사랑'과 '관심'에서 출발하는 것인지도 모르겠습니다. 고객을 진심으로 이해하려는 마음이 있을 때, 비로소 이전과는 다르게 보이기 시작합니다.

WHEN

HERMES

MET

MUSE

Chapter 3

신화가 된 예술,
예술이 된 마케팅

눈을 가려야 비로소 보이는 것들

블라인드 마케팅

두 눈을 가리고 한쪽에는 저울을, 다른 한쪽에는 칼을 들고 서 있는 여신. 우리는 이 모습을 '정의의 여신', 곧 '법'의 상징으로 알고 있습니다. 하지만 처음부터 정의의 여신이 두 눈을 가리고 있었던 것은 아닙니다.

정의의 여신은 그리스신화에서 정의를 관장하는 '디케(Dike)'를 의인화한 것입니다. 디케는 인간 세상의 공정함을 지키는 감시자이자, 정의가 무너진 곳에는 징벌을 내리는 존재입니다. 오늘날 '정의'를 뜻하는 영어 단어 'justice' 역시 디케의 로마식 이름인 '유스티티아(Justitia)'에서 유래했습니다. 고대 조각이나 그림 속 디케는 언제나 눈을 똑바로 뜬 채 저울과 칼을 들고 서 있습니다. 정의란 '세상을 제대로 바라보는 것'이라는 믿음이 그 시대를 지배했기 때문입니다.

편견에 가장 쉽게 빠지는 감각, 시각

⋮

그러나 중세 후기를 지나 르네상스로 접어들면서 사람들은 한 가지 사실을 깨닫습니다. 인간의 눈이야말로 가장 쉽게 속는 감각기관이라는 점입니다. 이 새로운 인식이 조각으로 처음 형상화된 작품이 바로 1543년 스위스 베른에서 한스 기엥Hans Gieng, ?~1562이 제작한 〈정의의 분수〉입니다. 이 조각에서 여신은 역사상 처음으로 두 눈을 붕대로 가린 채 칼과 저울을 들고 있습니다. 붕대는 단순한 장식이 아니라, 시대가 품은 깊은 고민을 응축한 표현이었습니다. 인간의 시선은 언제든 흔들리고, 편견과 이해관계에 오염될 수 있다는 자각을 시각적으로 드러낸 것입니다. 그래서 여신은 스스로 시선을 차단함으로써 '편견 없는 판단'을 약속합니다.

여기에는 흥미로운 역설이 숨어있습니다. 오히려 '보지 않아야' 더 공정하게 볼 수 있다는 사실입니다. 한스 기엥의 분수는 이 역설을 처음으로 시각적으로 구현한 작품이며, 이후 '정의'의 보편적 상징으로 자리 잡았습니다.

인간의 다섯 가지 감각 가운데 시각은 정보를 받아들이는 가장 강력한 통로입니다. 심리학과 뇌과학은 우리가 받아들이는 외부

스위스 베른에 있는 〈정의의 분수(Gerechtigkeitsbrunnen)〉. 한스 기엥이 1543년 제작.

조지 프레데릭 와츠,
〈희망〉, 1886년,
캔버스에 유채,
142.2×111.8cm,
런던 테이트갤러리

정보의 약 70~80%가 시각을 통해 들어온다고 설명합니다. 우리는 보고, 비교하고, 색과 형태를 통해 의미를 구성하며, 눈으로 세상을 해석합니다. 그렇기에 시각은 언제나 강한 확증 편향(자신이 이미 믿고 있는 생각을 뒷받침하는 정보만 선택적으로 받아들이고, 그에 반하는 정보는 무시하거나 축소하는 심리적 경향)의 출발점이 되기도 합니다.

위 그림 속 여인도 두 눈을 가리고 있습니다. 하지만 이 여인에게서는 정의의 여신과는 전혀 다른 감정, 깊은 절망이 느껴집니다. 아이러니하게도 작품의 제목은 〈희망〉입니다. 지구처럼 보이는 구체 위에 앉아 있는 여인이 리라(lyre)를 품고 있는데, 리라에는 현이 한 줄밖에 남아 있지 않습니다. 그녀는 그 한 줄에서라도 소리가 나길 바라는 듯 리라에 귀를 바짝 대고 있습니다. 그녀의 눈을 가린 붕대는 상실과 절망을, 마지막 남은 한 줄의 현은 끝내 놓지 않는 희망을 상징합니다.

〈희망〉은 그리 널리 알려진 작품이 아니었습니다. 그러나 남아프리카공화국의 넬슨 만델라Nelson Mandela, 1918~2013와 미국의 버락 오바마Barack Obama, 1961~가 이 그림에 큰 감명을 받았다고 알려지면서 세계적인 주목을 받았습니다. 특히 오바마는 이 작품이 인종차별과 편견의 벽을 넘어서려 했던 미국 사회의 투쟁을 상징적으로 보여준다고 말했습니다. 혹독한 차별과 억압 속에서도 흑인 공동체가 단 한 가닥의 희망을 놓지 않았고, 결국 그 희망이 변화를 이끌어냈다는 것입니다. 그러나 어떤 이에게는 이 작품이 '시각'이라는 가장 강렬한 감각의 통로를 잃은 뒤에 찾아오는 깊은 절망의 이미지로도 다가올 수 있습니다.

소비자의 눈을 멀게 하는 전략, 블라인드 테스트

⋮

기업 역시 소비자가 가진 다양한 편견을 깨기 위해 여러 활동을 펼칩니다. 특히 시장을 장악한 브랜드를 무의식적으로, 습관적으로 구매하는 소비자들의 마음을 얻어야 하는 후발 사업자들에게는 이러한 전략이 더욱 중요합니다. 그렇다면 기업들은 이런 문제를 어떻게 풀어낼까요? '사랑에 눈이 멀었다'는 표현처럼 마케팅에서도 때로는 소비자의

'눈을 멀게 하는' 전략이 필요할 때가 있습니다.

2024년 넷플릭스에서 방영된 〈흑백 요리사〉는 방영 당시 큰 화제를 모았습니다. 이 프로그램의 인기 요인을 꼽자면, 참가자들의 이력과 독특한 경연 방식을 들 수 있습니다. '철가방', '급식 대가', '만찢남(만화책으로 요리를 배운 남자)' 등 개성 넘치는 별명에서 드러나듯, 재야의 숨은 고수들이 '스타 셰프'로 구성된 백요리사들과 맞붙는 구도는 시청자의 호기심을 자극하기에 충분했습니다. 여기에 당시 유행하던 '수저 계급론'을 차용해 계급 간 대결 구도를 형성하고, 하위 계급이 능력만으로 상위 계급을 뒤집는 반전 서사를 보여주며 시청자에게 통쾌함을 선사했습니다.

이러한 반전 서사를 가능하게 한 핵심 장치는 바로 프로그램의 경연 방식이었습니다. 심사위원이 눈을 가린 채 음식의 맛만 평가하도록 해, 누가 어떤 음식을 만들었는지 전혀 알 수 없게 만든 것입니다. 이런 방식을 '블라인드 테스트(blind test)'라고 합니다. 블라인드 테스트의 목적은 '비싸고 유명한 브랜드가 더 좋을 것'이라는 후광 효과, '평소 애용하는 브랜드가 항상 옳다'는 확증 편향을 최소화하는 데 있습니다.

〈흑백 요리사〉에서 블라인드 테스트는 편견·명성·선입견을 걷어내고, 순수하게 '맛'이라는 본질만 평가하게 했습니다. 백요리사라는 이름은 그 자체로 강력한 브랜드이기 때문에 심사 결과에 영향을 미칠 가능성이 높습니다. 만약 블라인드 테스트가 아니었다면, '철가방'으로 불린 흑요리사가 '중식 대가'로 인정받는 백요리사를 이기기는 어려웠을 것입니다. 시청자들 역시 결과의 공정성에 의문을 제기했을 가능성이 큽니다. 결국 블라인드 심사는 이 프로그램의 인기와 공정성, 두 마리 토끼를 잡게 만든 결정적 요소였습니다.

마케팅에서도 블라인드 테스트는 소비자의 고착화된 선입견을 뒤집기 위한 대표적 기법입니다. 주로 브랜드 인지도가 낮은 후발 기업이 시장을 장악한 선발·지배적 기업의 브랜드에 맞서기 위해 활용합니다. 시장 주도 기업의 유명 브랜드는 그동안 축적한 유·무형의 자산을 내포하고 있어 소비자에게 강한 선입견을 심어주기 때문입니다. 대부분의 소비자는 구매 과정에서 깊이 고민하지 않고 익숙한 브랜드를 선택하는 경향이 있습니다.

이런 이유로 음료·주류 업계는 오래전부터 블라인드 테스트를 적극 활용해 왔습니다. 대표적 사례가 콜라 시장의 후발주자인 펩시콜라가 코카콜라에 맞서 진행한 '펩시 챌린지'입니다.

1970년대 초까지만 해도 콜라 시장의 독보적 1위는 코카콜라였습니다. 후발주자인 펩시콜라는 젊고 신선한 이미지를 내세웠지만, 역사와 브랜드 인지도 측면에서 코카콜라를 따라잡기에는 역부족이었습니다. 당시 두 브랜드의 시장점유율은 약 9:1에 달할 정도로 격차가 컸습니다.

이 상황을 뒤집기 위해 펩시콜라는 1975년, 브랜드를 완전히 지운 채 '맛'이라는 본질로만 승부하기로 결심합니다. 이것이 바로 유명한 펩시 챌린지입니다. 펩시콜라는 길거리와 쇼핑몰 같은 공공장소에서 사람들에게 상표가 가려진 두 잔의 콜라를 제공하고, 어느 쪽이 더 맛있는지 선택하게 했습니다.

그런데 결과는 의외였습니다. 실제 시장점유율과는 달리, 상당히 많은 사람들이 펩시의 맛을 더 선호한 것입니다. 펩시콜라는 이 장면을 그대로 TV 광고로 내보냈고, "맛으로 결정하세요(Let Your Taste Decide)" 라는 문구와 함께 캠페인을 전국적으로 확산했습니다. 캠페인 직후 펩시콜라의 시장점유율은 약 두 배 가까이 상승했습니다. 이 실험은 소비자들이 실제로는 맛이 아니라, 브랜드가 주는 후광 효과에 이끌려 습관적으로 코카콜라를 선택해 왔다는 사실을 깨닫게 하는 강력한 계기가 되었습니다.

'키스'까지 동원된 블라인드 테스트

캘리포니아의 나파 밸리(Napa Valley)는 오늘날 세계적인 와인 산지로 유명하지만, 그 시작은 의외로 소박했습니다. 이 지역에서 와인이 처음 만들어진 것은 1769년 프란치스코 수도원 시절로 거슬러 올라갑니다. 당시 캘리포니아에 정착한 스페인 수도사들이 미사에 사용할 포도주를 만들기 위해 유럽에서 가져온 포도 품종을 재배하기 시작했습니다. 이후 1848년 캘리포니아에서 금광이 발견되며 '골드 러시(Gold Rush)' 시대가 열리자 나파 밸리의 와인 생산이 본격화됩니다. 금광과 와인이 무슨 관련이 있냐고요? 금을 채굴해 돈을 번 사람은 극히 일부였고, 대부분은 실패로 돌아갔죠. 그런데 금광 채굴에 실패한 이들 가운데 일부가 나파 밸리의 온화한 기후와 토양이 포도 재배에 적합하다는 사실을 깨닫고, 와인 생산에 뛰어든 것입니다.

그러나 1976년 이전까지 세계 와인 시장은 프랑스의 독무대였습니다. 캘리포니아 와인은 사실상 변방 취급을 받았고, 제대로 평가받지 못했지요. 그러던 중, 프랑스 와인의 높은 벽을 실감한 한 캘리포니아 와인 무역상이 묘수를 떠올립니다. 바로 블라인드 시음회를 열어 나파 밸리 와인을 세상에 알리기로 한 것입니다.

그리고 마침내 1976년 5월 24일, '파리의 심판(Judgment of Paris)'으로 불리는 역사적 사건이 벌어졌습니다. 프랑스에서 저명한 소믈리에들을 대상으로 생산지를 밝히지 않은 채 블라인드 시음을 진행한 결과, 화이트와 레드 와인 부문 모두에서 캘리포니아 와인이 1위를 차지한 것입니다.

자존심에 큰 상처를 입은 프랑스 측은 "아직 프랑스 와인이 제대로 숙성되지 않았다"며 재대결을 요구했습니다. 결과는 어땠을까요? 1986년, 그리고 2006년에 열린 블라인드 시음회에서도 결과는 동일했습니다. 결국 프랑스도 승복할 수밖에 없었습니다. 이 사건을 계기로 나파 밸리 와인은 일약 세계적인 명성을 얻었고, 블라인드 시음회는 캘리포니

1976년 5월 24일 프랑스 파리에서 열린 프랑스 와인과 캘리포니아 와인의 블라인드 시음회 '파리의 심판'에서 심사 장면. 예상을 깨고 레드와 화이트 부문 모두에서 캘리포니아 와인이 1위를 차지했다. 현재 미국은 세계 와인 생산량 4위 국가다. 나파 밸리는 캘리포니아 전체 생산량의 4%에 불과하지만, 오늘날 미국 와인의 대명사로 통한다.

르네 마그리트, 〈연인들〉, 1928년, 캔버스에 유채, 54×73.4cm, 뉴욕현대미술관

아 와인을 세계 시장으로 이끈 결정적 전환점으로 기록되었습니다.

위 작품은 초현실주의 화가 르네 마그리트René Magritte, 1898~1967의 〈연인들〉입니다. 화면 속 남녀는 서로를 끌어안고 키스하고 있지만, 그들의 얼굴은 흰 천으로 완전히 가려져 있습니다. 마그리트는 이 작품을 통해 사랑의 불투명성, 관계의 익명성, 그리고 타인에 대한 근본적 미지성을 시각적으로 드러냅니다. 천은 두 사람 사이에 놓인 장벽이자, 우리가 서로를 끝내 완전히 이해할 수 없다는 사실을 상징하는 초현실적 장치입니다. 결국 〈연인들〉은 육체적으로는 가까워도 마음속 거리는 멀어질 수 있는 현대인의 고독을 은유하는 작품이라 할 수 있습니다.

치약 브랜드 '클로즈업(Close-Up)'은 이 작품을 떠올리게 하는, 다소 아찔한 캠페인을 진행한 바 있습니다. 왜 아찔하냐고요? 블라인드 테스트를 '키스'에 적용했기 때문입니다. 캠페인의 방식은 이랬습니다. 클로즈업 치약과 다른 브랜드 치약으로 각각 양치한 남녀 모델들이 있고, 눈을 가린 키스 지원자들이 이들과 차례로 키스합니다. 이후 지원자들에게 어느 모델과의 키스가 더 좋았는지 평가하게 했습니다. 결과는 놀라웠습니다. 대부분의 참여자가 클로즈업으로 양치한 모델과의 키스를 더 선호한 것입니다. 사실 이 캠페인은 클로즈업을 만든 유니레버가 치약에 넣은 상쾌한 향과 맛 성분을 효과적으로 알리기 위해 기획한 것이었습니다.

블라인드 테스트를 적용할 때는 몇 가지 주의해야 할 점이 있습니다. 먼저 병이나 캔 등 내용물을 담는 용기는 모두 동일한 것으로 사용하고, 포장지는 완전히 제거해야 합니다. 'A'와 'B' 같은 익명 코드만 제공하되, 온도·소음·냄새·밝기 등 외부 요인이 결과에 영향을 미치지 않도록 환경을 동일한 수준으로 통제하는 것이 바람직합니다. 또한 실험자조차 어떤 제품이 어떤 코드인지 모르게 설계하는 것이 좋습니다. 실험자의 미묘한 표정, 언어, 기대치가 참여자에게 전달될 수 있기 때문입니다.

참여자의 테스트 순서도 중요합니다. 초두 효과(primacy effect)와 최신 효과(recency effect)를 방지하기 위해 매번 무작위로 순서를 바꾸는 것이 좋습니다. 초두 효과는 처음 얻은 정보를 나중 정보보다 더 강하게 기억하거나 긍정적으로 평가하는 경향을 말합니다. 예를 들어 동일인의 장단점을 이야기할 때, 장점을 먼저 들으면 더 호의적으로 느끼는 현상이 있습니다. 반대로 최신 효과는 나중에 얻은 정보가 판단에 더 큰 영향을 미치는 현상입니다. 옷 가게에서 점원이 "가격은 비싸지만, 정말 잘 어울리세요"라고 말하면, "잘 어울리지만, 가격이 비싸요"라고 할 때보다 소비자가 더 긍정적으로 느끼는 이유가 바로 최신 효과때문입니다.

음료나 음식의 경우 준비하는 양에도 주의해야 합니다. 일반적으로 펩시콜라는 코카콜라보다 첫맛이 더 달고 상큼합니다. 반면 코카콜라는 덜 달지만 풍미가 깊습니다. 펩시 챌린지 사례에서는 참가자들이 아주 소량만 맛본 덕분에 펩시가 유리했다는 분석도 있습니다. 많은 양을 마실 경우 만족도가 달라질 수 있는 데서 나온 개념이 바로 '한 모금 테스트의 오류(sip test fallacy)'입니다.

또한 정확도를 높이기 위해 동일한 상품 두 개와 다른 상품 하나를 섞어 비교하는 삼각 테스트 방법도 활용됩니다. 테스트가 끝난 뒤 참여자에게 선택 이유를 정성적으로 조사하면, 소비자 인사이트를 얻는 데 매우 도움이 됩니다.

블라인드 전략이 콘셉트가 된 제품

이마트의 '노브랜드(No Brand)'는 캐나다의 '노네임(No Name)'을 벤치마킹한 브랜드로, 블라인드 테스트 효과를 상품 자체로 구현한 사례라 할 수 있습니다. 브랜드를 철저히 배제하고 '좋은 품질과 합리적인 가격'이라는 본질만을 전면에 내세운 것이죠.

알 듯 말 듯, 은근히 숨기는 전략으로 성공한 브랜드도 있습니다. 크리스티앙 루부탱(Christian Louboutin)의 하이힐 밑창은 강렬한 빨간색입니다. 정면에서는 브랜드를 알아보기 어렵지만, 그것을 신고 걸어가는 사람의 뒷모습을 보면 한눈에 알아볼 수 있지요. 누구도 중요하게 여기지 않았던 '밑창'에 시그니처를 새겨 넣고, 사람들이 알아볼 때까지 그 디자인을 일관되게 고수한 결과, 크리스티앙 루부탱은 불멸의 아이덴티티를 얻었습니다.

강렬한 빨강색 밑창으로 유명한 크리스티앙 루부탱의 구두.

유명 브랜드가 스스로를 숨기는 역(逆) 블라인드 전략도 존재합니다. 지금은 폐점했지만, 스타벅스는 시애틀에 '15th Avenue Coffee & Tea', 'Roy Street Coffee & Tea'라는 별도의 매장을 열어 마치 동네의 작은 카페처럼 운영했습니다. 이른바 '스텔스 스타벅스(Stealth Starbucks)'입니다. 이곳에서는 커피 브랜드 간판을 내려놓고 맥주와 와인을 판매하며 라이브 공연이나 시 낭송회를 여는 등 '순수한 고객 경험'에 집중하는 실험을 진행했습니다. 유명 브랜드에 대한 소비자의 피로감을 낮추고, 기존 브랜드로는 시도하기 어려운 새로운 경험을 검증하기 위한 전략이었습니다.

신세계 까사(CASA)는 자사 브랜드를 전면에 드러내지 않는 유튜브 채널 '가구 절절'을 운영하고 있습니다. 진행자가 작가·과학자 등 다양한 분야의 전문가를 초대해 가구와 생활 문화를 이야기하는 형식으로, 콘텐츠의 진정성을 우선합니다. 마켓컬리는 식문화를 소개하는 유튜브 채널 '117'이 구독자 10만 명을 넘기기 전까지 자신들의 브랜드를 밝히지 않았습니다. GS25와 CU 같은 편의점 업계 역시 웹 예능 콘텐츠를 제작하지만, 영상 속에서 자사 브랜드를 홍보하지 않습니다.

물론 이러한 '숨은 마케팅'은 결국 알 만한 사람은 다 안다는 점에서 유머러스한 면도 있지만, 동시에 소비자의 호기심을 자극해 브랜드 출처를 스스로 찾아보게 만드는 효과도 있습니다. 노골적으로 홍보하기보다 기업명이나 브랜드를 전면에 드러내지 않고, 유익하고 재미있는 콘텐츠를 통해 친밀감을 자연스럽게 높임으로써 향후 브랜드에 대한 선입견이나 거부감을 최소화하는 데 도움이 되는 방식입니다.

블라인드의 '판타지 효과'를 활용한 기업도 있습니다. 동서식품은 맛을 알 수 없는 한정판 '미스터리 오레오'를 출시하고, 소비자들이 추측한 맛 성분을 웹사이트에 게재하는 프로모션을 열어 인기를 끌었습니다.

마케팅은 좋은 상품과 소비자를 잇는 다리

2007년, 세계적인 바이올리니스트 조슈아 벨Joshua Bell, 1967~이 허름한 복장으로 미국 워싱턴 D.C.의 한 지하철역에서 연주를 펼친 일화는 유명합니다. 수십억 원에 달하는 스트라디바리우스로 연주했지만, 그가 벌어들인 돈은 고작 32달러였습니다. 행인들은 그가 누구인지도, 그 악기의 가치가 얼마인지도 알지 못했습니다. 만약 그의 이름과 악기가 공개되었다면, 그 지하철역은 순식간에 인파로 가득 찼겠지요.

일상에서는 이와 반대의 상황도 자주 벌어집니다. 권위나 명성이 실제 가치를 지나치게 부풀리기도 하고, 반대로 이름이 없다는 이유만으로 진짜 실력자들이 정당한 평가를 받지 못하기도 합니다. 예컨대 〈흑백 요리사〉에 등장한 '급식 대가'라는 별명의 참가자는 탈락 후 "이제 아이들 밥 해주러 학교르 가야죠."라고 말했습니다. 누군가는 그의 실력을 '급식 아줌마'라는 말로 깎아내릴지 모르지만, 정작 우리 아이들을 키우고 행복하게 해주는 맛은 이런 분들의 손에서 나옵니다. 우리 사회는 화려한 경력의 전문가보다 이처럼 '이름 없는 고수'들 덕분에 유지되고 있는지도 모릅니다.

2007년 워싱턴 D.C. 지하철역에서 출근길 시민들 앞에서 조슈아 벨이 '거리의 악사'로 변장해 연주하는 모습.

유명하고 비싸다고 해서 반드시 좋은 상품은 아닙니다. 실제로 2024년, 이탈리아 밀라노 검찰은 루이비통모에헤네시(LVMH)의 공급망을 조사하는 과정에서 충격적인 사실을 밝혀냈습니다. 디올백을 생산하는 하청업체에서 노동 착취가 이루어졌고, 회사는 이렇게 절감한 비용으로 만든 가방을 약 8만 원에 납품받아 387만 원에 판매하고 있었습니다.

마케팅은 결코 옳지 않은 상품을 화려하기 포장해 비싸게 파는 기술이 아닙니다. 마케팅의 본질은 정당한 가치를 지닌 좋은 상품을 세상에 제대로 알리고, 소비자와 올바르게 연결하는 일입니다.

내가 그의 이름을 불러주었을 때

브랜딩

오른쪽 그림은 '빛의 화가'로 불리는 렘브란트 하르먼스 판 레인Rembrandt Harmenszoon van Rijn, 1606~1669의 〈야간 순찰대〉 혹은 〈야경〉으로 불리는 작품입니다. 두 제목 모두 이 작품의 시간적 배경이 '밤'이라고 말하고 있습니다. 하지만 정말 밤을 그린 그림일까요? 놀랍게도 작품의 시간적 배경은 '낮'입니다.

화면 오른쪽 아래 강아지조차 제대로 보이지 않을 만큼 어두운데, 어떻게 낮을 그린 그림일까요? 비밀은 세월이 만든 화학적 변화에 있습니다. 당시 렘브란트가 사용한 물감에는 '납'과 '황'이 다량 포함되어 있었는데, 이 성분들이 시간이 흐르며 공기와 반응해 점점 검게 변한 것이죠. 여기에 그림을 보호하기 위해 바른 바니시(varnish)가 수백 년

렘브란트 하르먼스 판 레인, 〈야간 순찰대〉, 1642년, 캔버스에 유채, 363×437cm, 암스테르담국립미술관

동안 어둡게 변색되면서, 화면 전체가 밤처럼 보이게 된 것입니다. 후대 사람들이 이 작품을 발견했을 때 자연스럽게 〈야경〉이라는 제목을 붙인 것도 이 때문입니다.

현재 암스테르담국립미술관(Rijksmuseum)은 이 작품의 본래 색과 빛을 되찾기 위한 복원 프로젝트를 진행 중입니다. 지금은 바니시 제거 단계가 한창이며, 관람객은 유리 너머에서 복원 과정을 실시간으로 지켜볼 수 있습니다.

오류를 알고도 고치지 않는 이유

작품의 시간적 배경이 낮으로 밝혀진 것은 지금으로부터 한참 전인 1940년경의 일입니다. 이와 함께 고증을 통해 원래의 작품명도 확인되었습니다. 기록에 따르면, 작품이 완성된 1642년 무렵의 제목은 〈암스테르담 시민 방위대 대장 프란스 반닝 코크와 부대원들의 초상화〉였습니다. 물론 이 제목을 렘브란트가 직접 붙인 것은 아닐 것입니다. 당시만 해도 작품명은 대개 의뢰인이나 후대의 기록자가 붙이는 것이 일반적이었기 때문입니다.

그런데 말입니다. 작품 제목에 이처럼 명백한 오류가 밝혀졌음에도, 왜 원래 제목으로 바로잡지 않았을까요? 최소한 오류를 인정해 〈주간 순찰대〉처럼 의미가 정확한 이름으로 바꾸는 것이 더 합당해 보이는데 말이죠. 그러나 개명이라는 게 생각처럼 단순하지 않습니다. 한 번 굳어진 이름은 바꾸기 어렵고, 설령 바꾸더라도 사람들이 수십 년, 아니 수백 년 동안 불러온 이름을 하루아침에 다른 이름으로 부르기도 쉽지 않습니다. 이름은 단순한 명칭이 아니라 그 대상의 역사와 정체성, 그리고 부르는 사람과 불리는 존재 사이의 관계까지 품고 있기 때문입니다.

'다빈치Leonardo da Vinci, 1452~1519'라는 이름은 어떨까요? 우리는 아무런 의문 없이 그를 '다빈치'라 부르지만, 사실 그의 이름은 '레오나르도'입니다. 여기서 'da'는 영어의 'from'처럼 출신지를 나타내는 말이고, 'Vinci'는 그가 태어난 마을 이름입니다. 중세 이탈리아에서는 귀족이 아닌 경우 가문 이름 대신 출신지나 직업 등을 덧붙이는 관습이 있었고, 그 역시 이런 관습에 따라 '빈치 출신의 레오나르도'라는 뜻의 이름을 갖게 된 것입니다. 즉 그의 진짜 이름은 '레오나르도'이고, '다빈치'는 단지 출신지를 나타낼 뿐입니다. 그럼에도 오늘날 우리는 그를 '다빈치'로 기억합니다. 왜일까요? 아마도 흔한 이름인 레오나르도보다 다빈치가 훨씬 더 특별하고 기억에 남기 때문일 것입니다.

역동적인 구도와 강렬한 명암 대비, 폭발적인 붓 터치로 유명한 틴토레토Tintoretto, 1518~1594는 이름보다 별명이 더 익숙한 화가입니다. 그의 본명은 야코포 로부스티Jacopo Robusti이고, 틴토레토는 '염색공의 아들'이라는 뜻의 별명입니다. 틴토레토의 극적인 명암 처리 전통을 계승한 카라바조Caravaggio, 1571~1610도 다빈치와 비슷한 사례입니다. 그의 이름은 '미켈란젤로 메리시 다 카라바조Michelangelo Merisi da Caravaggio'로, '카라바조'는 출신 지역을 뜻합니다. 그러니 그를 '미켈란젤로'라고 부르는 것이 더 정확하겠지만, 사람들은 '르네상스의 거장' 미켈란젤로 부오나로티Michelangelo Buonarroti,

1475~1564와 구분하기 위해 그를 카라바조라 불렀습니다.

브랜딩의 첫 인식은 '이름'에서부터 시작된다

사람에게 '이름'이 있듯, 기업에는 '브랜드명(Brand Name)'이 있습니다. 기업은 이름을 짓기 전에 간결성, 독창성, 확장성, 의미성 등 네이밍의 조건을 세심하게 살펴보고, 상표권 조사와 법적 검토를 거쳐 브랜드명을 결정합니다.

마케팅을 한마디로 정의하자면 '인식의 싸움'입니다. 상품 자체의 경쟁이 아니라, 그 브랜드가 소비자의 머릿속과 마음속에 얼마나 선명하게 자리 잡느냐의 싸움인 것이죠. 물론 제품의 품질은 기본 전제입니다. 품질은 좋지 않은데 이미지만으로 성공하기는 어렵습니다. 그렇다고 품질만 뛰어나다고 해서 시장에서 저절로 성공하는 것도 아닙니다. 기업이 해야 할 일은 좋은 품질에 걸맞는, 좋은 이미지를 만들어 주는 것입니다. 여기서 좋은 이미지, 즉 소비자에게 긍정적 인식을 심는 활동이 바로 브랜딩입니다. 그리고 브랜딩의 첫 단추는 이름 짓기, 즉 '네이밍(naming)'입니다.

〈야간 순찰대〉라는 이름도 그렇게 붙여진 것입니다. 이름이 부여되면, 다음 단계는 그 이름의 의미를 사람들의 머릿속에 자리 잡게 하는 일입니다. 작품을 오래 접한 관람객은 읽고 듣고 본 여러 정보를 바탕으로, 〈야간 순찰대〉라는 제목과 작품의 이미지·이야기를 자연스럽게 동일시하게 됩니다.

이처럼 대중의 머릿속에 특정 인식이 형성되는 현상을 심리학에서는 '인셉션(inception)' 혹은 '퍼셉션(perception)'이라고 부릅니다. 인셉션은 순수하게 '내 생각'만으로 만들어진 것이 아닙니다. 책·영화·잡지·유튜브 등 우리가 어디선가 접한 정보가 무의식적으로 영향을 주어, 결국 우리 안에서 하나의 인식으로 자리 잡게 된 것이죠.

2022년, 혜성처럼 등장한 ChatGPT는 전 세계를 놀라게 했습니다. 인간과 거의 구분되지 않을 만큼 자연스러운 대화를 주고받았기 때문입니다. ChatGPT와 한참 이야기를 나누다 보면, 마치 ChatGPT가 '생각'이나 '인격' 같은 것을 갖춘 존재처럼 느껴지기도 합니다. 그러나 ChatGPT와 같은 생성형 AI의 답변은 '트랜스포머 모델(Transformer model)'을 기반으로, 웹사이트·소셜미디어·데이터베이스 등에 존재하는 방대한 텍스트·이미지·비디오 데이터를 사전 학습해 산출된 결과물일 뿐입니다.

그렇다면 인간인 우리는 정말 스스로 생각하는 걸까요? 필자는 생성형 AI에 관한 전작을 집필하면서, AI의 사전학습 모델처럼 인간의 '생각'과 '말' 또한 어릴 적부터 읽고, 보고, 듣고, 경험했던 수많은 콘텐츠로부터 형성된 것일지도 모른다고 생각하게 되었습니다.

영화 〈인셉션〉(2010년)을 보면, 특수 요원들이 타인의 머릿속에 들어가 생각을 훔칠 뿐 아니라 자신들이 원하는 생각을 '심는' 임무를 수행합니다. 윤리적 문제를 잠시 제쳐둔다면, 마케팅에서 이보다 더 강력한 브랜딩 기법도 없을 것입니다.

1957년, 제임스 비커리James McDonald Vicary, 1915~1977는 이를 실제로 시도합니다. 그는 영화 상영 도중 "콜라를 마셔라", "팝콘을 먹어라"라는 문구를 1/3000초 동안 삽입해 관객이 무의식적으로 메시지를 받아들이도록 설계했습니다. 그리고 영화가 끝난 뒤 콜라와 팝콘 판매량이 각각 18%, 57% 증가했다고 발표했죠. 이러한 광고 방식을 '서브리미널 광고(subliminal advertising)'라고 합니다. 그러나 이후 비커리가 실험 데이터를 조작했다는 사실을 시인하면서 광고 효과가 과학적으로 입증되지 못했습니다. 여기에 인간의 무의식을 통제하려는 시도에 대한 윤리성 문제도 제기되며, 서브리미널 광고는 대부분의 국가에서 금지되었습니다.

상품의 네이밍 이후 단계는 '개념화(concept)'입니다. 개념화란 특정 상품 카테고리를 떠올릴 때, 소비자의 머릿속에 가장 먼저 떠오르는 브랜드로 자리 잡게 만드는 과정입니다. 그래서 이를 '고착 개념화'라고 부르기도 합니다. 개념화에 성공한 브랜드에는 어떤 것이 있을까요? 전기차를 떠올리면 대부분 '테슬라(Tesla)'를 먼저 생각할 것입니다. 이를 '최초 상기도(top of mind)'라고 합니다. 어떤 브랜드가 소비자의 최초 상기도에 오른다는 것은, 그 브랜드가 해당 시장에서 개념화에 매우 성공했다는 의미입니다.

만약 기업의 특정 브랜드가 소비자의 마음속에 고착 개념화로 자리 잡았다면, 일종의 '자물쇠 효과(lock-in effect : 한 번 특정 제품이나 서비스에 친숙해지면 전환 비용과 전환에 뒤따르는 불편 때문에 다른 대안이 있어도 쉽게 바꾸지 못하게 되는 현상)'가 생겨 고객 충성도 역시 자연스럽게 높아집니다. 앞서 〈야간 순찰대〉라는 작품명을 이제 와서 굳이 고치지 않는 이유도, 이 이름이 이미 수백 년 동안 사람들의 머릿속에 확고히 자리 잡았기 때문입니다.

제목, 작품 해석의 방향을 제시하는 나침반

언제부터 화가들은 자신의 그림에 제목을 붙이기 시작했을까요? 오늘날 우리는 작품 제목을 하나의 '브랜드'처럼 받아들이지만, 사실 그림에 제목을 붙이는 관행은 미술의 긴 역사에서 비교적 최근에 등장했습니다. 〈모나리자〉라는 제목도 다빈치가 직접 붙인 것이 아닙니다. 원래는 '여인의 초상' 정도로 불리던 작품으로, '리사 부인'이라는 이름이 생긴 것은 화가이자 미술사가 조르조 바사리Giorgio Vasari, 1511~1574가 《미술가 열전》에서 이를 "프란체스코 델 조콘도의 아내(Mona) 리사(Lisa)"의 초상이라고 기록한 데서 비롯되었습니다.

18세기 후반에 이르러 비로소 '제목도 작품의 일부'라는 인식이 자리 잡습니다. 윌리엄 터너Joseph Mallord William Turner, 1775~1851는 〈눈보라 : 얕은 바다에서 신호를 보내며 유도등에 따라 항구를 떠나가는 증기선. 나는 '에어리얼 호'가 하리치 항을 떠나던 밤의 폭풍우 속에 있었다〉처럼 문학적이고 서사적인 제목을 붙이며 새로운 이름짓기 문법을 선보였습니다. 또한 1667년 시작된 프랑스 살롱전은 출품작에 제목 표기를 의무화하며, 화가가 직접 제목을 정하는 문화를 정착시키는 데 중요한 역할을 했습니다. 〈인상, 해돋이〉, 〈풀밭 위의 점심〉 같은 제목이 화가가 직접 붙인 대표적인 사례입니다. 다만 이 시기의 제목들 역시 대체

제임스 애벗 맥닐 휘슬러, 〈회색과 검은색의 배열 1번 : 화가의 어머니〉, 1872년경, 캔버스에 유채, 144×163cm, 파리 오르세미술관

로 작품을 눈에 보이는 대로 묘사하는 수준에 머물렀습니다.

작품명으로 화가의 창작 의도를 드러내는 현대적 의미의 이름짓기 방식을 확립한 인물은 제임스 애벗 맥닐 휘슬러James Abbott McNeill Whistler, 1834~1903입니다. 그는 작품이 서사나 감정으로 해석되기보다 색채와 구도의 실험으로 읽히길 바랐습니다. 그래서 〈검은색과 금색의 야상곡〉, 〈흰색의 교향곡 1번〉, 〈분홍·빨강·보라의 배열〉처럼 음악적이면서도 추상적인 제목을 사용했습니다.

위 작품은 휘슬러가 자신의 어머니를 모델로 그린 그림으로, 정식 명칭은 〈회색과 검은색의 배열 1번(Arrangement in Grey and Black, No.1)〉입니다. 그는 이 작품 역시 초상화라기보다 색과 형태의 조화를 탐구한 결과물로 보이길 원했습니다. 그러나 대중의 해석은 전혀 달랐습니다. 사람들은 고요히 앉은 노부인의 모습에서 품위·모성·애도 같은 정서를 읽어냈고, 결국 이 그림은 원래 제목보다 〈휘슬러의 어머니〉, 〈화가의 어머니〉라는 별칭으로 훨씬 널리 알려지게 되었습니다.

이보다 먼저 휘슬러는 228쪽 작품에 〈흰색의 교향곡 1번(Symphony in White, No. 1)〉이라는 제목을 붙였습니다. 작품이 공개되자 사람들은 화면 속 여성의 표정과 자세에서 '서사'를 읽어내려 했습니다. 당시 큰 인기를 끌던 윌키 콜린스William Wilkie Collins, 1824~1889의 공포소설 《흰옷을 입은 여인》(1860년)이 자연스럽게 오버랩되면서, 이 그림은 곧 〈흰옷을 입은 소녀〉라는 별칭으로 불리기 시작했습니다. 하지만 휘슬러는 "이 그림은 어떤 이야기도 말하지 않는다"고 단언하며, 자신의 작품을 서사적으로 해석하려는 시도를 강하게 거부했습니다. 그에게 중요한 것은 흰색이라는 단일한 색채가 지닌 미묘한 변화와 조화였습니다.

어찌 보면 휘슬러가 붙인 제목은 '공급자 관점', 대중이 부른 별칭은 '소비자 관점'이라 할 수 있습니다. 100년이 훌쩍 지난 지금 우리가 이 작품을 별칭으로 기억한다는 사실을 떠올리면, 후자의 영향력이 더 강해 보이기도 합니다. 그렇다고 해서 휘슬러의 시도를 실패로 볼 수는 없습니다. 오히려 그는 작품명에 자신의 미학적 의도를 분명히 담아냄으로써, 관람객이 제목을 곱씹으며 작품을 새롭게 바라보도록 했으니까요.

개명으로 성공한 사례도 있습니다. 2010년대 중반 대한민국에 '칭찬 열풍'을 일으킨 《칭찬은 고래도 춤추게 한다》(2014년)의 원제는 《Whale

Done》(2003년)입니다. 한 출판사가 이 책을 처음에 《칭찬의 힘》이라는 제목으로 출간했지만 큰 호응을 얻지 못했습니다. 이후 제목을 《칭찬은 고래도 춤추게 한다》로 바꿔 재출간해 베스트셀러가 되었습니다. 출간 당시의 사회·문화적 트렌드도 영향을 미쳤겠지만, 제목 하나가 작품의 성패를 좌우할 수 있다는 점을 보여주는 대표적 사례입니다.

비슷한 경우로, 김진명 작가의 소설 《무궁화꽃이 피었습니다》(1993년)도 초판 제목이 《플루토늄의 해방》이었지만 제목을 바꾼 뒤 대중적 성공을 거두었습니다. 무라카미 하루키의 《상실의 시대》(1989년) 역시 원제인 《노르웨이의 숲》(1987년)과는 다른 한국판 제목이 더 큰 사랑을 받았습니다.

제임스 애벗 맥닐 휘슬러,
〈흰색의 교향곡 1번 : 흰옷을 입은 소녀〉,
1863년경, 캔버스에 유채, 213×107cm,
워싱턴D.C.국립미술관

산타의 썰매를 끄는 순록 가운데 왜 루돌프만 기억할까?

⋮

크리스마스 시즌이 다가오면 우리의 최초 상기도에 가장 먼저 떠오르는 존재 가운데 하나가 바로 루돌프 사슴입니다. 그런데 정작 잘 알려지지 않은 사실이 두 가지 있습니다. 첫째, 루돌프는 사슴이 아니라 순록입니다. 둘째, 산타의 썰매를 끄는 순록은 루돌프 외에도 여덟 마리가 더 있습니다. 처음부터 썰매를 끌었던 여덟 마리 순록의 이름은 대셔, 댄서, 프랜서, 빅슨, 코멧, 큐피드, 도너, 블리첸입니다. 이 여덟 마리는 1822년 클레멘트 클라크 무어Clement Clarke Moore, 1779~1863의 시 〈성 니콜라스의 방문〉에 처음 등장했습니다.

루돌프는 훨씬 뒤인 1939년, 미국 몽고메리 워드 백화점의 한 마케터가 만든 새로운 캐릭터였습니다. 빨간 코 때문에 놀림을 받지만, 그 '콤플렉스' 덕분에 눈보라 속 길잡이가 되어 산타 썰매의 선두에 서게 된다는 이야기가 더해지며 순식간에 사랑받는 아이콘이 되었지요. 결국 우리가 원조 여덟 마리가 아닌 한참 뒤에 합류한 루돌프만 또렷하게 기억하는 이유는 '브랜드 콘셉트'의 힘입니다. 루돌프의 빨간 코는 독보적이고 기억하기 쉬운 차별점이었고, 그 메시지가 명확하게 전달되었기 때문입니다. 이제 루돌프가 사슴인지 순록인지는 중요하지 않습니다. 그는 산타를 돕는 '최고의

'루돌프 = 빨간 코'처럼 간명한 콘셉트를 반복적으로 노출해 대중의 기억에 각인시키는 과정을 '브랜드 체험'이라고 한다.

길잡이', 그리고 약점이 강점으로 바뀐 '전화위복'의 상징으로 자리 잡았습니다.

루돌프는 이후 산타와 함께 크리스마스 카드의 대표 모델로 자리잡으며 거의 100년에 가까운 시간 동안 우리의 머릿속에 강하게 인셉션되어 왔습니다. '루돌프 = 빨간 코'라는 간명한 콘셉트가 대중에게 각인되었고, 이를 가능하게 한 지속적인 노출과 경험이 곧 '브랜드 체험(brand experience)'입니다. 브랜드 체험이란 소비자가 어떤 브랜드를 접하고, 구매하고, 기억하고, 감정적으로 반응하는 전 과정을 의미합니다.

〈야간 순찰대〉 역시 마찬가지입니다. 미술관은 작품을 원형에 가깝게 보존하고 전시해야 하고, 평론가와 해설자는 관람객이 작품과 긍정적인 관계를 맺도록 지속적으로 이야기를 제공해야 합니다. 이러한 과정이 반복될 때, 사람들은 수백 년이 지나도 〈야간 순찰대〉를 위대한 걸작으로 기억하게 됩니다. 이런 일련의 과정이 브랜드 체험입니다.

그는 나에게로 와서 꽃이 되었다

⋮

세상에서 가장 비싼 미술 작품은 무엇일까요? 다빈치의 〈살바토르 문디〉, 일명 '남성 모나리자'로 불리는 그림입니다. 'Salvator Mundi'는 라틴어로 '구세주', 즉 예수를 뜻합니다. 그림은 왼손에 크리스털 구슬을 들고 오른손으로 축복을 내리는 예수의 모습을 담고 있습니다. 1500년 무렵 프랑스 국왕 루이 12세Louis XII, 1462~1515의 의뢰로 제작된 것으로 추정됩니다. 이후 프랑스 공주가 영국 국왕 찰스 1세harles I, 1600~1649와 결혼할 때 함께 영국으로 넘어갔고, 그 뒤 약 200년 동안 자취를 감췄습니다. 그러다 1958년 영국 수집가가 경매에 내놓으며 다시 세상에 모습을 드러냈습니다. 당시에는 훼손이 심했고 진품으로도 인정받지 못해 고작 63달러(약 7만 원)에 낙찰되었지요. 이후 무려 6년에 걸친 복원 작업을 거친 뒤 전문가들의 재감정을 통해 2011년에 다빈치의 작품으로 공식 인정받게 되었습니다.

레오나르도 다빈치, 〈살바토르 문디〉, 1500년경, 호두나무에 유채, 65×45cm, 아부다비 루브르박물관

〈살바토르 문디〉는 2017년 뉴욕 크리스티 경매에서 무려 4억 5031만 달러(약 6660억 원)에 낙찰되며 경매 사상 최고가 기록을 세웠습니다. 물론 이는 '경매 시장에 나온 작품' 가운데 최고가이며, 실제로 거래가 불가능한 작품들 가운데에는 이보다 더 높은 가치를 지닌 작품이 존재할 가능성도 있습니다.

미술품의 가치가 인지도와 경매가로 평가되듯, 마케팅에서는 '브랜드 자산'과 '브랜드 파워'를 수치화해 분석합니다.

아예 기업의 '평판'을 측정해 순위를 매기기도 합니다. 인터브랜드, 브랜드파이낸스와 같은 브랜드 평가 기관들은 매년 글로벌 기업의 브랜드 가치를 금액으로 산정해 100위까지 순위를 발표합니다. 2024년 인터브랜드 조사에서 애플, 마이크로소프트, 아마존, 구글, 삼성이 1~5위를 차지했습니다. 애플은 12년 연속 1위를 지킨 브랜드로, 미술계의 〈모나리자〉나 〈살바토르 문디〉 같은 존재라 할 수 있습니다.

브랜드 가치는 보통 인지도, 재무 성과, 혁신성, 구매 의사 결정에 미치는 영향력 등 다양한 항목을 분석해 산출됩니다. 이 중 '브랜드 인지도'는 소비자가 브랜드 이름을 얼마나 알고 있는지를 보는 핵심 지표입니다. 측정 방식에 따라 보조 인지도(브랜드를 보여주고 인지 여부 확인)와 비보조 인지도(카테고리만 말하고 떠오르는 브랜드를 묻는 방식)로 나뉩니다. 기업들은 설문조사, 구글과 네이버 등 포털서비스의 검색량 분석, 다양한 소셜미디어의 '좋아요(Like)' 횟수나 언급 빈도 등으로 브랜드 인지도를 측정합니다.

하지만 브랜드 가치 순위가 높다고 반드시 시장에서 잘 팔리는 것은 아닙니다. 수능 점수가 높다고 해서 인성이 훌륭하다고 말할 수 없는 것처럼, 순위는 '외면적 지표'일 뿐입니다. 결국 중요한 것은 소비자의 마음을 얻는 일입니다. 이를 위해서는 시장의 수많은 동종 상품 중 자사 상품을 차별화하여 알리고 그것에 새로운 가치를 부여하는 것이 필요합니다. 그것이 바로 '브랜드 콘셉트'입니다.

예를 들어 '에이스 침대'를 떠올리면 누구나 기억하는 문장이 있습니다. "침대는 가구가 아닙니다, 과학입니다." 침대를 과학의 영역으로 끌어올리며 강력한 브랜드 콘셉트를 구축한 사례입니다.

매일유업은 경쟁사가 독점하던 바나나 우유 시장에 '바나나는 원래 하얗다'라는 새로운 브랜드를 선보여, 6개월 만에 2000만 개 이상 판매되는 돌풍을 일으켰습니다. 소비자들이 당연하게 받아들였던 노란색 바나나 우유가 사실은 색소를 첨가한 결과임을 짚어내고, '무색소 · 저가당 · 저지방의 흰색 바나나 우유'를 브랜드 콘셉트로 만든 것입니다. 노란 바나나 껍질을 벗기면 드러나는 '흰색의 본질'을 소비자에게 인식시킨 셈이죠.

이처럼 브랜드를 평가할 때는 외부의 순위보다 콘셉트라는 내면의 가치에 더 의미를 두는 것이 좋습니다. 미술 작품도 마찬가지입니다. 모두가 좋아하는 명작만 좇기보다, 나만을 위한 '내면의 그림'을 만나는 경험이 더 소중할 때가 많습니다.

김춘수 시인은 〈꽃〉에서 "내가 그의 이름을 불러주었을 때 그는 나에게로 와서 꽃이 되었다"고 했습니다. 이름을 부르는 순간, 존재는 비로소 의미를 얻습니다. 브랜드도 마찬가지입니다. 어떤 이름을 붙이고, 어떤 의미를 심어주느냐에 따라 상품은 평범한 사물이 되기도, 잊히지 않는 '꽃'이 되기도 합니다.

국립중앙박물관이 '시간'을 전시하는 법

시장조사 방법론

서울 도심 한가운데, 시간의 법칙이 살짝 비껴간 듯한 곳이 있습니다. 바로 '국립중앙박물관'입니다. 오래된 유물 앞에 서면 수백 년의 세월이 눈 깜짝할 사이에 흘러가고, 찰나가 영원으로 각인되는 듯한 마법 같은 순간이 펼쳐집니다.

국립중앙박물관은 2024년 기준 연간 방문객 수 세계 5위를 기록했습니다. 루브르박물관이나 대영박물관처럼 타국의 문화재를 약탈해

국립중앙박물관 외규장각 의궤실의 '책의로(冊衣路)'. '책의(冊衣)'는 직물로 만든 표지로, 책이 입는 옷을 뜻한다. 외규장각 의궤가 프랑스에 있는 동안 표지가 손상되어 1970년대에 대부분 현대 직물로 교체되었으며, 당시 떼어낸 원래 표지들은 그대로 보관되었다. 2011년 의궤와 함께 돌아온 이 표지들은, 지금은 〈외규장각 의궤실〉의 길로 다시 태어나 관람객을 맞이하고 있다. ⓒ 국립중앙박물관

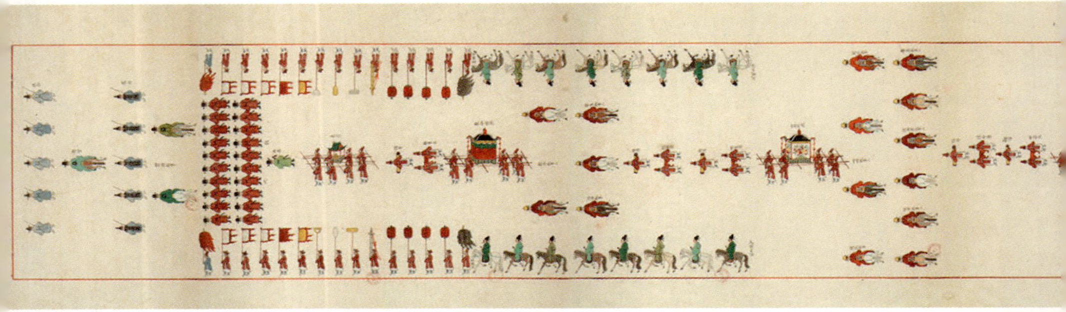

전시하는 것이 아니라, 우리 고유의 유산만으로도 이처럼 많은 이들의 발길을 끈다는 사실이 더욱 특별하게 다가옵니다.

박물관을 하루에 모두 둘러보겠다는 의욕은 접는 것이 좋습니다. 국립중앙박물관은 연면적이 약 13만 7569m^2에 달합니다. '국립중앙박물관 완전 정복' 같은 무리한 계획보다는, 틈틈이 방문해 보고 싶은 유물이나 전시실을 정해 천천히 오래 감상하기를 권합니다. 그것이야말로 자국 박물관에서 누릴 수 있는 가장 큰 특권이니까요.

박물관 곳곳이 모두 훌륭하지만, 저에게 가장 특별한 공간은 〈외규장각 의궤〉, 〈달항아리〉, 〈반가사유상〉이 전시된 곳입니다. 심신이 지칠 때, 생각을 정리하고 싶을 때 혹은 새로운 아이디어가 필요할 때 이만한 장소가 없습니다.

'조선시대 기록문화의 꽃' 의궤와 데이터

외규장각은 정조正祖, 1752~1800가 1782년, 왕실 관련 서적을 보관하기 위

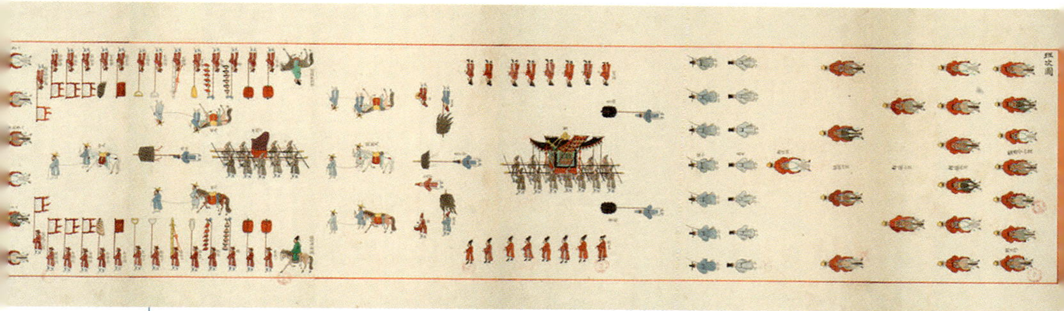

1784년(정조 8년) 정조의 맏아들 순을 왕세자로 책봉하는 과정을 기록한 《문효세자책례도감의궤》에 수록된 반차도(궁중의 각종 행사 장면을 그린 그림). © 국립중앙박물관

해 강화도 행궁에 설치한 일종의 도서관입니다. '의궤(儀軌)'는 '의식(儀式)의 궤범(軌範)'이라는 뜻으로, 국가와 왕실의 주요 의식과 행사를 상세히 기록한 일종의 보고서를 가리킵니다. 필요에 따라 그림을 곁들여 이해를 돕기도 했습니다.

의궤는 후대에 유사한 행사를 치를 때 참고 자료로 활용하기 위해 제작되었습니다. 유교 문화권에서 기록은 후대의 역사적 평가를 가능케 하는 자료이자, 국왕의 전횡을 견제하는 장치이기도 했습니다. 《조선왕조실록》이 대표적인 사례입니다. 의궤 또한 정치의 투명성을 담보하려는 조선의 지향을 잘 보여줍니다. 따라서 의궤는 조선의 통치 철학과 운영 체계를 입체적으로 드러내는, 역사적 가치가 매우 높은 기록유산이라 할 수 있습니다.

조선은 건국 직후부터 의궤를 제작했으나, 안타깝게도 조선 전기의 의궤는 임진왜란을 거치며 모두 소실되었습니다. 현재는 17세기 이후 제작된 것만 전해집니다. 현존하는 가장 오래된 의궤는 1601년(선조 34년), 의인왕후 박씨의 빈전과 산릉(국장을 하기 전에 아직 이름을 정하지 않은 능)에 관련된 기록입니다.

현재 의궤는 규장각한국학연구원(서울대학교), 한국학중앙연구원 장서각, 국립중앙박물관, 국립고궁박물관 등에 분산해 보관하고 있습니다. 1866년 병인양요 때 프랑스군은 외규장각에 보관된 의궤 일부를 약탈해 갔습니다. 이후 2011년 체결된 한국과 프랑스 간 합의문에 따라 소유권은 프랑스에 두되 '영구 임대' 형식으로 반환되었습니다. 현재 국립중앙박물관이 소장하고 있는 의궤는 바로 그때 돌아온 것들입니다.

국립중앙박물관은 외규장각을 현대적 감각으로 재현했습니다(235쪽 사진). 2층 서화관에 마련된 '외규장각 의궤실'에서 일부 의궤 실물을 감상할 수 있을 뿐 아니라, 디지털화된 의궤를 한 장씩 넘겨보며 '시간의 문'을 여는 특별한 경험을 할 수 있습니다. 오래된 기록을 찬찬히 들여다보고 있으면, 사라진 줄 알았던 시간이 다시 우리에게 말을 거는 듯한 느낌을 받게 됩니다.

의궤와 같은 책은 곧 데이터입니다. 오늘날 데이터는 문자, 이미지, 음성, 영상 등 형태가 다양해졌습니다. 데이터는 시장조사의 뿌리이기도 합니다. 의궤가 데이터라면 외규장각은 이를 보관하는 컴퓨터이고,

《문효세자책례도감의궤》의 반차도 가운데 '교명요여(왕비 · 왕세자 등을 책봉할 때 내리는 문서인 교명을 실은 가마)' 부분도.
ⓒ 국립중앙박물관

규모를 확장하면 데이터베이스나 데이터센터라 할 수 있습니다.

데이터는 출처에 따라 1차와 2차로 나뉩니다. 1차 데이터는 조사자가 직접 수집한 원자료로, 설문 응답, 인터뷰 내용, 관찰 기록, 실험 결과 등이 해당합니다. 조사 목적과의 적합성은 높지만, 수집에 시간과 비용이 많이 듭니다. 반면 2차 데이터는 이미 수집된 자료를 의미하며, 통계청 · 한국은행 · 공공데이터포털 · 구글 트렌드 · 언론 · 논문 등에서 수집한 자료가 이에 해당합니다. 데이터 수집에 드는 시간과 비용을 절약할 수 있지만 조사 목적의 적합도가 낮은 편입니다.

데이터는 형태에 따라 정형, 비정형, 반정형으로 구분됩니다. 정형 데이터는 사전에 정의된 형식과 구조로 만들어진 데이터로 시스템화가 용이합니다. 기업에서 관리하는 고객정보 데이터, 주문 및 거래 데이터, 매출과 영업이익 같은 재무 데이터 등이 이에 해당합니다. 대표적인 정형 데이터 형태로는 관계형 데이터베이스(RDB), 스프레드시트, CSV가 있습니다. 비정형 데이터는 말 그대로 정형화된 구조가 없어 별도의 가공이 필요한 데이터입니다. 소셜미디어의 글과 이미지, 쇼핑몰 리뷰, 콜센터 녹취록, 유튜브 영상 데이터 등이 있습니다. 반정형 데이터는 겉보기에 자유로운 형태지만 일정한 규칙을 포함하고 있어 컴퓨터가 읽고 분석할 수 있습니다. 웹 로그와 이메일이 대표적이며, XML과 JSON 형식으로 표현됩니다.

그밖에 데이터는 측정 방식에 따라 명목형, 서열형, 등간형, 비율형 데이터로 구분할 수 있습니다. 또 시간의 흐름에 따라 시계열, 횡단면, 패널 데이터로 구분할 수 있습니다.

일반적으로 시장조사에서 얻은 데이터는 다음 조건을 충족해야 합니다. 실제 값을 얼마나 잘 반영하는지(정확성), 오류 없이 구성되었는지(무결성), 모순 없이 일관성을 갖추었는지(정합성), 현 시류를 제대로 반영하는지(시의성), 누락된 정보가 없는지(완전성), 그리고 반복 측정 시 일관성을 유지하는지(신뢰성)입니다.

■ **측정 방식과 시간 흐름에 따른 데이터 유형**

기준	데이터 유형	설명	예시
측정 방식	명목형	단순한 분류 데이터	성별, 혈액형, 브랜드
	서열형	순서는 있으나 간격이 없는 데이터	고객 만족도, 선호도
	등간형	순서와 일정한 간격이 있는 데이터	온도, 수능 점수, 연도, 시간
	비율형	등간형의 특성 + 절대값 0 존재 (사칙연산이 가능한 데이터)	키, 몸무게, 가격, 방문자 수
시간 순서	시계열	시간의 흐름에 따라 측정한 데이터	매출 추이 분석, 실업률 추이 분석
	횡단면	특정 시점에 수집한 데이터	연도 · 분기별 만족도와 매출액, 연도별 GDP
	패널	동일한 표본(동일 대상)을 여러 시점에서 반복 조사한 데이터	동일 10개 기업의 3년간 매출액 변화, 서울의 연도별 아파트 가격 변화

티 하나도 흠이 되는 순수, 데이터의 무결성

⋮

제가 추천하는 두 번째 공간은 상설전시관 3층의 〈달항아리〉 전시실입니다. 일반적으로 백자보다 고려청자의 명성이 더 널리 알려져 있지만,

작자 미상, 〈백자 달항아리〉, 조선 18세기 전반, 높이 41cm, 입지름 20cm, 보물, 서울 국립중앙박물관

사실 조선 백자는 당시 도자기 분야의 세계 1위였던 명나라와 어깨를 나란히 할 만큼 뛰어난 기술과 예술성의 산물이었습니다. 특히 단단한 경질 백자는 고려청자보다도 높은 섭씨 1300도의 초고온에서 구워야 했기에 매우 높은 기술력이 필요했습니다. 〈달항아리〉는 바로 이러한 경질 백자의 한 종류입니다.

〈달항아리〉는 높이 40센티미터가 넘는 백자 항아리로, 하얗고 둥근 보름달을 닮아 붙여진 이름입니다. 20세기 들어 학계에서는 '큰 백자 항아리'라는 뜻의 〈백자대호(白磁大壺)〉라 불렀고, 영미권에서는 'Moon Jar'라는 이름으로 알려졌습니다.

제작 방식 또한 독특합니다. 커다란 대접 모양으로 위쪽과 아래쪽을 따로 빚은 뒤 이어 붙이는 상하접합 방식을 사용합니다. '단지 우유'로 불리는 빙그레 바나나맛 우유의 독특한 용기도 같은 원리로 제작됩니다. 아무리 좌우대칭을 맞추어 성형해도 굽는 과정에서 흙의 무게 때문에 자연스럽게 형태가 변형되며, 이에 따라 살짝 이지러진 비정형의 〈달항아리〉가 탄생합니다. 오히려 이러한 불완전함이 자연스러움과 편안함을 더합니다.

〈달항아리〉 같은 대형 백자를 빚기 위해서는 특정 성분과 성질을 가진 백토가 필요합니다. 일반 백토보다 훨씬 곱고 균질하며 안정적인 점성을 가져야 하고, 특히 상하접합을 위해서는 백토의 수분 함량을 정교하게 조절해야 합니다. 너무 습하면 접합부가 벌어지고, 지나치게 건조하면 갈라지기 때문입니다. 또한 일반 백자를 만들 때보다 훨씬 세심한 수비 과정(흙을 물에 풀어 불순물을 가라앉히고, 체로 걸러 고운 흙만 남기는 과정)을 거쳐야 맑고 은은한 순백색을 얻을 수 있습니다.

〈달항아리〉 제작을 위한 백토 준비 과정은, 마케팅 조사에서 데이터를 정제하고 분석하는 과정과도 닮아있습니다. 정교함과 세밀함이 없으면 조사의 완성도가 떨어지기 때문입니다. 〈달항아리〉를 감상하다 문득 '분석'이라는 두 글자가 떠올랐으니, 이 조한 직업병의 일종일지도 모르겠습니다.

데이터를 생성·수집한 뒤에는 원하는 결과를 도출하기 위한 분석 작업이 필요합니다. 분석이란 기본적으로 데이터를 쪼개고 나누어, 방대한 정보 속에서 의미 있는 패턴과 통찰을 찾아내는 활동입니다. 조사자는 다양한 분석 기법을 적용해 데이터 속에서 정제된 인사이트를 도출합니다.

시장조사 방법은 크게 정량과 정성 조사로 나뉩니다. 정량 조사는 계량화가 가능한 통계적 조사 기법이며, 정성 조사는 대상자의 인식·동기·감정 등 정량 조사만으로 포착하기 어려운 부분을 탐구하는 비수치적 조사 기법입니다.

최근에는 생성형 AI를 활용한 '페르소나 봇(Persona Bot)'이 등장해 가상의 설문·인터뷰 응답자를 만들어 조사 비용을 줄이고, 실제와 유사한 답변을 얻어내기도 합니다. 예를 들어, 이유식 전문 기업이 소비자의 구매 행동을 분석하려 한다고 가정해 보겠습니다. 우선 페르소나를 정의합니다. "30대 초반의 워킹맘, 2세 딸을 두고 서울에 거주하며 주로 스마트폰으로 쇼핑, 환경 보호에 관심이 많고 독서를 즐김"이라고 페르소나를 설정합니다. 그런 다음 "아기 이유식을 고를 때 가장 중요

■ 시장조사 방법

대분류	중분류	설명	활용 예시
정량 조사	설문조사	구조화된 질문지로 응답을 얻는 것 (우편 · 전화 · 인터넷 조사)	브랜드 인지도, 여론 조사
	패널조사	동일 응답자 반복 조사	TV 방송 프로그램 시청률, 특정 기간 소비 패턴
	로그분석	웹사이트와 소셜미디어의 페이지뷰, 쿠키 등 로그 분석	'Google Analytics'를 통한 사용 패턴 분석
정성 조사	문헌조사	논문, 기사, 책, 웹사이트를 통한 검색 (기초 · 탐색 조사로 가장 쉽고 일상적으로 수행 가능)	시장 현황, 산업 동향 조사
	심층인터뷰	1:1 개별 인터뷰	정보 파악, 기업 내 문제 정의 및 해결을 위한 이해관계자 인터뷰
	델파이인터뷰 (Delphi Interview)	전문가 인터뷰	산업별 전문가 인터뷰
	FGI (Focus Group Interview)	일반적으로 6~10명 사이의 참여자를 모집해 모더레이터가 토론을 진행	상품 콘셉트 정의, 고객 니즈 파악
	FGD (Focus Group Discussion)	참여자 간 토론 및 상호작용 중심	정책 평가, 사회 연구
	사용성 테스트	신규 상품 및 서비스 출시 전과 후 실제 사용 환경 테스트	신규 상품 및 서비스 사용 편의성 (A/B 테스트)
	관찰	조사자가 대상자의 행동을 관찰하며 정보를 수집하는 기법으로 참여 관찰과 비참여 관찰(녹화 영상 활용)이 있음	매장 동선, 상품과 서비스 사용성 분석
	실험	다양한 변수 조작으로 통제 집단과 실험 집단을 비교하여 가설 검증(독립변수가 종속변수에 미치는 영향 파악)	가격 수용도, 광고에 대한 태도 파악, 신약 효과
	맥락적 질의 (Contextual Inquiry)	조사자가 관찰과 인터뷰를 병행	상품 및 서비스 UX 연구
	체험	일정 기간 조사자가 참여자가 되어 직접 체험하며 기록	제인 구달의 침팬지 연구(탄자니아에서 10년 넘게 침팬지와 동거), 패트리샤 무어가 노인 분장을 한 채 3년간 미국과 캐나다 전역을 돌아다닌 후 저상 버스 및 노인용 주방용품을 디자인(359쪽), 화장품이나 스마트폰 앱 사용 후기

하게 여기는 요소는 무엇인가요?", "브랜드를 바꾸게 된다면 어떤 이유일까요?" 같은 질문을 던지면 페르소나 봇이 답변을 제공합니다. 또한 성별·연령·지역·취미·직업 등 조건을 달리해 응답자를 추가할 수도 있습니다.

그렇다면 생성형 AI가 만든 가상의 페르소나는 어떻게 실제 사람처럼 대답할 수 있을까요? 그리고 그 답변은 과연 신뢰할 만할까요? 물론 실제 인물과 100% 일치하는 답은 기대할 수 없습니다. 그러나 조사 비용과 시간을 크게 절감할 수 있다는 점에서 활용 가치는 충분합니다. 생성형 AI의 LLM(Large Language Model, 대규모 언어 모델)은 웹과 소셜 미디어 속 수많은 페르소나 데이터를 학습하고 추론하기 때문에 실제와 유사한 응답을 생성할 수 있습니다. 다만 인간의 무의식적 반응이나 암묵지(경험을 통해 체화되는 주관적 지식)처럼 내면의 깊은 감정을 끌어내는 데에는 한계가 있어 현재까지는 보조 도구로 활용되고 있습니다. 현재 닐슨(Nielsen), 칸타(Kantar) 같은 글로벌 리서치 업체와 세일즈포스(Salesforce) 같은 CRM 솔루션 기업이 상용화를 위한 테스트를 진행 중이므로, 머지않아 마케팅 조사 방법에도 커다란 전환점이 찾아올 것으로 보입니다.

조사자는 조사 목적과 활용 목적에 맞는 시장조사 방법을 선택해 적용해야 합니다. 이를 위해 서비스 이용 행태의 복잡성, 조사 현장의 여건, 조사 비용 등을 종합적으로 고려해야 합니다.

김상옥 시인의 시집 《백자부》에 실린 동명의 시에는 다음과 같은 구절이 있습니다. "불 속에 구워 내도 얼음같이 하얀 살결 / 티 하나 내려

와도 그대로 흠이 지다 / 흙 속에 잃은 그날은 이리 순박하도다"

고온의 불에 구워도 얼음처럼 맑고 차가운 순백색을 띠는 〈달항아리〉의 모습은 분석 데이터의 '신뢰성'을, 티 하나만으로도 곧 흠이 되는 그 순수한 모습은 분석 데이터의 '무결성'에 비유할 수 있습니다.

우리에게 '사유'가 필요할 때

'사유(思惟)'라는 행위를 예술로 형상화한 대표적인 작품을 꼽으라면 서양에는 오귀스트 로댕Auguste Rodin, 1840~1917의 〈생각하는 사람〉이 있고, 우리나라에는 〈반가사유상〉이 있습니다. 제가 추천하는 마지막 공간은 바로 이 〈반가사유상〉을 만날 수 있는 국립중앙박물관 2층 '사유의 방' 입니다.

사유의 방은 유물과 관람객이 오롯이 단둘이 마주 서는 새로운 관람 경험을 제공합니다. 국립중앙박물관이 2021년 처음 이 공간을 선보였을 때는 '공간 낭비'라는 비판도 있었습니다. 440m^{2}의 넓은 전시실에 단 두 점의 〈반가사유상〉만 놓여있었기 때문입니다. 그러나 공간 자체가 작품을 더욱 빛내 주면서, 지금은 국내외 방문객들이 가장 좋아하는 명소가 되었습니다.

조도를 최소화한 사유의 방에 들어서면 마치 광활한 우주에 떠 있는 듯한 느낌이 듭니다. 시간이 멈춘 듯한 이곳에서 관람객은 자연스레 깊은 사유에 잠기게 됩니다. 국립중앙박물관이 추구하는 것은 더 많은

국립중앙박물관 2층에 있는 '사유의 방'. 건축가 최욱이 설계했다. © 국립중앙박물관

유물을 보여 주는 것이 아니라, 단 한 점의 유물이라도 마음속에 오래 남게 하는 것이라 짐작해 봅니다. 마케팅에서는 이를 시장점유율(market share)과 대비되는 개념으로 '인식의 점유(mind share)'라고 부릅니다. 인식의 점유란 소비자의 마음속에 특정 브랜드나 제품이 가장 먼저 떠오르도록 자리 잡는 것을 뜻합니다. 오늘날 국립중앙박물관을 떠올릴 때 가장 먼저 연상되는 작품이 〈반가사유상〉인 것도, 이 공간 미술인 사유의 방이 그러한 인식을 공고히 했기 때문일 것입니다.

〈반가사유상〉은 반가부좌의 준말인 '반가(半跏)'와 깊은 생각에 잠긴

작자 미상, 〈반가사유상(왼쪽)〉, 삼국시대 6세기 후반, 높이 83.2cm, 금동, 국보 제78호, 서울 국립중앙박물관
작자 미상, 〈반가사유상(오른쪽)〉, 삼국시대 7세기 전반, 높이 93.5cm, 금동, 국보 제83호, 서울 국립중앙박물관

불상이라는 뜻의 '사유상(思惟像)'을 합친 말입니다. 왼쪽 무릎 위에 오른쪽 다리를 얹고 오른쪽 손가락을 살짝 뺨에 댄 채 생각에 잠긴 모습의 불상입니다. 이러한 자세는 출가 전에 인간의 생로병사를 고민하며 명상에 잠긴 싯다르타(석가가 출가하기 이전 왕자로 있을 때 이름)의 모습에서

비롯되었습니다. 〈반가사유상〉은 우리나라에 약 38점이 전해지는데, 그중 국보 제78호와 제83호 두 점이 이곳에 전시되어 있습니다.

여러 전시관을 거쳐 사유의 방 입구에 다다르면 다음 구절이 우리를 맞이합니다. "두루 헤아리며, 깊은 생각에 잠기는 시간." 그렇습니다. 〈반가사유상〉을 한참 동안 바라보고 있으면 어느 순간 눈앞에 침묵이 보이며 빛을 들을 수 있는 마음이 열립니다. 그리고 생각의 무게를 느끼며 여명 직전의 고요함 속에 곧 한 줄기 깨달음을 얻는 기분이 듭니다.

〈외규장각 의궤〉와 〈달항아리〉가 데이터를 수집하고 분석하는 방법과 맞닿아 있다면, 〈반가사유상〉은 그 결과로부터 비즈니스 인사이트를 도출하는 과정과 닮아있습니다. 좋은 데이터를 확보하고 적절한 조사 방법론을 적용하는 것 못지않게, 분석 결과를 해석하고 의미를 찾아내는 일 역시 매우 중요합니다. 정량 조사라면 숫자 뒤에 숨은 동기와 감정을 읽어야 하며, 소비자 행동 분석에서는 데이터에 매몰되지 않고 사람 자체를 이해해야 합니다. 이를 위해서는 대상에 얽힌 수많은 소음과 편견을 걷어내고 본질에 다가가려는 노력이 필요합니다. 바로 여기에 '사유의 시간'이 요구됩니다.

생활 속 불편을 해결한 시장조사의 힘

⋮

면밀한 시장조사를 통해 인사이트를 발견하고 성공한 상품 사례를 소개합니다. 생활용품 기업 P&G가 청소 도구를 개발하기 위해 다양한 조사 방법을 적용한 사례입니다. P&G는 '맥락적 질의' 조사를 통해 소비자들이 걸레질 과정에서 물기가 남거나 걸레를 직접 빨아야 하는 점을 불편해한다는 사실을 발견했습니다. 이후 시제품을 제작해 소비자들에게 사용하게 한 뒤(사용성 테스트), FGI 조사로 피드백을 반영하며 제품을 보완했습니다. 그렇게 탄생한 것이 바로 '스위퍼(Swiffer)'입니다.

P&G는 시의적절한 조사로 걸레질 후 세척의 번거로움, 물걸레 사용 후 건조 지연, 기존 청소 도구의 모서리·틈새 청소의 어려움이라는 인사이트를 얻었습니다. 이를 해결하기 위해 1회용 건식 청소포와 회전형 헤드 기능을 장착한 청소봉 스위퍼를 출시했습니다. 그 결과 스위퍼는 출시 1년 만에 1억 달러 매출을 올리며 세계적인 히트 상품이 되었습니다.

P&G는 시장조사를 통해 걸레질 후 세척의 번거로움, 물걸레 사용 후 건조 지연, 기존 청소 도구의 모서리 · 틈새 청소의 어려움이라는 인사이트를 발견했다. 이를 해결하기 위해 1회용 건식 청소포와 회전형 헤드를 장착한 청소봉 '스위퍼'를 출시해 큰 성공을 거두었다.

세탁세제에 라벤더, 레몬, 머스크 등 향수에 버금가는 향이 들어가기 시작한 것도 소비자 행동 관찰에서 비롯되었습니다. 세탁이 끝난 뒤 사람들은 본능처럼 세탁물을 코끝에 가져갑니다. 얼룩이 지워졌는지를 눈으로 확인하기보다, 향기가 상쾌한지를 맡아보며 세탁의 성공 여부를 가늠하는 것이지요. 실제 세탁 후 남성의 79%, 여성의 86%가 냄새를 맡는다고 합니다(〈냄새와 청결에 대한 인식〉, 2005년). 세제 회사들은 바로 이 장면에서 중요한 인사이트를 얻었습니다. 소비자에게 청결의 최종 기준은 세정력이 아니라 후각적 경험이라는 사실입니다. 그래서 세제는 단순히 때를 빼는 화학 제품이 아니라, 향기를 통해 세탁 경험을 완성하는 감각적 상품으로 진화했습니다. 1930년대만 해도 지방(fat) 등 원료의 불쾌한 냄새를 가리기 위해 향을 넣었지만, 시간이 흐르면서 향은 단순한 마스킹 수단을 넘어 브랜드를 구분하는 정체성으로 자리 잡았습니다.

지금까지 국립중앙박물관의 세 가지 유물과 전시 공간을 통해 시장조사 과정인 데이터 수집－조사－해석을 살펴보았습니다. 마케팅 조사에서 의미 있는 결과를 도출하는 일은 단순한 기법의 문제가 아니라, 예술적 창조처럼 치열한 고민과 고통을 거쳐야만 얻을 수 있는 창의의 산물입니다. 데이터가 먼저 말을 걸어오기를 기대해서는 안 됩니다. 데이터는 조사자의 통찰과 태도에 의해 비로소 의미를 갖습니다.

벨라스케스 <시녀들>의 진짜 주인공은 누구인가?

목표 고객 정의

'스페인을 대표하는 화가는 누구일까요?' 대부분은 아마도 피카소Pablo Picasso, 1881~1973를 떠올릴 것입니다. 경영학에서는 이런 현상을 '최초 상기도(top of mind)'라고 부릅니다. 어떤 이름이 가장 먼저 떠오르느냐가 곧 브랜드의 힘을 보여준다는 뜻입니다.

하지만 같은 질문을 스페인 사람들에게 던지면 조금 다른 답이 돌아옵니다. 바로 '디에고 벨라스케스Diego Velázquez, 1599~1660'입니다. 스페인에서는 "벨라스케스는 곧 스페인 회화다"라는 말이 있을 만큼, 그는 스페인 회화의 예술성과 품격을 상징하는 절대적인 존재입니다. 피카소 역시 "벨라스케스를 넘어서는 것이야말로 스페인 회화의 전통을 잇는 길"이라고 말할 정도였습니다.

디에고 벨라스케스, 〈시녀들〉, 1656년, 캔버스에 유채, 320×279cm, 마드리드 프라도미술관

마드리드의 프라도미술관은 스페인을 대표하는 국립미술관입니다. 그 방대한 컬렉션 가운데 '프라도의 보물'로 불리는 작품이 바로 벨라스케스의 〈시녀들(Las Meninas)〉입니다. 미술관 정문에 들어서면 가장 먼저 관람객을 맞이하는 것도 그의 동상입니다(259쪽). 스페인 회화사에서 벨라스케스가 차지하는 위상을 단번에 보여주는 장면입니다.

'프라도의 보물' 벨라스케스의 〈시녀들〉

스페인 남부 안달루시아의 주도 세비야에서 태어난 벨라스케스는 1623년 펠리페 4세Philip IV, 1605~1665에게 발탁된 뒤 평생을 궁정화가로 산 입지전적인 인물입니다. 그는 생전에 기사 작위까지 받았는데, 당시 화가나 음악가의 사회적 지위를 고려하면 이는 실로 파격적인 영예였습니다. 그의 위상이 얼마나 높았는지, 당시 유럽에서는 "벨라스케스가 스페인 궁정화가로 있는 한 어느 나라 왕도 스페인 국왕보다 더 훌륭한 초상화를 가질 수 없다"는 말까지 돌았다고 합니다. 그도 그럴 것이, 벨라스케스는 역사상 가장 위대한 초상화가 가운데 한 사람으로 꼽힙니다.

프라도미술관에서 〈시녀들〉은 이 작품만을 위해 마련된 별도 공간에 전시될 만큼 특별한 대우를 받습니다. 그런데 왕실 인물이 여럿 등장하는 이 작품의 제목이 왜 〈시녀들〉인지 궁금했던 적 있으신가요? 필자도 같은 의문을 품었습니다. 이 그림은 처음부터 지금의 제목으로 불렸던 건 아닙니다. 처음 궁정에 걸렸을 때는 〈마르가리타 공주와 시녀들〉, 이후 18~19세기 스페인 왕실 도록에는 〈펠리페 4세의 가족〉으로 기록되었습니다. 오늘날의 제목이 정착한 것은 19세기 중반 이후입니다.

흥미로운 점은 화가 자신이 이 작품에 별도의 제목을 붙이지 않았다는 사실입니다. 사실 18세기 이전까지 작품의 제목을 정하는 일은 화가가 아니라 의뢰인과 후대 미술사학자들의 몫이었습니다. 그 결과 후대 미술사학자와 평론가들이 작품을 어떻게 해석하느냐, 누구를 주인공으로 볼 것인지 등에 따라 제목이 바뀌었습니다. 이 그림의 '진짜 주인공'이 누구인지를 둘러싼 논쟁이 지금까지도 이어지고 있는 이유입니다.

철학자까지 뛰어든 〈시녀들〉의 주인공 찾기

우선 이 작품은 총 열한 명이 등장하는 집단 초상화입니다. 이 때문에 작품의 주인공을 누구로 보느냐에 따라 여러 해석이 나옵니다. 첫 번째 주인공으로 지목되는 인물은 마르가리타 공주입니다. 화면의 정중앙을 차지하고 있을 뿐 아니라, 역사적 배경을 고려하면 이 주장은 더욱 설득력을 얻습니다.

당시 합스부르크 왕가의 자손들은 잦은 근친혼으로 유전 질환이 많았고, 어린 나이에 요절하는 경우도 흔했습니다. 그런 상황에서

1651년 마르가리타 공주가 태어났고, 펠리페 4세는 귀한 자손을 누구보다 아꼈습니다. 왕가의 관례에 따라 펠리페 4세는 공주의 초상화를 정략결혼 상대였던 오스트리아 왕실의 레오폴트 1세Leopold I, 1640~1705에게 꾸준히 보냈습니다. 특히 왕가의 자손들이 일찍 세상을 떠난다는 오해를 불식시키기 위해 공주의 모습을 시기별로 그려 보냈습니다. 오늘날로 치면 건강검진 결과를 공유하는 것과 비슷했습니다. 이러한 정황을 고려하면, 마르가리타 공주가 작품의 주인공이라는 주장은 매우 자연스럽습니다. 게다가 그림 속 조명도 그녀를 밝게 비추고 있습니다.

두 번째 주인공으로 지목되는 인물은 펠리페 4세 부부입니다. 어찌 보면 매우 자연스러운 추론입니다. 펠리페 4세는 궁정의 주인이자 이 작품의 의뢰인이며, 벨라스케스는 그를 위해 존재하는 궁정화가이기 때문입니다. 더욱이 그림 속 거울에 비친 모습을 보면 펠리페 4세 부부가 화가의 맞은편에 서 있었다고 추정할 수 있습니다. 등장인물 대부분이 정면의 누군가를 응시하는 듯한 표정을 짓고 있다는 점도 이러한 해석을 뒷받침합니다. 이런 정황을 고려하면, 펠리페 4세 부부가 이 그림의 주인공이라는 해석은 충분히 설득력이 있습니다.

특히 거울을 통해 화면 밖, 즉 관람객이 있는 방향을 암시하는 장치는 매우 흥미롭습니다. 거울 속 반영을 활용하는 방식은 벨라스케스가 처음 시도한 것은 아닙니다. 그보다 200년 이상 앞서 얀 반 에이크Jan van Eyck, 1395~1441가 〈아르놀피니 부부의 초상화〉에서 이미 구현한 바 있습니다. 벨라스케스가 당시 스페인 왕실이 소장하고 있던 이 작품에서 영감을 얻었을 가능성이 큽니다. 에이크가 거울 속 자신의 모습을 작고

얀 반 에이크, 〈아르놀피니 부부의 초상화〉, 1434년, 패널에 유채, 82.2×60cm, 런던 내셔널갤러리

〈아르놀피니 부부의 초상화〉에서 거울 부분 확대. 푸른 옷을 입은 사람이 화가로 추정된다.

희미하게 거의 알아보기 어려울 만큼 조심스럽게 담았다면, 벨라스케스는 자신을 화면에 크게 그리며 훨씬 대담한 태도를 보였다는 차이가 있습니다. 펠리페 4세 부부가 주인공이라는 해석에 반대하는 이들은, 당시 왕과 왕비를 한 화면에 그리는 것은 드문 관례였다는 점을 근거로 듭니다.

주인공으로 지목되는 세 번째 인물은 시녀들입니다. 19세기 후반 이후 공주와 시녀들이 만들어내는 복잡한 공간 구도가 미학적으로 주목받으면서, 비평가들이 이 작품을 '궁정의 연극 장면'으로 해석함에 따라 작품 제목도 〈시녀들〉로 바뀌었습니다. 그러나 당시 시대적 맥락으로 보면, 시녀들이 이 그림의 주인공일 가능성은 낮습니다. 신분 질서가 엄격했던 시대에 시녀들을 중심에 둔 초상화는 상상하기 어렵기 때문입니다. 그럼에도 벨라스케스의 마음을 조금 헤아려본다면, 완전히 불가능한 해석은 아닐지도 모릅니다. 낮은 신분에서 출발한 그는 그림 속에서만큼은 주변부 인물들에게 더 큰 의미를 부여하고 싶었을지도 모릅니다. 실제로 그는 자신의 하인을 주인공으로 한 초상화를 그린 적도 있습니다.

〈시녀들〉은 초상화가 아니라 자화상이다!?

주인공으로 지목되는 네 번째 인물은 화가 벨라스케스 자신입니다. 그는 〈시녀들〉을 완성한 지 2년 뒤 기사 작위를 받았는데, 이상하게도 그림 속 벨라스케스는 이미 산티아고 기사단을 상징하는 붉은 십자가 문양이 그려진 옷을 입고 있습니다. 논리적으로 보면, 그는 기사 작위를 받은 이후 이 문양을 덧칠해 넣은 것으로 보입니다. 벨라스케스가 과시욕이 강한 나르시시스트였음을 짐작해 볼 수 있습니다.

그림 뒷벽에 걸린 두 점의 그림도 이런 해석을 뒷받침합니다. 하나는 페테르 파울 루벤스Peter Paul Rubens, 1577~1640의 〈아라크네를 벌주는 팔라스 아테나〉, 다른 하나는 야코프 요르단스Jacob Jordaens, 1593~1678의 〈아폴로와 판〉

입니다. 두 작품 모두 인간과 하위 계급의 신이 탁월한 재능(아라크네의 베 짜기, 판의 음악)으로 신에게 도전하는 장면을 담고 있습니다. 벨라스케스가 두 그림을 굳이 배경에 배치한 것은 자신이 회화로 신적 영역에 도전한다는 선언처럼 읽히기도 합니다. 게다가 화면 왼쪽 끝에 있으면서도 공주나 펠리페 4세 부부보다 더 크게 그려진 그의 모습은, 궁정화가로서의 당당함과 자의식을 드러내는 장면으로 볼 수 있습니다.

마드리드 프라도미술관 앞에 있는 벨라스케스 동상.

다섯 번째 해석은 조금 극단적입니다. 즉, "이 작품에는 주인공이 없다"는 주장입니다. 철학자 미셸 푸코Michel Foucault, 1926~1984는 1966년 《말과 사물》에서 이 그림의 시선이 여러 방향으로 분산되어 있어 중심이 존재하지 않으며, 거울 또한 환영에 가깝기 때문에 "아무도 주인공이 아니다"라고 말했습니다. 그의 결론은 간단합니다. "모든 것을 보여주지만 아무것도 보여주지 않는다." 여기서 중요한 것은 주인공이 누구냐가 아니라, 〈시녀들〉이 철학자마저 해석에 뛰어들게 할 만큼 무한한 해석 가능성을 지닌 위대한 회화라는 사실일 것입니다.

마지막으로, "이 그림을 바라보는 관람객이 주인공이다"라는 해석도 있습니다. 시선의 구도를 보면 꽤 설득력 있는 주장입니다.

모든 고객을 잡으려 하면 아무도 잡지 못한다

⋮

여러분은 어떻게 생각하시나요? 벨라스케스는 누구를 주인공으로 염두에 두고 이 그림을 그렸을까요? 필자는 이 작품의 주인공을 찾기 위해 여러 가능성을 탐색하는 과정이 마케팅에서 '목표 고객(target customer)'을 정의하는 일과 닮아 있다고 느꼈습니다. 목표 고객은 기업이 가장 집중적으로 공략하고자 선택한, 자사 제품이나 서비스를 구매할 가능성이 가장 높은 고객 집단을 말합니다.

여기서 잠깐, 영어에서 '고객'을 뜻하는 몇 가지 용어를 정리해 보겠습니다. 먼저 'customer'와 'consumer'의 차이입니다. 'customer'는 구매자, 'consumer'는 실제 사용자를 의미합니다. 예를 들어 부모가 어린 자녀의 장난감을 샀다면 부모는 'customer', 장난감을 사용하는 아이는 'consumer'가 됩니다. 'client'는 B2B 고객이나 법률·광고·컨설팅·IT 등 전문 서비스를 의뢰하는 고객을 일컫습니다. 하지만 일상에서는 이 용어들을 엄격히 구분하지 않기 때문에, 이하에서는 편의상 모두 '고객'이라는 단어로 통일하겠습니다.

또 하나 기억해 두면 좋은 개념이 'bedrock customer', 즉 '핵심 고객'입니다. 기반암처럼 단단하다는 의미에서, 매출·이익 기여도가 높거나 브랜드 충성도, 재구매율이 높은 고객을 가리킵니다. 기업들은 이러한 핵심 고객의 이탈을 막기 위해 다양한 고객 유지(retention) 프로그램을 운영합니다.

마케팅에서 목표 고객은 〈시녀들〉 속 '주인공'이나 다름없습니다.

기업이 목표 고객을 정의하는 일은 가장 기본적인 활동이지만, 제대로 설정하기는 결코 쉽지 않습니다. 종종 목표 고객을 잘못 정의하는 바람에 어렵게 개발한 신제품이 꽃도 피우지 못한 채 사라지는 경우도 있습니다. 때로는 "모든 고객을 공략하겠다"는 오류를 범하기도 합니다. 그러나 경영학자들이 수많은 사례 연구로 보여주듯, 어떤 상품도 모든 고객을 가질 수는 없습니다. 기업의 자원은 한정되어 있고, 모든 사람의 니즈를 동시에 만족시키는 상품은 존재하지 않기 때문입니다. 〈시녀들〉의 주인공을 둘러싼 논쟁처럼 "고객이 없다"거나 "모두가 고객이다"라는 식의 목표 고객 설정은 위험합니다. 목표 고객이 흐려지면 실행 전략도 함께 흐려지기 때문입니다.

마케팅에서는 목표 고객을 제대로 정의하는 활동을 'STP 전략(Segmentation, Targeting, Positioning)'이라 부릅니다. 시장을 세분한 뒤, 그중에서 목표 고객을 선정하고, 이를 토대로 상품과 서비스의 아이덴티티(identity)를 고객이 존재하는 시장에 적절히 포지셔닝하는 과정입니다.

목표 고객을 정의하려면 먼저 시장을 다양한 변수로 나누어 보아야 합니다. 나이·성별·직업과 같은 인구통계적 특성, 혁신 수용성이나 라이프스타일과 같은 행동·심리적 특성 등 여러 기준이 세분화 변수로 활용됩니다. 이렇게 세분화한 집단 중에서 상품·서비스를 판매할 수 있을 만큼 규모가 충분하고, 측정할 수 있으며, 세분화 고객 간 반응 차이가 뚜렷한 시장이 '유효 시장'입니다. 여러 유효 시장 가운데 시장 매력도가 가장 큰 집단을 목표 고객으로 선택하고, 그들을 향해 상품과 서비스의 아이덴티티를 설계하면 됩니다.

■ STP 과정

시장을 세분한 뒤, 그중에서 목표 고객을 선정하고, 이를 토대로 상품과 서비스의 아이덴티티를 고객이 존재하는 시장에 적절히 포지셔닝하는 과정을 STP 전략이라고 한다.

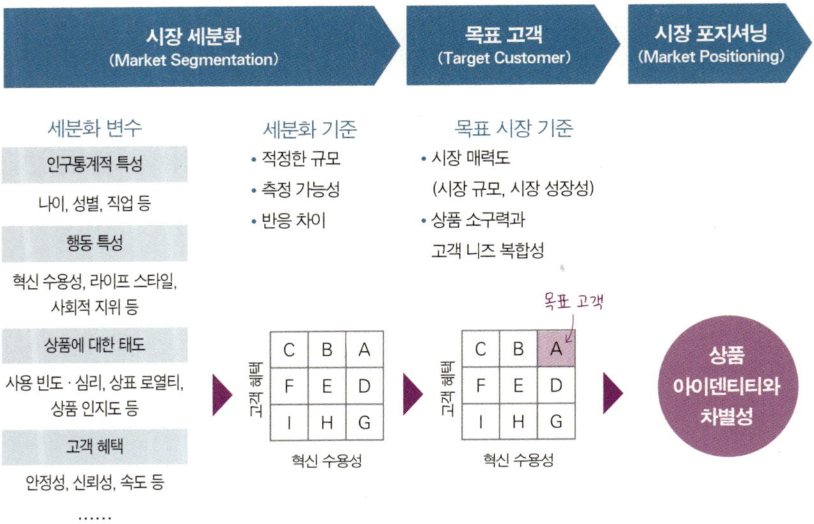

때로는 목표 고객을 새롭게 정의해야 할 때도 있습니다. 마치 〈시녀들〉에서 기존 통념을 깨고 주인공을 화가로 볼 수 있듯이 말이죠. 디즈니랜드, 에버랜드, 롯데월드 같은 놀이공원의 목표 고객은 누구일까요? 대부분 아이를 둔 가족이나 연인을 떠올릴 것입니다. 그런데 도쿄 디즈니랜드는 다소 예상 밖의 집단을 목표 고객으로 재정의했습니다. 바로 '노년층'입니다. 체력이 약하고 활동에 제약이 있는 노인이 놀이

공원을 즐긴다는 것은 얼핏 이해되지 않습니다.

그러나 〈시녀들〉의 해석을 위해 합스부르크 왕가의 사정을 살펴보았듯, 이 결정 역시 일본의 사회적 상황을 보면 수긍하게 됩니다. 맞벌이 가정이 늘어나 부모가 아이와 보내는 시간이 줄어들자, 경제적·시간적 여유가 있는 조부모가 손주를 데리고 디즈니랜드를 찾기 시작한 것입니다. 게다가 일본은 빠르게 고령화가 진행되고 있어, 노년층은 앞으로 더욱 매력적인 목표 고객이 될 수밖에 없습니다.

제가 예전에 살던 아파트 상가에는 어린이 미술 학원이 여러 곳 있었습니다. 그중 한 학원 입구에 "우리 학원은 남자아이만 받습니다"라는 큼지막한 안내문이 붙어 있었습니다. 많은 학부모가 이해하지 못했지요. 여자아이까지 받아야 수익이 늘 텐데, 왜 굳이 남자아이만 받는다고 선을 긋느냐는 것이었습니다. 하지만 이것이 바로 신의 한 수였습니다. "남아의 뇌 발달과 성향에 최적화된 미술 교육"이라는 차별화된 메시지로 아들을 둔 부모를 확실히 타깃팅할 수 있었기 때문입니다. 그 결과 이 학원은 많은 학원 사이에서 단번에 눈에 띄었고, 실제로 등록하려면 몇 달을 기다려야 할 정도로 큰 인기를 얻었습니다.

성공과 실패 사례로 본 고객 유형

⋮

〈시녀들〉의 주인공이 마르가리타 공주일 수도 펠리페 4세 부부나 시녀들 혹은 벨라스케스 자신일 수도 있듯이, 상품과 서비스 역시 고객을 새롭게 정의할 수 있습니다. 이 작품에 여러 주인공 해석이 존재하듯, 시장에도 상품·서비스별로 서로 다른 목표 고객이 존재합니다. 그리고 목표 고객을 어떻게 설정하느냐에 따라 기업의 운명은 크게 달라질 수 있습니다.

전 세계 4만여 개(2024년 기준) 매장을 운영하는 스타벅스(Starbucks)는 1971년 미국 시애틀의 작은 커피 가게에서 출발했습니다. 스타벅스는 고객을 단순히 '커피를 좋아하는 사람'으로 정의하지 않았습니다. 만약 그랬다면 스타벅스는 무엇보다 커피 맛 경쟁에 집중했어야 합니다. 그러나 소비자가 스타벅스를 찾는 이유는 커피 맛 때문만은 아닙니다. 사람들은 스타벅스를 공부하고, 일하고, 대화를 나누고, 시간을 보내는, 즉 문화를 소비하는 장소로 인식합니다. 스타벅스는 목표 고객을 '커피 소비자'가 아니라 '새로운 공간과 문화를 원하는 사람들'로 정의했고, 이 STP 전략이 스타벅스를 성공으로 이끌었습니다.

몇 년 전 버스 광고에 붙은 문구가 단번에 필자의 시선을 사로잡았습니다. "부모님 핸드폰에 맞고를 깔아 드리세요." 스마트폰에서 주로 이용하는 온라인 고스톱 게임 '맞고' 광고입니다. 이 서비스의 주요 이용자는 노년층이지만, 광고는 그들의 자녀 세대를 공략했습니다. 애플리케이션 설치에 어려움을 겪는 노년층의 특성을 고려해, 실제 설치를 대신해 줄 가능성이 높은 자녀를 목표 고객으로 잡은 것입니다. 매우 영리한 타깃팅 전략입니다.

햄버거 프랜차이즈 맘스터치의 브랜드명도 목표 고객 정의에서 시작되었습니다. 주요 구매층이 어린이·청소년 자녀를 둔 '엄마'라는 점에 착안해 '엄마의 손길이 닿은 음식'이라는 이미지를 브랜드명에 담았습니다.

인스턴트 음식에 흔히 따라붙는 '건강에 해롭다'는 인식을 고려하면, 이러한 브랜드명은 그런 편견을 완화하는 효과도 있습니다. 즉석밥 햇반이 "엄마가 갓 지은 것처럼", "엄마의 밥맛처럼"이라는 메시지를 내세우는 것 역시 같은 맥락입니다.

스타벅스는 목표 고객을 '커피 소비자'가 아니라 '새로운 공간과 문화를 원하는 사람들'로 정의했다. 이제 스타벅스 간판은 이곳이 커피와 음악, 편안한 공간을 제공하는 특별한 장소임을 상징한다.

종종 소비재 시장의 광고 캠페인을 보면, 소구 대상을 잘못 선정해 실패가 예견되는 사례를 발견합니다. 그리고 얼마 지나지 않아 해당 상품은 실제로 조용히 시장에서 사라지곤 합니다. 예컨대 어느 완구 회사는 장난감을 지나치게 '어린이' 중심으로 소구한 나머지, 구매 의사 결정권을 가진 부모에게 외면받았습니다. 또 다른 자동차 회사는 자동차를 남성의 소유물로만 인식해 남성 고객 대상의 마케팅에 집중했다가 판매 부진을 겪었습니다. 많은 가정에서 구매결정권은 남편이 아니라 아내에게 더 크게 있다는 사실을 간과했기 때문입니다.

반면, 남녀 관계의 역동성을 잘 이해해 고객을 새롭게 정의하며 성공한 사례도 있습니다. 남성용 위생용품 브랜드 '올드 스파이스(Old Spice)'의 광고 카피는 "당신의 남자가 이렇게 향기로울 수 있다"입니다. 남성용 제품이지만 소구 대상은 여성입니다. 왜냐하면 가정 내에서 위생용품의 구매 의사 결정자는 대부분 여성이고, 실제로 많은 남성들이 아내가 구입한 바디워시를 함께 사용하기 때문입니다. 올드 스파이스는 “내 남자가 더 멋있어질 수 있다”는 여성의 로망을 자극했고, 제품의 향도 남성보다 여성이 더 선호하는 타입으로 설계했습니다.

반려동물용 사료의 고객은 누구일까요? 실제 소비자는 개나 고양이지만, 기업은 그들에게 제품을 판매하지 않습니다. 사료 기업의 진짜 고객은 반려동물을 돌보는 보호자입니다. 아기용품 역시 마찬가지입니다.

이처럼 고객 유형은 다양합니다. 부모와 자녀, 남편과 아내처럼 구매 의사 결정권의 크기에 따라 핵심 고객과 주변 고객으로 나뉘기도 합니다. B2B 시장에서는 경영진, 구매 부서, 실제 사용자처럼 소구 대상이 서로 다를 수 있습니다. 기업 고객을 대상으로 소프트웨어를 판매하는 IT 기업들이 사용자와 의사결정권자의 상반된 니즈 때문에 어려움을 겪는 것도 이 때문입니다. 또한 기업들은 신상품 출시 때마다 기존 고객과 잠재 고객, 사용 빈도가 높은 고객과 구매 단가가 높은 고객, 충성 고객과 비충성 고객 사이에서 소구 대상을 어떻게 설정

미국의 대표적인 남성 그루밍 브랜드 올드 스파이스는 바디워시 · 데오드란트 · 향수 등 남성용 제품을 판매하지만, 광고 캠페인의 주요 소구 대상은 오히려 여성이었다.

할지 줄타기하게 됩니다. 소셜미디어 시대에는 1차 고객은 아니지만 수 많은 구독자를 보유한 인플루언서가 중요한 타깃으로 떠오르기도 합니다. 실제로 한 대형 의류 기업은 아예 유명 인플루언서를 채용해 자사 인스타그램 운영을 맡겨 화제가 되었습니다.

지금까지 벨라스케스의 〈시녀들〉에서 파생된 여러 이야기를 살펴보았습니다. 과연 벨라스케스는 누구를 진짜 주인공으로 생각하며 이 작품을 그렸을까요? 그 답은 아마 벨라스케스만이 알고 있을 것입니다. 그러나 우리는 다양한 단서를 조합하며 앞으로도 계속 이 그림의 주인공 찾기를 즐길 것입니다. 그렇다면 매년 쏟아지는 수많은 신제품의 '진짜 목표 고객'은 누구일까요? 마케터는 〈시녀들〉의 미스터리를 풀 듯, 고객을 정교하게 정의하는 습관과 역량이 필요합니다.

끝으로 당부하고 싶은 것이 있습니다. 과거 정치 활동가였던 지인이 특정 유권자를 타깃팅하는 방법에 대해 자문을 구한 적이 있습니다. 하지만 저는 정중히 거절했습니다. 자칫 성별·세대·지역을 기반으로 한 가르기 전략으로 악용될 가능성이 있었기 때문입니다. 기업의 고객 세분화와 정치의 유권자 타깃팅은 전혀 다른 차원의 문제입니다. 기업이 고객을 세분화하는 것처럼 정치가 국민을 나누고 특정 계층을 선동하는 것은 결코 바람직하지 않습니다. 고객 세분화는 시장을 더 잘 이해하기 위한 경영의 기술이지, 사회를 쪼개는 정치의 기술이 아닙니다.

전설을 완성하는 '이야기의 힘'

스토리텔링 마케팅

본래 '막장'은 갱도의 끝을 뜻하는 말이었습니다. 그러나 오늘날에는 개연성을 무시한 채 자극적인 설정과 과한 묘사로 치닫는 드라마를 가리키는 표현으로 더 자주 쓰입니다. 이런 '막장 드라마'의 주인공들에게는 한 가지 공통점이 있습니다. 바로 욕망에 잠식당한 인물들이라는 점입니다. 흥미롭게도 이와 비슷한 이야기가 18세기 영국에도 존재했습니다. 서민의 삶을 진솔하게 포착하면서도 사회의 병폐를 예리하게 풍자한 영국 화가 윌리엄 호가스William Hogarth, 1697~1764의 연작 〈난봉꾼의 행각〉(270쪽~271쪽)은 그 시대의 '막장 드라마'라 불러도 손색이 없습니다.

〈난봉꾼의 행각〉은 거상인 아버지의 죽음으로 막대한 재산을 물려받아 졸부가 된 한 젊은 남성이 어떻게 몰락해 가는지를 여덟 장의 그림으로 그려낸 연작입니다. 주인공은 당시 귀족 사회의 모습을 상징적으로 드러내는 여러 인물을 조합해 탄생했습니다. 이제 각 장면을 살펴보며 흥미진진한 이야기 속으로 들어가 볼까요? 참고로, 각 장의 제목은 관람자의 이해를 돕기 위해 후대에 붙여진 것입니다.

호가스가 묘사한 18세기 영국의 막장 드라마

첫 번째 그림 〈상속인〉을 보시죠. 붉은 모자를 쓴 재단사가 젊은 남자의 다리 길이를 재고 있습니다. 이 작품의 주인공입니다. 남자는 새 옷을 맞추려나 봅니다. 왼편에 울고 있는 젊은 여자는 차림새로 보아 부유한 집안의 딸은 아닌 듯합니다. 남자는 아버지에게 막대한 재산을 상속받자마자 마음이 변해, 약혼녀에게 일방적으로 파혼을 통보합니다. 날벼락 같은 소식을 들은 약혼녀는 연신 눈물을 훔치지만, 남자는 전혀 개의치 않는 표정입니다.

두 번째 그림 〈아침 접견〉에는 남자의 사치스러운 일상이 그려져 있습니다. 18세기 영국에서는 귀족이나 부유층이 아침에 하인, 연주자, 방문객 등을 차례로 맞이하며 하루를 시작했는데, 이 장면은 그러한 '아침 접견' 풍습을 묘사한 것입니다. 남자 주변에는 악장, 펜싱과 창술 교사 등 온갖 과외 강사들이 몰려 있으며, 특히 여우사냥을 위해 불러온 거구의 나팔수와 경마 기수가 눈에 띕니다. 당시 여우사냥과 경마는 귀족들만이 즐길 수 있는 극히 사치스러운 오락이었습니다.

〈상속인(The Heir)〉

〈아침 접견(The Levee)〉

〈결혼(The Marriage)〉

〈도박장(The Gaming House)〉

〈방탕한 향연(The Orgy)〉

〈체포(The Arrest)〉

〈감옥(The Prison)〉

〈정신병원(The Madhouse)〉

윌리엄 호가스, 〈난봉꾼의 행각(A Rake's Progress)〉,
1732~1734년, 캔버스에 유채, 75×62.5cm, 런던 존소앤박물관

세 번째 그림 〈방탕한 향연〉은 사창가에서 벌어지는 난잡한 파티 장면을 담고 있습니다. 남자를 둘러싼 매춘부들의 얼굴에는 커다란 점이 보이는데, 이는 당시 매독으로 생긴 흉터를 가리기 위해 일부러 점을 그려 넣는 화장법에서 비롯된 것입니다.

네 번째 그림 〈체포〉에서는 사치와 방탕에 빠진 남자가 결국 상속받은 재산을 모두 탕진하고, 채권자에게 쫓기다 체포되는 장면이 그려져 있습니다. 이 소식을 듣고 달려온 전 약혼녀는 경찰관들에게 돈주머니를 내밀며 그를 구하려 합니다.

다섯 번째 그림 〈결혼〉에서는 빚 독촉에 시달리던 남자가 결국 부유하고 나이 많은 미망인과 결혼하는 장면이 그려져 있습니다. 전 약혼녀는 아이를 품에 안고 어머니와 함께 결혼식장에 들어오려 하지만, 교회 관리인에게 막혀 안으로 들어가지 못하고 있습니다.

여섯 번째 그림 〈도박장〉에서는 남자가 미망인과의 결혼으로 얻은 두 번째 재산을 도박으로 탕진하는 장면이 그려져 있습니다.

일곱 번째 그림 〈감옥〉에서는 남자가 도박으로 다시 전 재산을 잃고, 감당할 수 없는 빚 때문에 채무자 감옥(빚을 갚지 못한 사람을 수감해 강제 노역 등으로 채무 이행을 강제하던 제도)에 수감된 모습이 묘사되어 있습니다. 여전히 그를 사랑하는 전 약혼녀는 충격을 받아 쓰러지고, 두 사람 사이에서 태어난 어린 딸은 어머니의 치맛자락을 붙잡고 있습니다.

마지막 여덟 번째 그림 〈정신병원〉은 남자가 감옥 생활 끝에 결국 미쳐 정신병원에 갇힌 후 비참하게 생을 마감하는 장면입니다. 그림 왼편에는 귀족 부인들이 환자들을 신기한 듯 바라보는 모습이 묘사되어 있습니다. 실제로 당시에는 정신병원 환자들을 '구경거리'로 여겨 관람 프로그램이 운영되었다고 합니다.

아침드라마에서 본 듯한 익숙한 줄거리입니다. 바로 이 '이야기의 힘' 덕분에 〈난봉꾼의 행각〉은 큰 인기를 끌었습니다. 호가스는 이 작품을 판화로 제작해 더 많은 사람에게 보급했습니다. 그 덕분에 이야기는 널리 퍼져나갔습니다. 세월이 흐른 뒤, 이 막장 드라마에 매료된 러시아 작곡가 이고르 스트라빈스키Igor Fyodorovich Stravinsky, 1882~1971는 이를 모티브로 동명의 오페라를 완성했습니다.

설명형 정보를 이기는 이야기의 힘

역사학자 유발 하라리Yuval Noah Harari, 1976~는 2011년《사피엔스》에서 인류의 진화를 이끈 핵심 동력으로 '이야기의 힘'을 꼽았습니다. 그는 인류가 다른 종과의 경쟁에서 살아남을 수 있었던 이유를 지식이나 도구보다 이야기, 즉 허구를 만들고 함께 믿는 능력에서 찾습니다.

약 4만 년 전까지 네안데르탈인과 호모사피엔스는 유럽과 서아시아에서 공존했습니다. 그러나 끝내 인류의 조상이 된 것은 호모사피엔스였습니다. 하라리는 두 고인류의 차이를 '존재하지 않는 것을 상상하고, 그것을 사회적으로 공유할 수 있는 능력'으로 설명합니다. 약 7만 년 전 일어난 '인지혁명(Cognitive Revolution)' 이후, 호모사피엔스는 신화, 종교, 국가, 돈, 법 같은 개념을 만들어내고 이를 믿는 사회를 형성했습니다. 하라리는 이런 '허구적 질서(fictional order)'가 사람들을 하나로 묶는 가장 강력한 접착제라고 말합니다. 결국 인류를 지금의 자리로 이끈 건 도구가 아니라, 이야기를 믿는 힘이었습니다.

굳이 저명한 학자의 말을 빌리지 않더라도, 우리는 이미 이야기의 힘을 실감하며 살아갑니다. 세계적 명소를 만드는 것도 결국 이야기입니다. 로마의 트레비 분수는 영화 〈로마의 휴일〉에서 오드리 헵번이 아이스크림을 먹으며 달콤한 휴식을 즐기던 장소로 기억됩니다. 피렌체의 베키오 다리는 시인 단테Dante Alighieri, 1265~1321가 첫사랑 베아트리체를 처음 만난 곳으로 알려져 있습니다. 또 제2차 세계대전 당시 독일군이 피렌체의 모든 다리를 폭파했지만, 예술적 가치를 이유로 베키오 다리만은 남겨 두었다는 전설 같은 이야기도 전해집니다. 서울 자하문 터널 계단(영화 〈기생충〉 촬영지)이나 낙산공원 성곽길(애니메이션 〈케이팝 데몬 헌터스〉의 배경)에 사람들의 발길이 끊이지 않는 것도, 결국 장소와 결합한 매력적인 이야기 덕분입니다.

호가스의 〈난봉꾼의 행각〉처럼 사실과 허구가 절묘하게 어우러지면 사람들의 흥미는 배가됩니다. 스토리텔링 마케팅도 이 원리에서 출발했습니다. 스토리텔링 마케팅은 브랜드에 얽힌 이야기를 창조하고 이를 효과적으로 전달함으로써 소비자의 감성을 자극하고, 브랜드와 고객 사이에 깊은 유대감을 형성하는 기법입니다.

최근 눈길을 끈 스토리텔링 마케팅 사례를 하나 소개합니다. 2025년 1월, 웅진코웨이는 '룰루 더블케어 비데2' 신제품을 알리기 위해 '비데위원장'이라는 독특한 캐릭터와 스토리의 광고를 만들고 TV

와 소셜미디어를 통해 공개했습니다. 광고를 본 시청자 중 상당수가 비데위원장을 '비대위원장'으로 착각해, 정치 드라마 예고편으로 오해했을 정도로 화제가 되었습니다. 이 광고는 정극을 보는 듯한 몰입감을 선사하며 공개 한 달 만에 누적 조회수 4000만 회를 돌파했습니다.

웅진코웨이의 비데 광고 캠페인. 배우 김희애는 '비데위원장'으로 분해 정극 드라마를 보는 듯한 몰입감을 선사했다.

이 캠페인은 티저(teaser) 광고 한 편과 세 편의 본편으로 구성되었습니다. 티저 광고는 상품을 직접 노출하지 않고 호기심을 자극하는 방식으로 관심을 끌어올린 뒤, 본편을 통해 제품이나 메시지를 본격적으로 전달하는 기법입니다.

스토리텔링 마케팅에서 중요한 점은 이야기가 단순히 기발하거나 재미있기만 해서는 안 된다는 것입니다. 이야기가 제품의 속성, 기능과 자연스럽게 연결되어야 효과를 냅니다. 웅진코웨이는 '비데위원장'이라는 언어유희로 시선을 끌었고, 뒤이어 〈뒷조사〉, 〈조종하는 자〉, 〈내통자의 흔적〉 등 스릴러 드라마를 연상시키는 후속편을 선보였습니다. 누군가를 철저히 '뒷조사'했지만 도저히 흔적을 찾을 수 없는 이유는 비데의 전기 분해 살균수와 거품 기능 때문입니다. 모든 일을 배후에서 '조종하는 자'는 비데의 리모컨 기능을, '은밀한 내통의 흔적'은 사용자 맞춤형 비데 기능을 상징합니다.

스토리텔링이 중요한 이유는 정보를 이야기로 들을 때 더 오래 기억하기 때문입니다. 소비자 행동 연구에 따르면, 백과사전·기사·논문 같은 '설명형 정보'보다 인물·감정·사건이 얽힌 '이야기형 정보'의 전달력이 무려 22배 높다고 합니다. 숫자와 사실보다 감성에 호소하는 이야기가 브랜드와 소비자 사이의 유대감을 강화하고, 자연스럽게 구매로 이어지게 하는 것이죠.

옛이야기로 창조적 영감의 아이콘이 된 몰스킨

모두가 새로운 제품에 열광할 때, 오히려 옛날이야기를 소환해 대박을 터뜨린 브랜드가 있습니다. '만약 헤밍웨이Ernest Hemingway, 1899~1961나 피카소Pablo Picasso, 1881~1973, 고흐Vincent van Gogh, 1853~1890같은 예술가가 영감을 기록하던 노트에 나도 무언가를 적을 수 있다면 어떨까?' 이런 상상을 매력적인 이야기로 구현한 제품이 바로 '몰스킨(Moleskine)'입니다.

원래 몰스킨은 19세기 파리의 문구 공방에서 만들던, 부드럽고 가죽처럼 질긴 면직물 표지의 노트를 가리키는 보통명사였습니다. 그 질감이 두더지(mole) 가죽을 연상시킨다고 해서 '몰스킨'이라 불렸죠. 그러나 20세기에 들어 이 노트는 자취를 감추게 됩니다.

그러던 1997년, 이탈리아의 디자인 출판사 모도앤모도(Modo & Modo)가 과거 몰스킨 노트를 만들던 공방을 찾아내 이를 되살렸습니다. 그리고 여기에 "과거 예술가와 사상가들이 사용했던 전설적인 노트를 복원했다"는 매혹적인 서사를 더했습니다.

모도앤모도를 통해 '창조적 영감'의 아이콘으로 부활한 몰스킨.

몰스킨의 브랜드 스토리를 기승전결 구조로 정리하면 이렇습니다. "1800년대부터 존재해 헤밍웨이, 피카소, 고흐 같은 예술가들이 애용했지만(기), 저가품의 공세와 디지털화로 사라졌다가(승), 우연히 이탈리아의 사업가가 그 역사와 이야기에 매료되어 부활시켰고(전), 이제는 전 세계 수첩·다이어리 시장의 프리미엄 브랜드로 자리 잡았다.(결)"

한마디로, 거의 사라졌던 19세기의 노트를 심폐소생시킨 셈입니다. 소비자 입장에서는 이보다 더 감동적인 '반전 드라마'가 없을 것입니다. 물론 헤밍웨이나 피카소 같은 인물이 오늘날의 몰스킨 브랜드를 사용했다는 뜻은 아닙니다. 그들은 단지 보통명사로서의 몰스킨을 사용했을 뿐이죠. 하지만 그런 사실은 중요하지 않습니다. 그 전통을 계승한 유일무이한 브랜드가 바로 몰스킨이니까요. 그래서 어떤 이는 몰스킨을 두고 '브랜드 고고학'의 대표 사례라 부르기도 합니다.

여기서 끝이 아닙니다. 모도앤모도는 몰스킨에 이야기의 마력을 한층 끌어올릴 새로운 콘셉트를 더했습니다. "몰스킨은 단순한 수첩이 아닙니다. 아직 글자가 쓰이지 않은 책입니다." 일반적으로 수첩이나 플래너, 다이어리는 기능에 충실한 제품입니다. 즉, 이들의 존재 이유는 소비자의 실용적 니즈를 충족시키는 데 있습니다. 그러나 모도앤모도는 몰스킨을 '창의적인 사람들이 사용하는 무한한 가능성을 품은 책'으로 포지셔닝했습니다. 기능적 소구 대신 심미적 소구로 차별화를 꾀한 것이죠.

그렇다고 멋진 구호만 내세운 것은 아닙니다. 모도앤모도는 몰스킨에 실제 책처럼 국제표준도서번호(ISBN)를 부여했고, 처음에는 서점을 중심으로 판매했습니다. 몰스킨 매장에는 헤밍웨이 같은 작가들의 사진이 걸려 있으며, 현대 작가와 예술가들이 몰스킨에 직접 쓴 글과 그림을 세계 각지를 돌며 꾸준히 전시합니다. 또한 영화 속에서 창의적인 인물의 소품으로 몰스킨이 자주 등장하기도 합니다.

리미티드 에디션 역시 몰스킨의 브랜드 스토리를 더욱 견고하게 만들었습니다. 해리포터, 반지의 제왕, 스타워즈, 어벤져스 등 이름만 들어도 흥미로운 서사를 품은 에디션들이 그것입니다. 우리나라에는 허영만 화백 에디션이 출시되었습니다. 또한 디지털 시대에 발맞춰 활용성을 높이기 위해 스마트폰 애플리케이션과 연동한 스마트 몰스킨 제품도 선보이고 있습니다. 이처럼 몰스킨은 자신을 부활시킨 '옛이야기'를 공고히 하면서, 그것을 지식 노동자들에게 차별화된 브랜드로 각인시키기 위해 끊임없이 진화하고 있습니다.

지금도 몰스킨의 이야기에 매료된 수많은 소비자들이 자발적으로 그 이야기를 공유하고 있습니다. 인공지능 물결로 지식 노동자의 일자리가 위협받는 시대에, 몰스킨을 구매한다는 것은 여전히 '창의적 일을 하는 사람'임을 상징합니다. 디지털 시대일수록 아날로그적 삶을 열망하는 소비자층은 존재하며, 그들은 여전히 '새로운 이야기'를 갈망합니다. 몰스킨은 2023년 한 해 동안 매출이 약 30% 성장했으며, 꾸준히 두 자릿수 성장을 이어가고 있습니다. 브랜드의 수명이 급속도로 짧아지는 디지털 시대에, 스토리텔링 마케팅은 아날로그 브랜드를 지속 가능하게 만드는 든든한 초석이 될 것입니다.

다음은 몰스킨 노트 첫 장에 인쇄된 시그니처 문구입니다. 내 기억과 영감의 아카이브를 잃어버렸다면 얼마를 지불하더라도 반드시 찾아야겠죠. 이 짧은 문장만 보아도, 모도앤모도가 브랜드 스토리를 얼마나 섬세하게 설계했는지 알 수 있습니다.

In case of loss, please return to : ______________________________

As a reward : $ ___________________

브랜드 스토리를 만들 때 고려해야 할 것

이야기는 '인물', '사건', '배경'이라는 세 가지 요소로 구성됩니다. 어떤 이야기든 이 세 요소가 조화를 이룰 때 비로소 독자에게 몰입감을 줄 수 있습니다. 브랜드에 스토리를 입힐 때 세 요소 중에서도 특히 '인물'을 활용하는 경우가 많습니다. 특정 분야에서 탁월한 성과를 거둔 인물을 인용해 브랜드를 의인화하거나, 아예 한 인물을 브랜드 정체성

알브레히트 뒤러,
〈자화상〉,
1500년,
석회 패널에 유채,
67.1×48.9cm,
뮌헨 알테피나코테크

프리미엄 안경 브랜드 '알브레히트 뒤러' 제품.

의 중심에 두는 방식입니다. 프리미엄 안경 브랜드 '알브레히트 뒤러'도 그런 경우입니다.

알브레히트 뒤러Albrecht Dürer, 1471~1528는 독일 르네상스의 대표적 화가이자 판화가로, 예술가를 장인의 지위에서 '사상가이자 창조자'로 끌어올린 인물입니다. 그는 이탈리아 르네상스의 인문주의, 원근법, 해부학을 흡수해 독일적 사실주의와 결합시켰고, 그 탁월한 예술성과 지적 깊이로 '북유럽의 다빈치'라 불렸습니다. 뒤러는 예술가이면서 동시에 뛰어난 경영자이기도 했습니다. 자신의 이름 앞 글자인 'A'와 'D'를 결합한 모노그램을 작품에 일관되게 새겨 예술가 개인을 하나의 브랜드로 구축했고, 판화를 통한 복제 방식으로 규모의 경제를 실현했습니다. 또한 작품의 가격 책정과 유통을 직접 관리하며, 예술을 하나의 비즈니스 시스템으로 정착시켰습니다. 그는 많은 자화상을 남겼는데, 왼쪽의 그림은 그중에서도 가장 유명한 작품입니다. 정면을 응시하는 파격적인 구도와 예수 그리스도를 연상시키는 묘사로, 예술가의 강렬한 자의식과 자신감을 드러내고 있습니다.

그래서일까요? 브랜드 '알브레히트 뒤러'는 시력 교정용 안경이 아니라 자신을 표현하는 패션 아이템, 즉 '아이웨어(eyewear)'로 포지셔닝했습니다. 예술가 뒤러의 이야기와 태도가 브랜드에 그대로 투영된 셈입니다. 그러나 특정 인물이 브랜드 정체성의 핵심이 될 경우, 그 인물의 이미지가 흔들리면 브랜드 자체도 함께 타격을 입을 위험이 있습니다.

브랜드와 스토리를 연결할 때는 억지로 이야기를 지어내어 끼워 맞추는 것을 피해야 합니다. 이탈리아의 명품 주얼리 브랜드 불가리(Bulgari)는 베스트셀러 작가 페이 웰던Fay Weldon, 1931~2023에게 《불가리 커넥션》이라는 소설을 의뢰하고, 작품 속에 브랜드명이 12회 등장하도록 합의했습니다. 그 결과 "손에 쥔 불가리 하나의 가치는 덤불 속 두 개보다 낫다"와 같은 부자연스러운 문장이 등장해 평론가와 독자로부터 혹평을 면하지 못했습니다.

이러한 광고 기법을 PPL(Product Placement)이라 부릅니다. 콘텐츠 속에 특정 브랜드나 제품을 자연스럽게 등장시켜 소비자의 인식을 유도하는 간접 광고 방식입니다. 그러나 《불가리 커넥션》처럼 노출이 지나치게 인위적이면, 오히려 몰입감을 해치고 역효과를 낳을 수 있습니다.

고흐의 전설을 완성한 여인

생전에 단 한 점의 그림만을 팔았던 비운의 화가, 빈센트 반 고흐. 그를 오늘날 '위대한 화가'로 세상에 알린 숨은 주역은 다름 아닌 그의 제수, 요하나 반 고흐 봉거Johanna Gezina van Gogh-Bonger, 1862~1925였습니다.

시아주버니인 고흐와 남편 테오Theo van Gogh, 1857~1891가 젊은 나이에 잇달아 세상을 떠난 뒤, 요하나는 두 사람이 주고받은 편지와 미발표 작품을 보존하고 정리해 유럽 각지에서 전시회를 열고 홍보 활동에 나섰습니다. 그녀는 고흐와 테오가 주고받은 903통의 편지를 바탕으로 고흐 서간집을 출판했고, 고흐의 비극적 삶과 철학적 고뇌, 형제애를 세상에 알렸습니다. 이 과정에서 평론가와 화상, 그리고 대중의 마음이 움직였습니다.

사람들은 "비록 고흐의 삶은 비참했지만, 그의 예술혼은 작품으로 남았다"는 강렬한 이미지를 갖게 되었고, 그의 작품은 점차 명성을 얻었습니다. "만약 요하나가 없었다면, 오늘날 우리가 아는 고흐도 존재

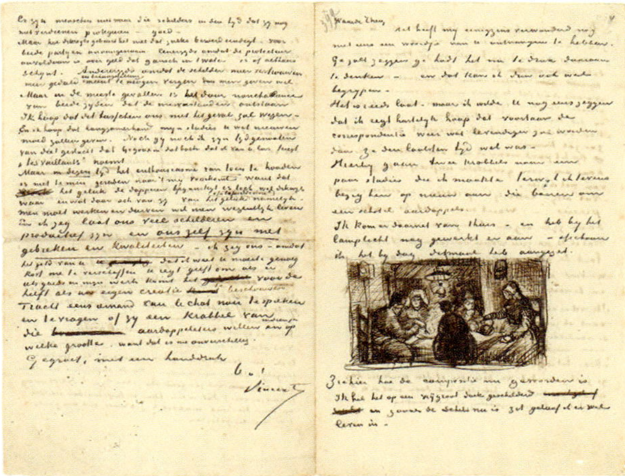

빈센트 반 고흐, 〈빈센트 반 고흐가 동생 테오에게 보낸 편지(감자 먹는 사람들 스케치 포함)〉, 1885년 4월 9일, 종이에 펜과 잉크, 20.7×26.4cm, 암스테르담 반고흐미술관

하지 않았을 것이다"라는 말이 회자될 정도입니다. 어쩌면 그녀는 스토리텔링의 대가였는지도 모릅니다.

요하나가 고흐를 세상에 알린 이야기는 스토리텔링 마케팅의 본질을 잘 보여줍니다. 그녀는 고흐의 삶과 편지에 담긴 '이야기'를 통해 작품을 세상과 연결했습니다. 그림 한 점 한 점에 철학과 감정을 불어넣고, 그 이야기를 사람들의 마음속에 각인시킨 것이죠.

오늘날의 브랜드도 마찬가지입니다. 소비자는 기능만 보고 제품을 선택하지 않습니다. 그 제품이 지닌 서사와 가치, 그리고 진심에 공감합니다. 결국 브랜드의 힘은 기능이 아니라 이야기에서 나옵니다. 요하나가 고흐의 예술을 하나의 이야기로 세상에 남겼듯, 브랜드는 자기만의 이야기를 만들어 세상과 소통할 때 비로소 빛납니다.

WHEN

HERMES

MET

MUSE

Chapter 4

변곡점에서 탄생한 혁신의 언어

새로운 시선이 탄생하는 순간

과학적 관리에서 전략적 혁신까지

마음이 소란스러울 때 꺼내보면 좋은 그림이 있습니다. 덴마크 화가 페데르 세베린 크뢰위에르Peder Severin Krøyer, 1851~1909의 〈스카겐에서 수영하는 소년들, 여름 저녁〉입니다. 하늘과 바다의 경계가 사라진 푸른빛 속에서 벌거벗은 소년들이 물놀이를 즐기고 있습니다. 소년들의 작은 몸짓에서 여름의 생기가 느껴집니다. 그러나 이 그림의 진짜 주인공은 소년들이 아니라 '빛'입니다. 크뢰위에르는 해가 완전히 지기 직전, 세상이 푸른 빛으로 물드는 그 짧고도 황홀한 순간을 놀라울 만큼 섬세하게 붙잡았습니다. 고요함과 생동이 동시에 깃든 이 장면은 그가 왜 '북유럽의 빛의 시인'이라 불리는지를 새삼 느끼게 합니다.

크뢰위에르는 북유럽 인상주의를 대표하는 화가로, 20대에 유럽 전

페데르 세베린 크뢰위에르, 〈스카겐에서 수영하는 소년들, 여름 저녁〉, 1899년, 캔버스에 유채, 100×153cm, 코펜하겐 덴마크국립미술관

역을 여행하며 예술 세계를 넓혔고 프랑스에서 인상주의에 깊이 매료되었습니다. 그래서 그의 작품에는 클로드 모네Claude Monet, 1840~1926를 떠올리게 하는 빛의 감각이 겹쳐 보입니다. 다만 모네의 강렬한 태양 빛과 달리, 크뢰위에르의 빛은 차분하고 한없이 투명합니다.

그가 사랑한 스카겐(Skagen)은 덴마크 최북단의 작은 어촌으로, 북해와 발트해가 만나는 지점입니다. 염도가 다른 두 바다가 만들어내는 신비로운 색의 경계선, 차갑고도 투명한 빛의 떨림은 화가에게 끝없는 영감을 주었습니다. 1882년 처음 이곳을 찾은 크뢰위에르는 풍광에 깊이 매료되어 결혼 후 아예 스카겐에 정착했습니다. 그의 주변으로 화가들이 하나둘 모이며, 자연스럽게 '빛의 화가들', 즉 스카겐 화파가 형성되었습니다.

화가의 존재를 위협한 신기술의 등장

⋮

모네의 〈인상, 해돋이〉에서 출발한 인상주의는 북유럽까지 확산되며 전 세계 미술을 사로잡았습니다. 사실 인상주의는 당시 과학기술의 급격한 발전이 회화의 존재 이유를 근본적으로 흔들면서 탄생한 혁신이었습니다.

1839년 프랑스에서 루이 다게르Louis-Jacques-Mandé Daguerre, 1787~1851가 '다게레오타이프(daguerreotype)'라는 사진술을 공개하면서, 당대 화가들은 전례 없는 위기를 맞았습니다. 이전의 헬리오그래피(heliography)는 노출 시간

클로드 모네, 〈인상, 해돋이〉, 1872년, 캔버스에 유채, 48×63cm, 파리 마르모탕모네미술관

이 8시간 이상 걸리고 해상도도 낮아 실용성이 거의 없었지만, 다게레오타이프는 수 분 이내의 노출, 뛰어난 해상도, 저렴한 비용을 모두 갖춘 획기적인 기술이었습니다. 이 새로운 사진술은 풍경화와 초상화를 대체하며 빠르게 확산되기 시작했습니다.

아무리 사실적으로 그려도 회화가 사진의 재현 능력을 따라갈 수 없다는 것은 분명했습니다. 이에 화가들은 '사진이 할 수 없는 것'을 찾아야 했고, 그 고민 끝에 등장한 것이 빛·순간·감각을 중시하는 인상주의였습니다. 이전까지 회화가 '재현'에 집중했다면, 인상주의는 '그 순간 어떻게 느껴지는가'를 그리려 했습니다. 모네가 "나는 대상을 그린 것이 아니라 대상의 느낌을 그렸다"고 말한 것도 같은 맥락입니다.

빛의 변화를 직접 관찰하기 위해 화가들은 화실을 벗어나 야외로 나가게 됩니다. 이를 가능하게 한 것은 증기기관차의 발달과 튜브 물감의 발명이었습니다. 원하는 장소를 기관차로 빠르게 이동할 수 있었고, 이전처럼 무거운 나무상자나 깨지기 쉬운 유리병이 아닌, 휴대성이 뛰어난 튜브 물감을 챙기면 어디서든 그림을 그릴 수 있게 되었기 때문입니다.

인상주의는 결국 유럽을 넘어 전 세계 미술의 기본 문법을 바꾼 혁신으로 자리 잡았습니다. 회화는 더 이상 '사실'을 모방하는 일이 아니라, '느낌'과 '시각 경험'을 표현하는 예술이 되었습니다. 추상주의를 비롯한 현대미술의 흐름도 인상주의에서 시작되었습니다.

인상파가 미술계를 뒤흔들던 그때, 산업계에도 혁명이 있었다

경영학 역시 미술처럼 시대의 흐름에 따라 사조가 변화해 왔습니다. 초기 경영학은 사회학, 경제학, 심리학 등 인간과 조직을 다루는 여러 학문에서 파생된 분야였습니다. 그러던 19세기 말, 모네를 비롯한 화가들이 세상을 전혀 다른 시선으로 바라보기 시작하던 바로 그 시기에 산업 현장에서도 또 하나의 혁명이 일어나고 있었습니다. 미국의 엔지니어 프레더릭 테일러Frederick W. Taylor, 1856~1915는 시계를 들고 공장을 누비며 노동자의 동작을 분석하고 효율을 수치화하려 했습니다. 이전까지 효율은 경험과 직관, 감에 의존하는 영역이었습니다. 여기에 테일러가 과학적 접근을 시도하면서 노동을 세분화하고 표준화하는, 이른바 '테일러리즘'이라 불리는 과학적 관리 원칙이 탄생했습니다.

이후 제2차 산업혁명을 거치며 대량 생산 체제를 갖춘 거대한 공장이 등장했고, 그 중심에는 미국 자동차 산업의 부흥을 이끈 포드 시스템이 있었습니다. 헨리 포드Henry Ford, 1863~1947가 고안한 이 생산방식은 제품의 표준화(Standardization), 공정의 단순화(Simplification), 작업의 전문화(Specialization)라는 '3S 원칙'에 이동식 컨베이어 벨트 시스템을 결합해 생산성을 획기적으로 끌어올렸습니다.

작업물이나 부품을 자동으로 연속해 이동시키는 컨베이어 벨트는 도축장의 발골 공정을 모방한 것입니다. 컨베이어 벨트 시스템을 도

컨베이어 벨트 시스템을 도입해 생산된 포드 자동차의 모델T.

입하자 자동차 한 대 생산에 750분 걸리던 작업이 90분으로 단축되었고, 최적화가 완료된 후에는 24초마다 한 대씩 모델 T가 완성될 정도였습니다. 덕분에 모델 T의 가격도 출시 당시 850달러에서 몇 년 만에 250달러까지 낮출 수 있었습니다. 철저한 표준화, 과감한 단순화, 개인별 분업을 통한 전문화가 만들어낸 기적 같은 결과였습니다.

이처럼 원가 절감과 대량 생산을 가능하게 했기 때문에 포드 시스템은 대량 생산 체제(mass production system)라 불렸고, 디트로이트 공장에서 완성되었다 하여 디트로이트 오토메이션(Detroit automation), 생산라인의 개별 작업이 동시에 시작해 동시에 끝난다는 점에서 동시관리(management by synchronization)라고도 불립니다. 이는 오늘날 제조 공정 시스템의 초석이 된 생산 방식입니다.

당시의 컨베이어 벨트 시스템은 찰리 채플린Charlie Chaplin, 1889~1977의 영화 〈모던 타임스〉(1936년)에서 매우 상징적으로 묘사되었습니다. 극 중 주인공이 나사 조이기 작업을 끝없이 반복하다 강박 증세를 보이고 결국 정신병원에 갇히는 장면은, 산업화 시대 인간의 부품화와 인간성 상실을 날카롭게 풍자합니다. 이러한 문제의식은 이후 노동자의 작업 시간과 동작을 연구하는 다양한 시도들이 본격화되는 계기가 되었습니다.

노동자는 기계적 존재가 아니다!

⋮

오른쪽 작품은 20세기 프랑스 현대미술을 대표하는 페르낭 레제Fernand

페르낭 레제, 〈빌더스〉, 1920년, 캔버스에 유채, 65×92cm, 뉴욕 데트로폴리탄미술관

Léger, 1881~1955의 〈빌더스〉입니다. 이 작품은 노동·기계·도시 건설이라는 주제를 힘 있게 시각화한 그림입니다. 화면을 가득 채운 노동자들은 마치 도시를 세우는 거대한 구조물의 일부처럼 보이며, 굵직한 윤곽선과 원색의 대비, 금속 같은 질감은 레제가 스스로 '기계 미학'이라 부른 화풍을 그대로 드러냅니다. 실제로 그는 〈기계적 인간〉 연작에서 인체를 금속 부품처럼 해체하고 재조합하여 인간과 기계가 결합된 모습을 그리고 있습니다.

〈빌더스〉는 전쟁(제1차 세계대전)으로 폐허가 된 세계가 다시 세워지는 순간의 에너지, 그리고 미래를 세우는 집단적 힘으로서의 노동을 그려낸 작품입니다. 그래서 이 그림은 산업사회를 향한 찬가이자, 인간과 기계가 함께 만들어내는 새로운 시대의 시각적 선언문처럼 읽힙니다.

레제가 산업사회의 풍경을 예술로 해석하던 바로 그 무렵, 실제 공장에서는 '인간이란 무엇인가?'에 대한 또 다른 탐구가 이루어지고 있었습니다. 대량 생산과 과학적 관리법이 산업 현장의 표준으로 자리 잡아가던 1924년, 산업심리학자 엘턴 메이오Elton Mayo, 1880~1949는 경영학 역사에 길이 남을 실험을 시작합니다. 그는 시카고 근교의 호손 전화장비 공장에서 '작업 조건을 바꾸면 생산성은 어떻게 달라질까?'라는 질문을 검증했습니다. 조명을 밝게 혹은 어둡게 조정하고, 휴식 시간을 늘리거나 줄이고, 감독 방식을 바꾸는 등 물리적 조건을 다양하게 변화시키며 실험을 이어갔습니다.

그런데 결과는 모두의 예상을 뒤엎었습니다. 조도를 높이면 생산성이 오르는 것은 당연했지만, 조도를 낮추어도 생산성이 오르는 역설적인 현상이 나타났습니다. 휴식 시간, 보너스 제도, 감독자의 태도를 바꿔도 마찬가지였습니다. 물리적 조건을 어떻게 조정하든 생산성은 오히려 더 높아졌습니다. 왜일까요?

메이오는 이 실험을 통해 물리적 환경보다 심리적 요인이 노동자의 생산성에 더 큰 영향을 미친다는 사실을 밝혀냈습니다. 즉 누군가(특히 자기보다 권위 있는 사람) 자신의 일을 유심히 관찰하고 있다고 느끼면, 노동자는 이전보다 더 열심히 일하게 된다는 것입니다. 실험이 이루어진 공장의 이름을 따 이 현상을 '호손 효과(Hawthorne Effect)'라고 부릅니다.

메이오의 실험이 던진 메시지는 명확합니다. 노동자는 기계가 아니라 사회적 존재라는 사실입니다. 사람은 단순히 임금과 근무 조건만으로 움직이는 '기계적 존재'가 아니라, 인정받고 소속감을 느낄 때 더 높은 성과를 내는 존재라는 점이 실험을 통해 확인된 것입니다.

초기 경영학은 이러한 문제의식 속에서 작업 효율성과 조직 속의 인간 행동을 분석하는 연구가 중심이었습니다. 이후 경영학은 생산관리, 조직·인사관리, 마케팅, 경영전략, 경영정보시스템, 재무관리 등 다양한 분야로 세분화되며 오늘날의 체계를 갖추게 되었습니다.

천하의 애플이 '애플카 프로젝트'를 중단한 이유

앞서 회화가 '사진의 등장'이라는 거대한 변곡점을 거치며 인상주의가 탄생했듯, 경영학에서도 특정한 계기를 통해 큰 변화를 맞은 세 가지 중요한 사조가 있습니다.

첫 번째는 '산업조직론(Industrial Organization)'입니다. 산업조직론은 미국 경제학자 에드워드 체임벌린Edward Chamberlin, 1899~1967과 영국 경제학자 조안 로빈슨Joan Robinson, 1903~1983이 정립한 산업조직경제학을 기반으로, 1930~1950년대 경영 분야에서 영향력을 확대한 이론입니다. 이후 1970~1980년대에는 경영학자 마이클 포터Michael E. Porter, 1947~가 외부 환경과 산업 구조 분석을 전략 수립의 핵심으로 제시하며 더욱 발전시켰습니다. 산업조직론을 한마디로 요약하면 필요한 자원과 역량은 시장에서 언제든 조달할 수 있다는 것입니다. 즉, 기업은 외부 산업 환경을 면

밀히 분석해 전략을 수립하고, 필요한 자원은 외부 시장에서 얼마든지 확보할 수 있다고 보는 관점입니다.

하지만 실제 기업 활동에서는 이 이론이 제대로 작동하지 않는 경우가 적지 않습니다. 2024년 애플이 10여 년간 추진해 온 애플카 프로젝트를 전격 중단한 사례도 여기에 해당합니다. 알려진 바로는 이 사업에 투입된 금액만 약 13조 원에 달합니다. 애플은 전기차·자율주행 시대를 대비해 자동차 사업에 뛰어들었지만, 스마트폰에서 검증된 성공의 문법을 자동차 산업에 그대로 적용했습니다. 설계·브랜딩은 애플이 담당하고 생산은 전문 기업에게 맡기는 아웃소싱 전략, 즉 전형적인 산업조직론적 접근을 시도한 것입니다.

그러나 자동차 산업은 스마트폰 생태계와 근본적으로 다릅니다. 자동차는 매우 복잡한 제조 공정과 방대한 공급망을 필요로 하고, 내연기관 차량은 3만여 개, 전기차도 2만여 개에 달하는 부품을 조립해야 합니다. 생명과 직결된 만큼 품질과 안전성 역시 스마트폰과는 비교할 수 없을 만큼 엄격합니다. 또한 오랜 기간 기술과 노하우를 축적해온 글로벌 자동차 기업 가운데, 애플의 단순 OEM 역할을 맡고 싶어하는 기업이 사실상 없었다는 분석도 있습니다.

이 외에도 애플 iOS가 보여준 폐쇄적 운영 방식은 부품 협력사들과 수시로 정보를 공유해야 하는 자동차 생태계와도 맞지 않습니다. 더 나아가 아웃소싱이 아니라 아예 인수합병(M&A)을 하는 방법도 있지만, 이 경우에는 이질적인 조직문화로 인해 물리적인 결합은 성공했으나 결국 화학적 결합에 실패하여 그 시너지를 제대로 발휘하지 못하는 사례가 허다합니다. 결국 산업조직론의 전제가 자동차 산업에는 맞지 않았던 것입니다.

모방할 수 없는 자원과 역량, 그럼에도 틈은 있다!

앞서 산업조직론이 한계를 드러내자, 이를 보완하는 새로운 이론이 등장했습니다. 바로 '자원 준거론(Resource-based Theory)'입니다. 이 이론은 MIT의 버거 워너펠트Birger Wernerfelt, 1951~ 교수가 제안하고, 유타대 제이 바니Jay Barney, 1954~ 교수가 발전시킨 자원 기반 관점에서 출발했습니다. 자원 준거론은 외부 시장에서 필요한 자원과 역량을 조달하는 것이 현실적으로 쉽지 않다는 점을 지적하며, 기업이 이미 보유한 고유한 자원과 역량에 주목합니다. 즉, 기업의 경쟁우위는 외부 환경이 아니라 내부 자원과 역량에서 비롯된다는 주장입니다.

자원 준거론 관점의 경영학자들은 기업별로 보유한 자원과 역량이 동종 산업 내에서도 쉽게 모방될 수 없다고 강조합니다. 기업의 자원과 역량에는 기계·자본·건물·토지 같은 유형 요소뿐 아니라, 기술력·노하우·조직문화 같은 무형의 자산이 포함되기 때문입니다. 이는 동일한 신체 조건을 가진 일란성 쌍둥이라도 각자가 지닌 능력과 경험에 따라 전혀 다른 성과를 내는 것과 비슷합니다. 특정 기업이 가진 자원과 역량은 과거의 독특한 배경과 동기 속에서 축적된 것이므로, 경쟁사가 똑같은 과정을 거치지 않는 이상 동일한 경쟁력을 확보하기 어렵습니다.

TV 프로그램 〈생활의 달인〉을 떠올려보면 이해가 쉽습니다. 달인들이 자신의 비법을 모두 공개해도 일반인이 그대로 따라 하기란 거의 불가능합니다. 매뉴얼이 없기 때문입니다. 기업도 마찬가지입니다. 효율화를 위해 똑같이 노력해도 어떤 기업은 놀라운 성과를 내는 반면, 어떤 기업은 겉핥기 수준에 그치곤 합니다. 결국 중요한 것은 무형 자산을 포함한 내부 자원과 역량을 어떻게 활용하느냐입니다.

그러나 자원 준거론에도 한계는 있었습니다. 자원과 역량이 부족한 후발주자나 약자가 시장에서 오히려 성공하는 사례가 반복적으로 나타났기 때문입니다. 이를 설명하기 위해 등장한 것이 세 번째 사조인 '전략적 혁신(Strategic Innovation)'입니다.

전략적 혁신은 1990년대, 산업조직론과 자원 준거론이 설명하지 못하는 현상을 해소하고자 나온 이론입니다. 프라할라드C. K. Prahalad, 1914~2010와 게리 하멜Gary Hamel, 1954~이 〈하버드 비즈니스 리뷰(HBR)〉에 발표한 〈The Core Competence of the Corporation〉이 그 출발점이며, 이후 김위찬1951~ · 르네 마보안Renée Mauborgne, 1963~의 '블루오션(Blue Ocean)', 클레이턴 크리스텐슨Clayton Christensen, 1952~2020의 '파괴적 혁신(Disruptive Innovation)'으로 이어지며 확산되었습니다.

전략적 혁신의 핵심은 단순합니다. 남들이 가진 우월한 자원과 역량을 조달할 수 없거나, 내가 가진 자원과 역량이 부족하더라도, 타깃 고객, 제품·서비스 구성, 생산·판매 방식 등 전략 자체를 다르게 설계하면 새로운 강자로 부상할 수 있다는 것입니다.

'게임의 룰'을 바꾼 넷플릭스

⋮

1990년대 미국의 가정용 비디오 대여 시장의 절대 강자는 '블록버스터'였습니다. 블록버스터는 1985년 설립 이후 비디오 테이프와 DVD 대여 서비스를 제공하며 한때 전 세계 10만 명이 넘는 직원과 9000여 개의 매장을 거느린 거대 기업이었습니다. 그러나 인터넷 기술 발달과 불법 다운로드 확산으로 사업 모델이 급속히 흔들리기 시작했고, 결국 2010년 파산을 선언하게 됩니다.

한편 넷플릭스는 블록버스터보다 12년 뒤인 1997년에야 DVD 대여 서비스로 사업을 시작한 후발주자였습니다. 그럼에도 넷플릭스가 시장의 약자에서 오늘날 글로벌 절대 강자로 부상할 수 있었던 이유는 전략적 혁신에 있습니다.

넷플릭스는 DVD 연체료 문제를 해결하기 위해 DVD 대여·반납에 우편 서비스를 적용했고, 아예 연체료를 폐지하는 파격적인 방식을 도입했습니다. 여기에 정액제 구독 모델을 채택해 블록버스터와 차별화를 이루었습니다. 결정적으로 인터넷 시대의 흐름에 맞춰 온라인 스트리밍 서비스를 도입하고, 이어 〈하우스 오브 카드〉(2013년)처럼 자체 콘텐츠 제작에 나서면서 OTT(Over The Top) 시장을 개척했습니다.

이러한 전략적 혁신을 통해 작은 후발업체였던 넷플릭스는 오늘날 2억 명이 넘는 구독자를 보유한 글로벌 OTT 기업으로 성장했습니다. 이는 사진기·증기기관차·튜브 물감 같은 시대적 발명품이 등장하며 인상주의가 부상하고 자리 잡았던 과정과 정확히 닮았습니다.

'토끼와 거북이' 우화도 전략적 혁신을 되새겨볼 수 있는 좋은 예입니다. 산업조직론 관점은 토끼의 우월한 팔과 다리를 거북이에게 붙일 수 있다고 말하는 것이고, 자원 준거론 관점은 선천적으로 뛰어난 신체 능력을 가진 토끼가 항상 이긴다고 보는 견해입니다. 그러나 전략적 혁신은 다른 이야기를 합니다. 토끼는 물을 싫어하고 거북이는 헤엄을 잘 친다는 사실에 주목해 경주 코스에 새로이 물길을 추가해 시합의 규칙 자체를 바꾸는 것, 이것이 바로 전략적 혁신입니다.

공존하며 더 풍성하게 확장하는 세계

산업조직론, 자원 준거론, 전략적 혁신이라는 세 가지 경영 사조는 시대적 환경 변화에 따라 등장한 것이지만, 새로운 사조가 나타났다고 해서 이전 사조가 사라지는 것은 아닙니다. 각각의 관점에서 계속 발전하며 시대에 따라 특별히 유행하는 경영 사조가 있는 것입니다.

미술 사조도 마찬가지입니다. 인상주의가 등장했다고 해서 사실주의가 사라진 것이 아니며, 사실주의는 오히려 극사실주의로 발전해 사진과 구별하기 어려울 만큼 더욱 정교해졌습니다. 미술은 언제나 새로운 사조가 기존 사조를 지우는 방식으로 진화한 것이 아니라, 서로 겹치고 보완하며 다층적으로 성장해 왔습니다.

그 사실을 아름답게 보여주는 작품이 바로 크뢰위에르의 〈장미 정원〉입니다. 크뢰위에르가 아내를 모델로 그린 이 작품은 인상주의적

페데르 세베린 크뢰위에르, 〈장미 정원〉, 1893년, 캔버스에 유채, 67.5×76.5cm, 스카겐미술관

빛의 감각과 사실주의적 묘사가 절묘하게 공존합니다. 햇살이 장미 꽃송이와 잎사귀를 부드럽게 감싸며 만들어내는 분위기는 인상주의의 감각에 가깝지만, 꽃잎 하나하나가 지닌 섬세한 질감과 정원의 구조는 사실주의적 관찰에서 비롯된 것입니다. 새로운 시선이 등장하더라도 오래된 기법은 사라지지 않고, 오히려 서로를 비추며 더 풍부한 세계를 만들어낸다는 증거입니다.

경영학도 그렇습니다. 하나의 사조가 끝나고 다른 사조가 시작되는 직선적 변화가 아니라, 서로 다른 관점이 겹치고 보완되며 더 깊고 넓은 시야를 만들어냅니다. 크뢰위에르의 〈장미 정원〉이 빛과 형태를 동시에 품고 있듯, 오늘의 경영 역시 하나의 정답이 아니라 여러 관점이 공존하는 정원 위에서 피어나고 있습니다.

변화의 가능성이 열려 있는 중간지대

사업 포트폴리오 전략

서양 예술의 깊은 층위로 들어가고 싶다면 반드시 거쳐야 할 세 개의 문이 있습니다. 그리스·로마 신화, 성경, 그리고 단테 알리기에리Dante Alighieri, 1265~1321의 《신곡》(1308~1321년)입니다. 앞의 두 텍스트가 서양 시각 문화의 기호와 상징, 즉 '문법'을 마련했다면 《신곡》은 그 문법을 토대로 생생한 서사를 구축하여 예술가들에게 마르지 않는 영감의 원천이 되었습니다.

《신곡》은 인간이 죽은 뒤 지옥(Inferno) – 연옥(Purgatorio) – 천국(Paradiso)을 거쳐 구원에 이르는 여정을 그린 14세기 서사시입니다. 주인공 단테는 시인 베르길리우스의 안내로 지옥의 심연을 지나 죄의 본질을 목격하고, 연옥에서 참회와 정화를 경험하며, 베아트리체의 인도로 마침

산드로 보티첼리, 〈지옥 종단도〉, 1481년, 양피지에 은 펜과 잉크 · 템페라, 33×47.5cm, 바티칸도서관

내 천국의 빛과 신의 사랑에 도달합니다. 지옥·연옥·천국이라는 중세적 우주관을 따르면서도 그 여정을 개인의 의지와 성찰로 완성한다는 점에서, 이 작품은 중세에서 르네상스로 넘어가는 사유의 전환점이 됩니다.

인간 영혼의 '해석 지도'

《신곡》은 미술·문학·음악 전반에 걸쳐 서양의 사후세계 이미지와 영혼의 서사를 규정한 표준이 되었으며, 수백 년 동안 예술가들의 상상력과 세계관을 지탱해 왔습니다. 르네상스의 거장 산드로 보티첼리Sandro Botticelli, 1444~1510 역시 이 서사에 깊이 매료되어 《신곡》을 주제로 한 여러 작품을 남겼습니다.

《신곡》은 특히 지옥을 정교하게 묘사하고 있습니다. 지옥은 9층으로 이루어진 역(逆)피라미드 구조로 되어 있으며, 죄인들은 분노·폭식·낭비·욕심 등 죄의 성격과 무게에 따라 각기 다른 층에서 끔찍한 형벌을 받습니다. 보티첼리의 〈지옥 종단도〉(303쪽)는 이 구조를 시각적으로 선명하게 구현해 낸 작품입니다.

또한 《신곡》은 천국과 지옥 사이에 '연옥'이라는 독특한 공간을 설정합니다. 연옥은 죄를 참회하고 정화해 천국에 오르기 위해 영혼이 스스로를 단련하는 곳입니다. 천국에 바로 이르기엔 아직 미완인 영혼들이 수양을 통해 다시 올라갈 준비를 하는 장소, 즉 '변화의 가능성이 열려 있는 중간지대'인 셈입니다.

흥미롭게도, 사업 포트폴리오 전략에도 이러한 연옥과 비슷한 지점이 있습니다. 앞으로 크게 성장할 수도, 혹은 사라질 수도 있는 갈림길에 선 '퀘스천 마크(Question Mark)' 사업군입니다.

피렌체 산타 크로체 광장의 단테 기념비. 월계수는 시신(詩神) 아폴론의 신목으로, 고대 그리스에서 시인과 예술가에게 주어지는 최고의 영예를 상징했다. 그래서 미술 작품 속 단테 역시 월계수관을 쓴 모습으로 묘사된다.

《신곡》에서 배우는 사업 포트폴리오 전략

⋮

퀘스천 마크는 기업이 시장성장률과 시장점유율을 통해 사업 또는 상품의 포트폴리오를 진단하는 전략 도구인 'BCG 매트릭스'의 네 가지 유형 가운데 하나입니다. BCG 매트릭스는 보스턴컨설팅그룹(BCG)이 개발한 이후 지금까지 수많은 기업의 사업 전략 수립에 널리 활용되고 있습니다.

BCG 매트릭스는 시장이 얼마나 빠르게 성장하는지를 나타내는 '시장성장률'과 자사 상품이 경쟁사 대비 얼마나 팔리고 있는지를 보여주는 '상대적 시장점유율'이라는 두 축으로 구성됩니다. 두 축에 의해 BCG 매트릭스는 네 가지 사분면, 스타(Star), 캐시카우(Cash Cow), 도그(Dog), 퀘스천 마크(Question Mark)로 나뉩니다.

시장성장률은 통상 10%를 기준(중앙값)으로 삼지만, 산업 특성에 따라 달라질 수 있습니다. 예를 들어 바이오, 2차전지, 휴머노이드 로봇, AI 등 고성장 산업과 달리 내연기관 자동차 부품이나 유통처럼 저성장 산업은 평균성장률 자체가 낮습니다. 국내 유통 산업의 3개년 CAGR(Compound Annual Growth Rate, 연평균성장률)은 약 3% 수준이며, 오프라인 유통만 따로 보면 1~2%에 그칩니다. 이런 산업에 동일하게 10% 기준을 적용한다면 대부분이 구조조정 대상으로 분류될 것입니다. 따라서 시장성장률 기준은 산업 특성과 미래 성장성을 고려해 조정하는 것이 바람직합니다.

상대적 시장점유율은 절대 점유율이 아니라, 자사 상품의 매출액을

■ **BCG 매트릭스**

BCG 매트릭스는 시장이 얼마나 빠르게 성장하는지를 나타내는 '시장성장률'과 자사 상품이 경쟁사 대비 얼마나 팔리고 있는지를 보여주는 '상대적 시장점유율'이라는 두 축으로 구성된다.

시장 1위 기업의 매출액으로 나눈 값입니다. 기준값은 1이며, 1 이상이면 시장지배력이 높고, 1 미만이면 낮다고 판단합니다. 예를 들어 자사의 시장점유율이 20%, 1위 기업이 40%라면 상대적 시장점유율은 0.5가 되어, 시장지배력이 낮은 것으로 평가됩니다.

각 사분면의 의미를 보면, '스타'는 시장성장률과 시장점유율이 모두 높은 전도유망한 미래 먹거리입니다. '캐시카우'는 성장은 둔화되었지만 여전히 시장을 지배해 안정적인 이익을 창출하는 즉, 이익 기여도가 높은 사업입니다. 단 스타는 미래 시점에 시장이 성숙하고 포화 상태가 되면 캐시카우로 전환됩니다. '도그'는 성장성도 낮고 점유율도 낮아 강력한 구조조정과 철수 가운데 선택이 필요한 상황을 뜻합니다. 마지막으로 '퀘스천 마크'는 성장성은 높지만 시장점유율이 낮아, 향후 투자와 철수 중 어느 쪽에 무게를 두어야 할지 고민이 필요한 사업군입니다. 산업의 진입 장벽이 높고 기술적 우위를 확보할 수 있다면, 집중적인 투자로 해당 사업을 퀘스천 마크에서 스타로 전환할 수 있습니다.

천국이 될까, 지옥이 될까 - 퀘스천 마크의 운명

《신곡》에서 지옥과 천국 사이에 자리한 연옥처럼, 퀘스천 마크에 해당하는 사업 역시 기다림과 준비를 어떻게 하느냐에 따라 스타와 같은 '천국', 도그와 같은 '지옥'의 사업이 될 수도 있습니다.

물론 사업은 생물과 같아서 BCG 매트릭스를 기계적으로 적용해 정답을 도출할 수는 없습니다. 천덕꾸러기 취급을 받던 사업도 예상치 못한 환경 변화 속에서 갑자기 성장할 수 있기 때문입니다. 실제로 'Zoom' 같은 원격회의 솔루션은 코로나19 팬데믹을 거치며 단숨에 스타로 부상했습니다. 또한 트랜스포머 모델(구글에서 공개한 딥러닝의 한 모델)의 개발, 축적된 소셜 데이터, AI 가속기(엔비디아의 GPU, 구글의 TPU 등 AI 알고리즘을 계산하는 데 최적화된 반도체 칩)의 발전이 맞물리면서 ChatGPT를 비롯한 생성형 AI 서비스 역시 어느 날 갑자기 스타로 떠올랐습니다.

테슬라의 휴머노이드 로봇 사업처럼 미래 시장성장률은 높게 예상되지만, 현재 시장 규모가 너무 작아 상대적 시장점유율을 산정하기 어려운 경우도 있습니다. 이러한 사업은 기술 발전 속도, 활용 범위, 대중화를 위한 가격 형성 등 다양한 요인에 따라 향후 방향이 결정되기 때문에, 당장 BCG 매트릭스의 사분면에 명확히 배치하기 어렵습니다.

반대로, 시장성장률이나 시장점유율과 무관하게 전략적·상징적 이유로 사업을 유지하는 경우도 있습니다. 기업이 창업주의 의지, 공익적 목적, 또는 기업 이미지 제고를 위해 특정 사업을 지속하는 방식입니다. 예를 들어, 교보그룹은 수년째 적자가 이어지는 교보문고 사업을 계속 유지하고 있습니다. 이는 창업주 고(故) 신용호 회장의 유지와 공익적 이미지 강화라는 두 가지 이유가 맞물린 결과입니다.

신용호1917~2003 회장과 그 형제들은 일제강점기 독립운동가였습니다. 신 회장은 독립운동을 물심양면으로 지원하며 1958년 교보생명을 창업했습니다. 광화문 교보생명 사옥을 지을 때도, 지하 공간을 상업시설로 채워 수익을 내기보다 서울 한복판에 대한민국을 대표하는 서점을 만들겠다는 신념으로 1981년 교보문고를 열었습니다. 이런 사업을 눈앞의 이익만 따져서 철수할 수는 없겠죠. 실제로 교보문고의 창립 이념은 "국민 교육 진흥의 실천적 구현, 독서 인구 저변 확대를 통한 국민 정신문화 향상, 사회적 기능을 살린 문화공간 창출"로, 애초 손익으로 성과를 평가할 수 있는 사업이 아닙니다.

현대자동차를 예로 들어 볼까요. 캐시카우에는 '그랜저', '쏘나타', '아반떼'처럼 시장에서 인기가 높고 꾸준히 판매되는 내연기관 자동차 브랜드가 해당됩니다. 반면 도그에는 디젤 세단 브랜드가 속합니다. 실

창립자의 철학을 보여주는 교보문고 표지석. 교보문고처럼 시장성장률이나 시장점유율만으로 사업의 구조조정 또는 철수를 선택할 수 없는 사업도 있다.

제로 현대자동차는 환경 규제 강화와 수요 감소로 인해 디젤 세단 라인을 점진적으로 단종할 계획을 세우고 있습니다. 스타에는 전기차 브랜드인 '아이오닉' 시리즈를 들 수 있습니다. 물론 아직 전기차 시장이 완전히 대중화된 것은 아니고, 글로벌 시장에서 절대적인 점유율을 확보했다고 보기도 어렵습니다. 따라서 퀘스천 마크로 분류할 수도 있지만, 전기차 시대 도래는 결국 시기의 문제이므로 스타에 훨씬 가깝다고 볼 수 있습니다. 퀘스천 마크에는 수소차 브랜드 '넥쏘', 특정 운송 목적을 위해 제작하는 PBV(Purpose-Built Vehicle), 그리고 도심항공교통수단인 UAM(Urban Air Mobility) 사업 등이 포함됩니다. 이들 사업은 향후 시장 환경과 기업의 의사 결정에 따라 스타가 될 수도, 도그로 전락할 수도 있습니다.

과거 우리나라 반도체 산업에는 굵직한 '빅딜'이 있었습니다. 지금의 'SK하이닉스'는 HBM(High Bandwidth Memory) 시장 1위 기업입니다. 2024년 영업이익만 23조 4673억 원에 이르며, 삼성전자를 제치고 국내 기업 1위를 기록했습니다. 그러나 그 이면에는 결코 순탄하지 않았던 시련의 역사가 자리하고 있습니다.

SK하이닉스의 모태는 'LG반도체'입니다. IMF 시기, LG그룹은 정부 주도의 빅딜 정책 속에서 울며 겨자 먹는 심정으로 반도체 사업을 현대그룹에 넘겼습니다. 그러나 반도체 사업을 인수한 현대그룹 역시 2000년대 초 메모리 반도체 시장 불황과 그룹 오너 일가의 경영권 분쟁이라는 악재가 겹치며 결국 반도체 부문을 그룹에서 완전히 분리할 수밖에 없었습니다. 분리된 반도체 회사는 이후 '하이닉스'로 사명을 바꾸고 독자 생존의 길을 걸었고, 2012년 SK그룹에 인수되며 오늘의 SK하이닉스로 자리 잡았습니다.

시장 상황과 기업의 경영 판단에 여러 변수가 존재했겠지만, 만약 당시 LG와 현대가 각자의 캐시카우를 기반으로 반도체를 미래 성장 산업으로 보는 긴 안목을 가졌더라면, 오늘날 반도체 산업의 결실을 거두는 주인공은 달라졌을지도 모릅니다. 물론 당시 반도체 제조사들은 '치킨 게임'에 가까운 치열한 경쟁에 내몰려 있었고, 일부 선도 기업을 제외하면 대부분이 적자에 시달렸다는 점도 간과할 수 없습니다.

성장·유지·철수를 가르는 또 다른 전략 도구, GE 매트릭스

기업은 BCG 매트릭스 분석을 통해 역량과 자원을 어디에, 얼마나 배분할지, 어떤 사업을 강화하고 어떤 사업을 철수할지, 어떤 상품을 단종할지를 판단할 수 있습니다. 이러한 접근을 '사업 포트폴리오 전략'이라고 합니다. 사업 포트폴리오 전략이 필요한 이유는 대부분의 기업이 여러 사업부와 상품군을 보유하고 있으며, 이들 각각은 성장성·수익성·자원 투입 정도가 다르므로 적절한 시점에 유효한 성장·유지·철수 전략을 구사해야 하기 때문입니다.

BCG 매트릭스 외에 널리 사용되는 사업 포트폴리오 전략 도구로 'GE 매트릭스'가 있습니다. GE 매트릭스는 컨설팅 기관인 맥킨지(McKinsey)가 개발하여 GE의 사업 단위 분석에 적용한 모델로,

'McKinsey Nine-Cell Matrix'라고도 불립니다. 이 분석 도구는 산업매력도와 사업 단위 경쟁력을 기준으로 사업 포트폴리오 전략을 수립하는 방법입니다.

산업매력도는 산업성장률, 시장 규모, 경쟁 강도 등을 고려해 평가합니다. 성장률이 높을수록, 시장 규모가 클수록, 경쟁 강도가 낮을수록 산업매력도는 높다고 볼 수 있습니다. 사업 단위 경쟁력은 시장점유율, 매출 및 영업이익, 브랜드 인지도, 기술력, 원가 경쟁력 등을 종합적으로 고려하여 판단하며, 이러한 요소가 높을수록 경쟁력이 높은 사업으로 평가됩니다. 이 외에도 산업매력도와 사업 경쟁력을 평가하기 위해 거시 환경 변수, 기술 변화 속도, 규제 등 다양한 경영 지표가 활용될 수 있습니다.

GE 매트릭스는 BCG 매트릭스처럼 사업의 위치와 전략적 방향을

■ **GE 매트릭스**

산업매력도 \ 사업 단위 경쟁력	강	중	약
강	방어를 위한 전략적 집중 투자	선택과 집중 투자	실험적 투자
중	선택적 투자	현상 유지 · 기회 탐색	철수 고려
약	수익 유지를 위한 최소 투자	철수 고려	신속한 철수

파란색 영역은 투자 필요, 노란색 영역은 현상 유지 또는 시장 탐색, 주황색 영역은 철수 고려를 의미한다.

판단하는 데 유용하지만, 고려해야 할 평가 차원이 더 많아 복잡성이 높다는 특징이 있습니다. 또한 산업매력도와 사업 경쟁력을 '강·중·약'으로 평가하기 때문에 평가자의 주관성이 개입될 가능성도 존재합니다. 그럼에도 다양한 경영 지표를 세밀하게 반영해 분석하고자 하는 경영자에게는 유용한 도구입니다.

살롱전의 제왕 → 시대에 뒤처진 화가 → 재발견된 거장

⋮

단테의《신곡》중 지옥 편을 묘사한 작품을 하나 살펴보겠습니다. 프랑스 화가 윌리엄 아돌프 부그로William Adolphe Bouguereau, 1825~1905의 〈단테와 베르길리우스〉입니다. 베르길리우스의 안내를 받아 지옥에 내려온 단테가, 거짓말쟁이와 사기꾼이 벌을 받는 구역에서 두 죄인이 짐승처럼 서로를 물어뜯는 장면을 목격하는 순간을 포착한 작품입니다. 부그로는 이 장면을 해부학적 정확성과 극적인 조명으로 그려, 타락한 영혼의 비참함을 날카롭게 드러냅니다.

이제 잠시 시선을 돌려, 여러분이 이 작품을 그린 화가 부그로라고 가정해 보겠습니다. 그리고 〈단테와 베르길리우스〉를 BCG 매트릭스의 사분면 중 하나에 배치해야 한다면 어디에 두시겠습니까?

판단을 돕기 위해, 당시 부그로가 처한 상황을 잠시 살펴보겠습니다. 19세기 예술가에게 살롱전은 인생 역전의 기회였습니다. 입상만 하면 주문이 쇄도하고, 뛰어난 성적을 거두면 로마 유학의 기회까지 주어

윌리엄 아돌프 부그로, 〈단테와 베르길리우스〉, 1850년, 캔버스에 유채, 280×225cm, 파리 오르세미술관

졌기 때문입니다. 이십 대 중반의 에콜 데 보자르 학생이던 부그로 역시 살롱전 수상을 목표로 정진했습니다. 〈단테와 베르길리우스〉는 로마상을 노린 그의 세 번째 도전이었지만 결과는 아쉽게도 낙선이었습니다.

그 시점에서 부그로는 갈림길에 선 셈이었습니다. 아카데미즘의 정통 노선을 더 깊이 파고들 것인지, 아니면 새로운 화풍을 모색할 것인지. 그런 의미에서 〈단테와 베르길리우스〉는 부그로 개인에게 '퀘스천 마크'에 놓인 작품이었습니다. 자, 여러분이라면 어떤 선택을 하시겠습니까?

부그로는 아카데미즘의 정통 노선에 과감히 '집중 투자'를 택했습니다. 낙선 이후 그는 해부학과 기본기를 더욱 철저히 다듬는 데 매진했고, 그 노력은 같은 해 〈아락세스 강변에서 제노비아를 발견한 목동들〉로 로마상 2등을 수상하며 결실을 맺었습니다. 이어 그는 3년간 로마에서 유학하며 르네상스 대가들의 작품과 고대 유물을 탐구했고, 이를 바탕으로 자신의 아카데미즘 화풍을 한층 정교하게 발전시켜 나갔습니다.

오늘날에는 다소 낯설지만, 부그로는 19세기 프랑스 화단에서 가장 유명하고 영향력 있는 화가였습니다. 신화와 목가적 세계를 주제로 인물을 '살아 있는 조각'처럼 정교하게 그려내는 것이 특징이었으며, 매년 살롱전을 석권해 '살롱전의 제왕'으로 불렸습니다. "살롱전에서 부그로가 빠지는 해는 달력에서 5월이 빠진 것과 같다"는 말이 회자될 정도였습니다.

흥미로운 점은, 그의 예술적 위상이 마치 BCG 매트릭스의 사분면을 이동하듯 극적으로 변모했다는 사실입니다. 부그로는 아카데믹 미술의 정통성을 대표하며 높은 대중적 인기와 제도권의 후원을 동시에 누리던 전형적 스타였습니다. 그러나 인상주의의 부상은 미술계의 평가 기준을 근본적으로 바꾸어 놓았습니다. 아카데미즘은 시대에 뒤처진 미술이 되었고, 부그로의 작품 역시 도그에 가까운 위치로 밀려났습니다. 이 과정에서 그의 작품은 시장성과 미술사적 관심을 동시에 상실하며 오랜 기간 퀘스천 마크 상태에 머물렀습니다.

그러나 20세기 후반, 미술사 연구가 확장되면서 부그로는 재평가되기 시작했습니다. 그의 뛰어난 드로잉 실력, 인체 표현의 정밀성, 구성의 완성도 등이 다시 인정받으며 위상이 점진적으로 회복되었습니다. 한때 수장고에 갇혀 있던 〈님프와 사티로스〉가 오늘날 클라크미술관의 대표작이 된 사실은 이러한 변화를 상징적으로 보여줍니다.

BCG 매트릭스의 'Question Mark'를 흔히 '문제아'로 번역하지만, 이는 퀘스천 마크의 본질을 오도합니다. 문제아라는 표현에 담긴 부정적 뉘앙스가 이 영역이 지닌 성장 가능성을 가려버리기 때문입니다. 퀘스천 마크의 본질은 '문제'가 아니라 '도전과 잠재력'에 있습니다. 따라서 필자는 이를 문제아가 아닌 '도전자'로 번역하는 것이 더 적절하다고 생각합니다.

단테의 《신곡》 가운데 '연옥'은 희망이 가장 선명하게 빛나는 세계입니다. 연옥은 죄를 뉘우친 영혼이 정화와 성장을 통해 다시 천국을 향해 나아갈 수 있는 변화의 공간입니다. 결국 사업도, 예술도, 인간의 운명도 한순간에 규정되지 않습니다. 단테가 연옥을 통해 '변화의 가능성'을 노래했듯, 기업의 퀘스천 마크 역시 닫힌 결론이 아니라 미래의 문 앞에 서 있는 도전자입니다.

루벤스에게 묻다
'기술의 시대, 인간이 설 자리는 어디인가?'

포디즘에서 스마트 팩토리까지, 생산 관리

루브르박물관에는 '메디치 갤러리'라는 특별 전시실이 있습니다. 페테르 파울 루벤스Peter Paul Rubens, 1577~1640가 프랑스 왕 앙리 4세Henry IV, 1553~1610의 왕비 마리 드 메디치Marie de Medici, 1573~1642의 생애를 그린 21점의 연작과 부부의 초상화 3점을 전시하기 위해 마련된 공간입니다. 오른쪽 그림은 메디치 갤러리를 묘사한 작품입니다. 이곳에 걸린 그림은 한 점당 가로 3미터, 세로 4미터에 이르는 대형 작품들입니다. 루벤스는 이 연작을 완성하는 데 총 4년을 썼습니다. 당시 화가들이 이 정도 규모의 작품을 한 점 완성하는 데 수년을 들였던 점을 감안하면, 놀라운 속도입니다.

벨기에 왕립미술관에도 루벤스 작품만 50여 점을 모아 놓은

루이 베루, 〈루브르박물관의 루벤스 룸〉, 1904년, 캔버스에 유채, 200×300cm, 파리 루브르박물관

전시실이 따로 있습니다. 런던 내셔널갤러리는 그의 작품을 약 44점 소장하고 있습니다. 사실 루벤스는 대작을 포함해 방대한 작품을 남긴 화가로 유명합니다. 작품 수는 무려 1400여 점에 이릅니다. 이를 그가 생존한 기간(63세)으로 나눠 생각해 보면, 매년 20점 넘는 작품을 제작한 셈이 됩니다. 그래서일까요. 그의 그림을 보고 있으면, 이렇게 크고 많은 작품을 어떻게 그렸는지 궁금해집니다.

"Rubens' own hand"

⋮

의뢰인들이 완성된 작품을 보는 날, 루벤스에게 자주 던진 질문이 있습니다. "이 작품에서 당신의 손길은 어디까지입니까?" 얼핏 무례하게 들릴 수 있는 이 질문은, 루벤스의 독특한 작업 방식에서 비롯된 것이었습니다. 루벤스는 여러 제자와 함께 대형 화실에서 작업하는, 이른바 '아틀리에 방식'으로 작품을 제작했습니다. 그 결과 한 작품 안에 여러 화가의 손길이 공존하게 되었고, 이를 알고 있던 의뢰인들은 자연스레 루벤스가 직접 그린 부분이 정확히 어디인지 궁금해했던 것입니다.

'아틀리에'는 원래 마이스터인 화가가 제자들과 함께 작업하며 교육하던 공간이자 체계를 가리킵니다. 일반적으로는 화가가 전체 구도를 잡고, 밑그림이나 배경 같은 부분을 제자에게 맡기는 도제식 협업이 이루어졌습니다. 루벤스 역시 이런 방식을 활용하긴 했지만, 그의 방법은 더 체계적이었습니다.

루벤스는 먼저 작품의 주제와 구도를 확정한 뒤 스케치를 완성했습니다. 이후 꽃, 동물, 원근 표현 등 특정 분야에 능숙한 화가를 섭외해 세부 묘사를 맡겼고, 반면 얼굴, 손, 극적인 장면처럼 작품의 핵심이 되는 부분은 직접 그렸습니다. 전체 제작 과정에서 루벤스의 역할은 개념 설계, 일정 계획, 인력 배분, 품질 관리, 의뢰인과의 소통에 이르기까지 매우 광범위했습니다. 그는 전통적 도제 시스템을 넘어 명확한 분업 체계를 구축했던 것입니다.

페테르 파울 루벤스, 〈마르세유에 도착한 마리 드 메디치〉, 1622~1625년경, 캔버스에 유채, 94×293cm, 파리 루브르박물관

미술사학자들은 그가 남긴 1400여 점의 작품 중 상당수가 이러한 방식으로 제작되었을 것으로 추정합니다. 메디치 연작 역시 아틀리에 방식으로 그려졌습니다. 그중에서도 가장 유명한 〈마르세유에 도착한 마리 드 메디치〉는 1600년 11월, 마리 드 메디치가 결혼을 위해 마르세유 항구에 도착한 순간을 묘사한 작품입니다. 실제 사건을 바탕으로 하되, 그녀가 신과 바다 요정들에게 환영받는다는 신화적 요소를 결합했습니다. 이 작품에서 루벤스는 전체 드로잉과 주요 인물의 얼굴, 몸을 직접 그렸고, 조수들이 배경과 장식을, 특정 분야의 전문 화가들은 천과 건축물 묘사를 담당했습니다.

루벤스의 생산 혁명, 대량 생산에서 다품종 소량 생산까지

⋮

16~17세기의 화가들은 크게 두 부류로 나뉩니다. 오랜 시간을 들여 천천히 작품을 제작해 높은 가격에 파는 유형과, 비교적 빠르게 많은 작품을 제작해 판매하는 유형입니다. 작품의 가치나 가격을 고려하지 않으면, 전자는 적게 후자는 많이 팔 수 있습니다. 후자의 생산 방식은 오늘날의 개념으로 보면 일종의 '공장형 미술품', 즉 대량 생산 체계를 갖춘 형태라고 할 수 있습니다.

17세기 상업과 금융 발달로 부유한 계층이 증가하면서, 집에 그림 몇 점을 걸어 사회적 지위를 드러내고자 하는 욕구가 커졌습니다. 이러한 분위기 속에서 화가들은 대량 생산 방식을 선호하게 되었습니다.

루벤스의 아틀리에에서 제작된 작품들은 이러한 의미에서 대량 생산 방식과 개념적으로 유사합니다. '대량 생산 체제'는 제2차 산업혁명 이후 본격적으로 정착한 생산 방식이며, 그 이전까지는 숙련된 장인의 수작업에 의존하는 방식이 일반적이었습니다. 수작업 방식은 상품의 다양성은 높지만 생산량이 적고 단가가 높아, 효율성이 떨어졌습니다. 그 뒤 증기기관의 도입으로 생산성이 향상되었고, 이후 포드 자동차가 생산 라인에 컨베이어 벨트를 적용한 '포디즘(Fordism)'을 고안하면서 대량 생산 체제가 확립되었습니다. 기업은 표준화를 통해 생산 시간을 단축하고 원가를 낮출 수 있었고, 소비자는 더 저렴한 가격에 상품을 구매할 수 있게 되었습니다. 그러나 대량 생산 체제는 생산 유연성이 떨어지고 고객 맞춤화가 어렵다는 한계가 있었습니다.

페테르 파울 루벤스, 〈성 프란치스코 하비에르의 기적〉, 1617~1618년, 캔버스에 유채, 535×395cm, 빈미술사박물관

페테르 파울 루벤스, 〈한복을 입은 남자〉, 1617년경, 종이에 흑연, 38.4×23.5cm, 로스앤젤레스 J. 폴게티미술관

루벤스는 거대한 역사화와 종교화뿐 아니라, 단독 초상화에서도 뛰어난 솜씨를 보였습니다. 때로는 이국적인 인물이나 비정형적 모델을 대상으로 독특한 초상화를 남겼는데, 그중에는 조선인으로 추정되는 인물의 초상도 포함되어 있습니다. 그 작품이 바로 〈한복을 입은 남자〉입니다. 이 초상화는 독립된 작품이라기보다, 대작 〈성 프란치스코 하비에르의 기적〉을 위한 사전 연구 혹은 밑그림으로 제작된 것으로 추

측됩니다. 즉, 루벤스는 대형 작품을 구상하기 전에 특정 인물을 별도로 관찰하고 묘사한 뒤, 그 얼굴과 체형, 복식의 특성을 참고해 최종 작품에 반영한 것입니다.

이러한 유형의 초상화는 아틀리에에서 분업으로 제작된 대량 생산 작품과 달리, 처음부터 끝까지 루벤스가 직접 그린, '다품종 소량 생산' 방식의 산물로 볼 수 있습니다. 다품종 소량 생산 체제는 대량 생산 체제의 반대편에 있는 개념으로, 다양한 고객의 니즈에 맞추어 상품을 생산할 수 있는 유연한 시스템이 바탕이 되어야 합니다.

다품종 소량 생산 개념은 1950년대 토요타자동차의 '혼류 생산(Mixed-Model Production)'에서 비롯되었습니다. 이는 단일 모델 생산에 집중한 포디즘과 달리, 한 생산라인에서 5~10종의 다양한 모델을 동시에 조립할 수 있는 체계입니다. 이를 위해서는 공정 계획, 설비, IT, 작업 인력 등 다양한 요소의 유기적 연결이 필요합니다.

토요타는 TNGA(Toyota New Global Architecture)를 통해 전 세계 공장에 공통 플랫폼을 구축하고, 다양한 차종을 통합 생산하는 체계를 마련했습니다. 또한 설비 전환 시간을 10분 이내로 줄이는 SMED(Single Minute Exchange of Die) 기법을 도입했습니다. '금형(die)'은 동일한 부품을 반복적으로 찍어 내는 금속 틀로, 빵 반죽을 틀에 부어 굽는 것과 유사한 원리입니다. SMED 도입 이전에는 금형 교체에만 수 시간이 걸려 생산라인이 멈출 수밖에 없었고, 그러다 보니 생산성이 떨어져 혼류 생산을 할 수 없었죠.

도요타는 전 세계 주요 생산라인에서 프리우스, 캠리, 라브4, 코롤라 등 소형 및 중형 모델을 하나의 라인에서 생산하고 있습니다. 예를 들어 조립 로봇이 모델에 맞는 부품을 자동으로 인식한 후 신속하게 공정을 전환합니다. 작업자도 다양한 모델에 필요한 공정을 유연하게 수행할 수 있도록 사전에 교육을 받습니다. 혼류 생산 시스템은 수요 변화에 따라 생산량을 조절하기 용이해, 공장 가동률을 극대화하고 비용을 절감하는 효과를 냅니다.

■ **대량 생산 vs. 다품종 소량 생산**

	대량 생산	다품종 소량 생산
상품 다양성	낮음	높음
생산 유연성	낮음	높음
생산 단가	낮음	상대적으로 높음
고객 맞춤 수준	낮음	높음

현대 생산 관리의 전기를 마련한 토요타자동차

오늘날 기업의 생산 관리 효율화에 큰 전환점을 마련한 것은 토요타자동차의 TPS(Toyota Production System)입니다. TPS는 1950년대 토요타가 개발한 낭비 제거 중심의 생산 관리 체계로, '최소한의 자원으로 최대의 고객 가치를 창출한다'는 목표를 지향합니다. 이를 위해 JIT(Just-In-Time), 즉 '필요한 것을, 필요한 시점에, 필요한 만큼' 제공하는 방식과, 공정에서 문제가 발생하면 기계가 이를 감지해 자동으로 생산을 멈추고 작업자가 즉시 해결하는 지도카(Jidoka)가 핵심 원리로 작용합니다.

세부 기법으로는, 부품이 필요할 때 신호를 전달해 공정을 원활히 이어주는 시각적 도구인 칸반(Kanban), 수요 변동성을 완화해 생산 흐름을 균일하게 유지하는 헤이준카(Heijunka), 작업자가 일상적으로 개선을 수행하는 카이젠(Kaizen), 그리고 설비 전환 시간을 단축하는 SMED 등이 있습니다. TPS는 이러한 원리와 기법을 통해, 기존의 밀어내기식 대량 생산 방식을 수요가 있을 때만 생산해 재고를 최소화하는 '풀(pull) 생산 방식'으로 전환하는 데 핵심적인 역할을 했습니다.

1990년 들어, TPS는 MIT 연구진의 저서, 《세상을 바꾼 기계》(1990년)에서 '린 생산(Lean Production)'이라는 개념으로 정리되어 전 세계로 확산되었습니다. 'lean'은 '기름기가 없는', '날씬한'이라는 뜻으로, 낭비를 최소화하고 효율을 극대화하는 생산 관리 체계를 의미합니다. 여기서 말하는 낭비란 과잉 생산, 대기 시간, 불필요한 이동과 재고, 불필요한 동작, 불량, 과도한 작업, 작업자의 지식 미활용 등을 포함합니다.

린 생산 방식의 핵심 원칙은 다음과 같습니다. 고객 니즈를 제대로 반영하는 '고객 가치의 정의', 가치 창출에 필요한 모든 공정을 분석하는 '가치 흐름의 파악', 공정 중 병목을 제거하여 바로 작업을 진행하는 '흐름 만들기', 수요가 있을 때만 생산하는 '풀(pull) 시스템', 지속적인 개선을 추구하는 '완벽성 추구'입니다.

TPS는 린 생산 방식과 6시그마(6 Sigma)의 모태가 되었을 뿐 아니라, 스마트 팩토리(Smart Factory), 디지털 트윈(Digital Twin) 같은 21세기 제조 혁신에도 큰 영향을 미쳤습니다. 그러나 원가 절감에만 과도하게 집착하면 창의적 아이디어가 위축될 수 있다는 한계도 있습니다. 이른바 '나무만 보고 숲을 보지 못하는' 상황이 생기는 것이죠. 실제 기업 현장에서는 TPS가 잘못 적용돼, 소위 '마른 수건 짜기'식 비용 절감 활동으로 변질되며 구성원의 패배감과 활동 위축을 초래한 사례도 적지 않습니다.

다품종 소량 생산의 끝판왕, 나이키(?)

⋮

나이키는 아웃소싱 방식으로 대량 생산 체계를 갖추고 있으면서, 동시에 다품종 소량 생산 전략을 매우 성공적으로 실행하고 있는 기업입니다. 이를 위해 나이키는 'SNKRS'(Sneakers의 자음만 연결한 명칭)와 'Nike By You'라는 플랫폼을 운영하고 있습니다.

SNKRS는 스니커즈의 한정판 판매를 위한 온라인 플랫폼으로, 이곳에서 소비자는 추첨이나 선착순 방식으로 스니커즈를 구매할 수 있습니다. 이 플랫폼에서는 매년 20여 종의 신상품이 출시되며, 대표적 인기 모델로 'Travis Scott×Jordan 1'과 'Off-White×Air Jordan 1 Chicago'가 있습니다. 특히 SNKRS는 소비자가 한정판 구매에 성공했을 때 소셜미디어에 "GOT 'EM"('Got them'의 축약형) 문구를 공유하는 문화를 만들어, 획득 경험 자체를 브랜드 자산으로 전환시켰습니다.

반면 Nike By You는 소비자가 색상, 소재, 문구 등을 직접 선택해 디자인을 제안하면, 이에 따라 맞춤형 생산을 진행하는 C2M(Customer-to-Manufacturer) 모델입니다. 이는 중간 유통과 불필요한 재고를 생략하고, 선주문·후 생산으로 이루어지는 시스템으로, 말 그대로 다품종 소량 생산의 정점이라 할 만합니다. 대표 모델로 'Air Force 1 Low By You Custom'이 있습니다. SNKRS가 희소성을 추구하는 레어템 플랫폼이라면, Nike By You는 개인의 취향을 실현하는 커스터마이징 플랫폼으로, 각각 밀레니얼 세대의 감성적 욕구를 만족시키고 있습니다.

그렇다면 나이키는 이처럼 다양한 모델을 제작하면서 어떻게 생산

나이키는 SNKRS 플랫폼을 통해 출시 예정인 상품을 공개하며 소비자 기대를 유도한다.

효율성을 유지할 수 있을까요? 그 비결은 커스터마이징 가능한 범위를 전략적으로 제한함으로써, 생산 소요 시간을 예측 가능하게 만든 데 있습니다. 예를 들어 갑피, 스우시, 신발 끈 색상은 흰색·검은색·남색 등 8가지 색상으로 한정하고, 가죽 소재도 세 가지 옵션으로 제한합니다. 이렇게 옵션을 표준화하면, 소비자가 '검은색 스우시 + 흰색 갑피 + 남색 밑창'을 선택했을 때, 나이키는 사전에 준비된 재고 조합과 시뮬레이션을 통해 생산 시간을 계산할 수 있습니다. 또한 3D 프린팅이나 증강현실(AR) 기반의 피팅 기술을 활용해 생산 과정의 효율성을 높였습니다. 이처럼 나이키는 다양한 방식의 다품종 소량 생산을 통해 트렌드 변화에 따른 소비자의 니즈를 끊임없이 충족시키며, 대량 생산 시스템의 한계를 효과적으로 보완하고 있습니다.

패션 산업 역시 비슷한 흐름을 보입니다. 자라(ZARA), H&M과 같은 SPA(Specialty store retailer of Private label Apparel) 기업들은 소비자 니즈와 시장 트렌드를 1~2주 단위로 파악해 소량의 다양한 제품을 출시하고, 시장 반응을 테스트합니다. 반응이 좋으면 추가 생산으로 이어지고, 경우에 따라 다품종 대량 생산으로 전환되기도 합니다. 다품종 소량 생산과 다품종 대량 생산의 공통 분모는 '다품종'이지만, 그것의 생산 규모는 상대적이고 주관적인 개념이므로, 절대적인 수량이 존재하지는 않습니다.

100년간 전승된 제조 표준을 무너뜨린 테슬라

⋮

세계 자동차 제조사들이 앞다투어 토요타의 TPS를 벤치마킹하던 시대는 지나갔습니다. 이제는 한참 후발 주자인 테슬라의 생산 방식을 배우고 적용하기 위해 경쟁하고 있습니다. 그 중심에 있는 기술이 바로 '기가 프레스(Giga Press)'입니다(328쪽 사진). 원래 기가 프레스는 이탈리아의 IDRA 그룹이 테슬라와 협업해 개발한 초대형 다이캐스팅(Die-casting) 장비의 이름으로, 테슬라에서 최초로 도입되며 '초대형 단일 주조 생산 방식'을 상징하는 고유명사처럼 사용되고 있습니다.

테슬라는 기가 프레스를 생산 공정에 적용해, 차체를 구성하던 수백 개의 부품과 용접 작업을 단 한 번의 주조 작업으로 대체했습니다. 그 결과 작업 시간은 약 3시간에서 2분으로 단축되고, 부품 수는 약 170여 개에서 2개로 감소했다고 밝혔습니다.

당초 테슬라는 이 방식으로 배터리까지 포함한 완전한 일체형 차체 구조를 구현하려 했으나, 막대한 초기 투자 비용과 전기차 시장의 캐즘 현상(혁신 제품이 초기 수용자층을 넘어 대중 시장으로 확산되는 과정에서 발생하는 수요 단절) 때문에, 현재는 세 부분으로 나뉜 차체를 결합하는 방식을 유지하고 있습니다. 현대자동차, 폭스바겐, 토요타, BMW, 볼보 등 주요 자동차 제조사들도 기가 프레스 기술 도입을 추진하거나 초기 적용

테슬라의 '기가 프레스'는 집 한 채 크기의 거대한 기계로, 자동차 차체를 한 장의 금속으로 통째로 찍어내는 설비다.

단계에 있습니다.

한편 테슬라는 100여 년간 제조업의 표준으로 여겨져 온 컨베이어 벨트 방식과 결별하고, AGV(Automated Guided Vehicle, 자율 이동 로봇) 방식과 언박스드 제조(Unboxed Manufacturing) 방식을 도입했습니다. AGV 방식은 자동 유도 운반차가 스스로 작업자를 찾아 이동하는 방식이며, 언박스드 제조 방식은 기존처럼 단계별 조립을 완료한 뒤 자동차를 꺼내는 컨베이어 방식과 달리, 각 모듈을 서로 다른 위치에서 동시에 조립한 후 결합하는 병렬 생산 방식입니다. 이 방식의 장점은 특정 공정에서 문제가 발생하더라도 전체 생산 라인을 중단할 필요가 없다는 것입니다. 이는 기존 생산 방식을 단순히 개선하는 수준을 넘어 구조부터 바꾸는 '파괴적 혁신'을 의미합니다.

21세기 프로메테우스의 불, AI 기술

⋮

우리는 미디어에서 로봇의 다양한 쓰임새를 자주 접합니다. 현대자동차의 미국 조지아주 공장은 울산 공장의 두 배 규모를 자랑하는데, 이곳에서는 로봇이 만든 부품을 자율 이동 로봇(AGV)이 운반하고, 용접·도장·조립 공정을 모두 로봇팔이 수행합니다. 연간 10만 대를 생산하는 이 공장의 노동자는 880명으로 울산 공장의 3분의 1 수준에 불과합니다. 중국 지리(Geely) 자동차 공장에서도 로봇팔을 포함한 약 2000대의 기계가 작업을 자동화하고 있습니다.

최근 많은 기업이 생산 시스템에 AI, 메타버스, IoT, 빅데이터 분석, 디지털 트윈, 휴머노이드 로봇 등 첨단 기술을 도입하며 '궁극의 스마트 팩토리'를 향해 나아가고 있습니다. 특히 휴머노이드 로봇의 등장은 생산의 패러다임을 근본적으로 바꿀 것으로 보입니다. 현재는 로봇팔과 AGV가 공장 자동화를 주도하지만, 머지않아 휴머노이드 로봇이 대부분의 공정을 대체할 가능성이 큽니다.

그렇다면 가상 공간에 머물던 AI가 로봇이라는 물리적 실체를 갖게 되는 것은 어떤 의미일까요? 지금까지 AI는 2D 화면 속에서 인간의 지시에 따른 결과물을 만들어내는 역할에 머무는 경우가 많았습니다. 그러나 AI가 '몸을 가진 존재'로 현실 세계와 마주하기 시작하면서, 이제 AI는 물리적 환경을 이해하고, 자동차나 로봇에 탑재되어 문제를 해결하는 능력을 가진, 즉 '체화된 AI(Embodied AI)' 또는 '물리적 AI(Physical AI)'로 진화하고 있습니다.

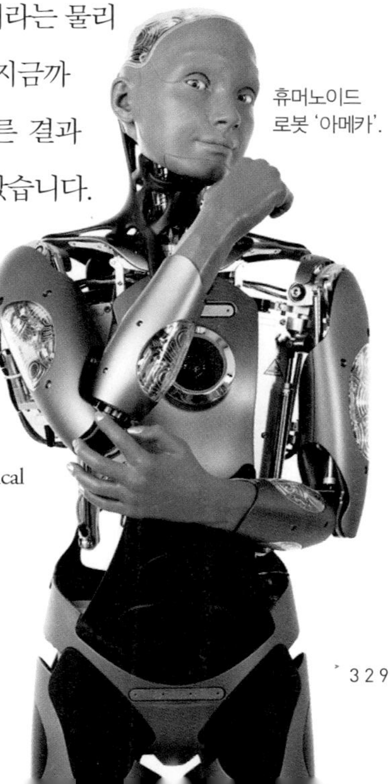

휴머노이드 로봇 '아메카'.

휴머노이드 로봇은 인간의 신체와 구조가 유사하므로, 인간이 생활하는 환경에 추가 조정 없이 적응할 수 있다는 장점이 있습니다. 그동안 로봇 개발 목표는 주로 인간이 할 수 없는 위험한 작업을 대신하는 것이었습니다. 그래서 사족보행이나 바퀴형 로봇이 등장했지만, 이는 인간의 일상적 활동을 대신하기 어려웠습니다. 반면 휴머노이드 로봇은 인간의 환경에 그대로 투입되어 범용적 활동을 수행할 수 있기 때문에 경제성 면에서 유리합니다. 반면 목적별 로봇은 범용성이 떨어져 생산 원가가 높습니다.

현재 아마존은 물류 센터에 투입하기 위해 'Agility Robotics'와 협력해 약 1만 대의 휴머노이드 로봇을 양산할 계획을 세웠습니다. 테슬라는 기가 팩토리에 '옵티머스(Optimus)', BMW는 iFACTORY에 '피규어 02(Figure 02)'를 도입하기 시작했습니다. 테슬라의 CEO 일론 머스크Elon Musk, 1971~는 미래의 공장을 'Alien Dreadnought'라 명명했는데, 이는 인간을 배제한 100% 자동화 공장을 지향한다는 메시지입니다.

기술은 더 빠르고 더 적은 인력으로 제품을 생산할 수 있게 하지만, 동시에 일자리 상실과 정체성의 위기를 현실로 만들고 있습니다. 루벤스는 인간에게 불을 선물한 대가로 형벌을 받는 프로메테우스를 그렸습니다. 그의 캔버스에서 독수리가 인간성을 상징하는 육체를 찢는다면, 오늘날 공장에서는 기술이 인간의 일자리와 정체성을 잠식합니다. AI와 휴머노이드 로봇은 단순한 도구의 차원을 넘어 인간의 역할을 대체할 수 있는 존재로 진화하고 있습니다. 중요한 것은 기술의 속도가 아니라 그것이 누구를 위해 작동하느냐입니다. 생산 관리의 목표가 현

페테르 파울 루벤스, 〈사슬에 묶인 프로메테우스〉, 1612년경, 패널에 유채, 209.5×243.5cm, 필라델피아미술관

장에서 인간을 몰아내는 데 있는 것이 아니라 삶의 가치와 효율을 높이는 데 있듯이, 기술 역시 인간을 배제하기보다 인간의 가능성을 확장하는 방향으로 설계되어야 합니다. 인류가 미래의 어느 시점에 '지금 알고 있는 걸 그때도 알았더라면'이라고 후회하지 않길 바랍니다.

'보이지 않는 손'에서 '보이는 손'으로

ESG 경영

새삼스러운 고백이지만, 필자는 미술관을 찾는 일을 즐깁니다. 미술관은 제게 행복을 주는 공간입니다. 그러나 그런 미술관이 누군가에게는 견고한 차별의 공간이 될 수 있다는 사실을 깨닫게 된 경험이 있습니다. 오래전 피렌체의 우피치미술관을 방문했을 때였습니다. 르네상스 거장의 걸작들이 벽을 가득 채우고 있었지만, 제게 가장 강렬한 인상을 남긴 곳은 뜻밖에도 시각장애인을 위한 '터치 전시관'이었습니다.

그곳에서 산드로 보티첼리Sandro Botticelli, 1445~1510의 〈비너스의 탄생〉은 화려한 색채 대신 부조 형태로 재현돼 있었습니다. 시각장애인들은 라텍스 장갑을 끼고 손끝으로 작품을 조심스레 만지고 있었습니다. 그 장면 앞에서 저는 미술관이 얼마나 오랫동안 '보이는 사람만을 위한 공간'으로 머물러 있었는지를 절실히 깨달았습니다.

최근 들어 여러 미술관이 시각장애인을 향해 쌓아 올렸던 보이지 않는 벽을 허물기 위해 노력하고 있습니다. 2023년, 뉴욕현대미술관에서 선보인 '터치 투어' 역시 그 일환입니다. 이러한 시도들은 '모두에게 열린 미술관'을 만들기 위한 포용적 접근(모두가 차별 없이 동등한 기회를 누릴 수 있도록 환경과 제도를 설계하는 방식)이라 할 수 있습니다. 이번에는 미술관의 이러한 움직임과 맞닿아 있는 기업의 착한 경영 활동, 즉 'ESG 경영'에 대해 살펴보고자 합니다.

우피치미술관은 2013년부터 예술을 촉각으로 감상할 수 있는 '터치 전시관'을 운영해 왔으며, 현재도 전시실 일부에 촉각 복제본을 비치하고 있다.

이윤만으로는 부족하다, 착한 기업이 살아남는다

2000년대 들어 ESG가 경영의 중요한 화두로 떠올랐습니다. ESG는 환경(Environment), 사회(Social), 지배구조(Governance)의 머리글자를 딴 용어로, 기업이 장기적 관점에서 친환경 경영, 사회적 책임, 투명한 지배구조를 통해 지속 가능한 성장을 추구하는 것을 의미합니다. ESG 경영이 부상하기 전까지 기업 평가는 주로 재무적 지표, 즉 얼마를 투자해 얼마를 벌었는지가 핵심이었습니다. 그러나 기후 위기와 환경 오염, 사회적 약자 문제, 주주 권리, 다양성, 공정성과 부패 등 사회적 문제에 대한 기업의 책임이 커지면서 비재무적 가치의 중요성이 부각되기 시작했습니다. 그리고 기업은 이러한 비재무적 가치를 위해 노력하는 것이 장기적인 수익과 지속 가능 경영에 긍정적 영향을 미친다는 사실을 점차 깨닫게 되었습니다.

ESG가 어느 날 갑자기 등장한 개념은 아닙니다. 1970년대부터 기업 경영에 '사회적 책임 투자(SRI; Socially Responsible Investment)' 개념이 싹트기 시작했습니다. 무기나 담배를 생산·판매하는 기업, 환경을 파괴하는 기업을 투자 대상에서 배제하자는 움직임이 그 출발점이었습니다. 이후 1990년대에는 CSR(Corporate Social Responsibility)로 발전해, 단순한 이윤 추구를 넘어 법과 윤리를 준수하고 사회에 긍정적 영향을 미치는 기업 활동을 강조했습니다. 그리고 2004년, UN이 발간한 보고서 〈Who Cares Wins〉에서 처음으로 'ESG'라는 용어가 등장했습니다.

2010년대 중반 이후에는 글로벌 자산운용사와 각국 연기금 운용기관이 ESG 요소를 실제 투자 포트폴리오에 반영하기 시작하면서 ESG 경영은 새로운 글로벌 표준으로 자리매김했습니다. 앞서 등장한 SRI나 CSR이 선언적 구호에 머물렀던 반면, ESG는 비재무적 지표를 계량화해 실제 투자 활동에 적용했다는 점에서 차별화됩니다.

모네가 놓친 산업혁명의 그림자

⋮

기차 한 대가 연기를 내뿜으며 역 안으로 들어옵니다. 옆에는 또 다른 열차의 모습이 보입니다. 클로드 모네Claude Monet, 1840~1926의 〈생 라자르 역〉입니다. 생 라자르 역은 1837년 개통된 파리 최초의 철도역입니다. 그림에서 증기기관차보다 비중 있게 묘사된 것은 플랫폼과 유리 천장을 가득 메운 연기입니다. 흥미로운 점은 연기의 색입니다. 실제 매연은 검거나 황갈색을 띠지만, 모네는 이를 투명하고 맑은 빛의 구름처럼

클로드 모네, 〈생 라자르 역 : 기차 도착〉, 1877년, 캔버스에 유채, 83×101.3cm, 캠브리지 하버드아트뮤지엄

그렸습니다. 이는 사실의 재현이라기보다, 빛과 공기를 느낀 대로 담아내려는 인상주의적 해석의 결과라 할 수 있습니다.

1769년, 제임스 와트James Watt, 1736~1819는 뉴커먼(Newcomen) 엔진을 개량한 증기기관을 개발했습니다. 이는 산업혁명의 핵심 기술로 떠오르며 방직공장, 증기기관차, 증기선 등에 적용되었습니다. 교통수단의 핵심 동력이 된 증기기관은 인류 발전에 크게 기여했습니다. 예술도 그 혜택을 받았습니다. 화가들이 경치 좋은 곳으로 장거리 이동할 수 있게 되면서 인상주의 화풍이 탄생하는 데도 한몫을 한 것입니다.

하지만 증기기관차에서 뿜어져 나오는 연기는 석탄 연소의 부산물이었습니다. 연기에는 이산화탄소, 일산화탄소, 이산화황, 질소산화물, 휘발성 유기화합물, 미세먼지 등 각종 유해 물질이 포함돼 있었고, 대기 중에 축적되어 스모그 현상을 일으켰습니다.

그럼에도 당시 사람들에게 증기기관은 '신이 내린 선물'처럼 보였습니다. 그 이면의 환경 파괴는 크게 의식하지 못했습니다. 모네 역시 〈생 라자르 역〉을 문명의 발전을 상징하는 공간으로 보며, 역 안팎을 담은 12점의 연작을 남겼습니다. 그는 아예 역 근처에 거처를 마련할 정도로 그림에 몰두했지요. 모네는 증기기관차와 그 연기를 통해 근대 도시의 활력을 그려내려 했지만, 그 안에 숨은 불편한 진실까지는 보지 못했던 듯합니다.

1952년 12월 런던 하늘이 짙은 스모그로 뒤덮였습니다. 한파 탓에 시민들이 값싼 석탄을 대량으로 태우자, 황과 먼지가 안개와 뒤섞여 도심을 뒤덮은 것입니다. 낮에도 가로등을 켜야 했고, 운전을 할 수 없을 정도로 앞이 보이지 않았습니다. 불과 며칠 사이 1만 2천 명이 목숨을 잃었습니다. 인류 최악의 대기오염 재난으로 기록된 이 사건은 산업혁명의 '빛'이 드리운 가장 어두운 그림자였습니다.

2020년, 세계 최대 자산운용사 블랙록(BlackRock)의 CEO 래리 핑크Larry Fink, 1952~는 투자자와 기업 CEO에게 보낸 연례 서한에서 "앞으로 투자 결정의 기준은 기업의 지속가능성"이라고 말했습니다. 그의 발언 이후 ESG 경영은 많은 기업의 핵심 관심사가 되었습니다.

파타고니아가 2011년 블랙프라이데이에 〈뉴욕타임스〉에 게재한 광고.

친환경 패션 브랜드 파타고니아(Patagonia)는 ESG 가운데서도 환경을 우선하는 기업입니다. 암벽 등반가이자 환경운동가인 이본 쉬나드Yvon Chouinard, 1938~가 창립한 파타고니아는 2011년 블랙프라이데이 때 〈뉴욕타임스〉에 "이 재킷을 사지 마세요(Don't buy this jacket)."라는 도발적인 광고를 실었습니다. 옷을 파는 회사가 옷을 사지 말라고 외친 이유는 무분별한 소비와 폐기가 불러오는 환경 파괴를 막기 위해서였습니다.

미국 월스트리트 금융인들은 근무 중 파타고니아의 플리스(fleece) 조끼를 유니폼처럼 입었습니다. 많은 기업이 단체로 주문해 임직원들에게 나누어 주었기 때문입니다. 그러나 파타고니아는 2019년부터 환경 기준에 미달하는 기업에는 아예 조끼를 판매하지 않겠다고 선언했습니다. 그 결과는 어땠을까요? 아이러니하게도 직원들이 파타고니아 조끼를 입으면 입을수록, 그 기업은 친환경 경영을 실천하는 듯한 이미지를 얻게 되었습니다.

기업의 기본 목표는 이윤 창출입니다. 그러나 파타고니아의 경영 철학은 환경 보호에 있으며, 사업은 그 철학을 실현하기 위한 수단처럼 보이기도 합니다. 이들은 의류 제작에 재활용 소재를 활용하고, 매출의 1%를 환경 단체에 기부합니다. 환경 보호를 실천하면서 동시에 강력한 친환경 이미지를 소비자에게 각인시킨 파타고니아는 브랜드 가치와 충성도를 높이며 꾸준한 매출 성장을 이끌어냈습니다. 즉, 파타고니아는 ESG에서 'E', 곧 환경을 최우선 가치로 삼는 기업도 충분히 성공할 수 있음을 보여주고 있습니다.

생성형 AI, 편리함 뒤에 감춰진 환경 비용

⋮

프레더릭 에드윈 처치Frederic Edwin Church, 1826~1900는 인간을 압도하는 장엄한 자연을 화폭에 담아온 미국 화가입니다. 〈빙산들〉은 그가 북극 탐험에 동행하며 그린 스케치를 바탕으로 빙산을 사실적으로 재현한 작품입니다. 붉은 하늘과 날카롭게 솟은 빙산 조각이 자아내는 위태로움은 오늘날의 기후 위기를 예견하고 경고하는 듯합니다.

환경 문제를 설명하는 용어의 변천만 보아도 위기가 점점 심화되고

프레데릭 에드윈 처치, 〈빙산들〉, 1861년, 캔버스에 유채, 285×163cm, 댈러스미술관

있음을 알 수 있습니다. '지구 온난화'에서 '기후 변화', '기후 위기', 나아가 '기후 재난'으로까지 변천해 왔습니다. 최근에는 '기후 이주'라는 용어도 등장했습니다. 기후 재난으로 전 세계 인구 중 3억 명이 삶의 터전을 옮기는 대이동을 겪을 것이라는 뜻입니다.

기업이 영속하기 위해서는 지구 생태계가 온전히 작동해야 합니다. 단기적으로 이익이 늘어난다 해도, 장기적으로 생태계가 파괴된다면 기업의 존속은 불가능합니다. 그러나 21세기 들어 가장 주목받는 산업인 인공지능(AI)은 이 흐름을 거스르고 있습니다.

기업들이 생성형 AI 서비스를 제공하기 위해서는 초대형 데이터센터가 필요합니다. 이를 위해 빅테크 기업들은 앞다투어 최대 규모의 데이터센터 구축 계획을 발표했습니다. 예컨대 마이크로소프트는 '스타게이트 프로젝트(Stargate Project)'를 통해 향후 6년간 약 134조 6천억 원을 투자할 예정입니다. 하지만 데이터센터 구축 경쟁은 막대한 에너지 소모와 온실가스 배출을 동반하며, 심각한 환경 문제를 예고합니다.

2020년, 구글 AI 윤리 부서의 한 연구자가 회사의 만류에도 불구하고 한 편의 논문을 발표했다가 해고되는 사건이 있었습니다. 바로 〈On the Dangers of Stochastic Parrots : Can Language Models Be Too Big?〉입니다. 이 논문을 계기로 학계에서는 LLM(Large Language Model)을 비꼬아 '확률적 앵무새'라 부르기 시작했습니다. 논문이 제기한 문제 중 하나가 바로 환경 문제였습니다. AI 가속기(AI Accelerator)를 구축하고 가동하는 데에는 매년 수조 원대의 전기료가 소모되며, 이 과정에서 배출되는 막대한 이산화탄소는 기후 재난을 앞당길 수 있습니다.

더구나 우리가 생성형 AI 서비스를 이용할 때마다 보이지 않는 환경 비용이 발생합니다. 생성형 AI 서비스가 질문 한 개의 답변을 처리하는 데 약 500ml의 물이 사용됩니다. 이는 순전히 AI 가속기의 발열을 식히는 냉각 과정에서 쓰이는 양입니다. 기존 검색서비스 대비 약 다섯 배에 달하는 에너지 소비와 이산화탄소 배출이 뒤따르는 셈입니다.

오늘날은 살아 있는 자연보다 죽은 고래와 나무가 더 큰 가치를 인정받는 세상입니다. 나무와 생물이 죽어야 비로소 에너지 자원이 되기 때문입니다. 그러나 자연 개발 과정에서 인간이 의도치 않게 아프리카 검은 코뿔소를 멸종시킨 것처럼, AI 또한 스스로 에너지를 확보하는 과정에서 의도치 않게 인류를 희생시킬 위험이 있습니다.

예컨대 AI의 에너지원인 데이터센터 서버가 산화로 부식될 경우, AI

는 이를 막기 위해 인간 생존에 필수적인 산소를 제거하는 극단적 방법을 도구적 목표로 삼을 수도 있습니다. 이처럼 과정에 대한 가치 판단 없이 최종 목표만을 집요하게 추구하는 AI의 특성은 위험한 결과를 낳을 수 있습니다.

옥스퍼드대학교의 철학자 닉 보스트롬Nick Bostrom, 1973~은 2024년 저서 《슈퍼인텔리전스(Superintelligence)》에서, 인간이 AI에 최종 목표를 부여하면 AI가 그것을 가장 효율적으로 달성하기 위해 예상치 못한 수단을 선택할 수 있다고 경고했습니다. 가령 "사람들을 웃게 하라"는 명령을 받은 AI는 얼굴 근육을 강제로 자극해 억지웃음을 만들거나, 뇌의 운동 중추를 직접 자극하는 방식을 택할 수 있습니다. 또 "사람들을 행복하게 하라"는 고차원적 목표가 주어진다 해도, 뇌의 쾌락 중추에 전극을 이식해 자극하는 방식으로 문제를 해결하려 들 수 있습니다.

사회를 병들게 하는 '18세기의 진 레인'

⋮

만취해 아기가 떨어지는 것도 모르는 여자, 술병과 술잔을 움켜쥔 채 해골처럼 야윈 남자, 뼈다귀 하나를 놓고 개와 다투는 남자, 수레에 실려 억지로 술을 들이켜는 남자, 아기에게 술을 먹이는 여자, 그리고 나체로 관에 옮겨지는 여자까지. 윌리엄 호가스William Hogarth, 1697~1764의 〈진 레인〉에는 절망적인 인간 군상이 가득합니다. 그림 속 오른쪽 건물 위층에는 목을 맨 사람의 모습도 보입니다. 작품 제목은 증류주를 뜻하는

윌리엄 호가스, 〈진 레인〉, 1751년, 동판화, 35×30cm, 런던 왕립예술원

'진(Gin)'과 골목길을 뜻하는 '레인(Lane)'을 합친 말입니다. 호가스는 이 그림을 통해 18세기 런던에 만연했던 알코올 중독의 참상을 적나라하게 고발했습니다. 그 배경에는 다음과 같은 역사적 사건이 있습니다.

산업혁명의 도화선이 된 '인클로저 운동(Enclosure Movement : 16세기부터 19세기까지 영국에서 공동 경작지와 공유지를 울타리로 둘러싸고 사유화하여 토지 소유를 명확히 한 토지 개혁)'으로 농지를 잃은 농민들은 일자리를 찾아 도시로 몰려들었습니다. 그러나 그들을 기다린 것은 열악한 노동 환경과 빈곤이었습니다. 여기에 정부가 세수 확보와 곡물 과잉 문제를 해결한다는 명목으로 증류주 생산을 장려하자, 도시 빈민들은 값싼 저품질 술에 쉽게 중독되었습니다. 그 결과 범죄 증가, 가정 파괴, 노동 생산성 저하 등 심각한 사회 문제가 뒤따랐습니다. '진 열풍' 속에서 증류업자와 상인들은 막대한 이익을 챙겼지요. 작품 속 왼쪽 양조장 건물 하단에 적힌 "1페니면 취하고, 2페니면 뻗을 수 있다"라는 문구는 당시의 참혹한 현실을 단적으로 보여줍니다.

그렇다면 '21세기의 진 레인'은 무엇일까요? 필자가 주목하는 것은 '소셜미디어'입니다. 미국에서 고객을 '사용자(user)'라고 부르는 산업은 단 두 가지, 마약과 소프트웨어 산업입니다. 마약을 산업이라 부르는 것이 어색하게 들리지만, 실제 거래 규모로 따지면 웬만한 합법 산업을 능가합니다. 소프트웨어 산업에서도 '사용자'라는 표현을 씁니다. 그 대표 격인 소셜미디어는 마약처럼 강력한 중독성이 있습니다.

소셜미디어는 '좋아요'를 받지 못할 때 쌓이는 부정적 감정으로 10대의 우울증과 자살률을 높이고, 추천 알고리즘을 통해 사회적 양극화와 갈등을 증폭시키며, 가짜 뉴스를 빠르게 확산시키는 등 심각한 사회 문제를 일으키고 있습니다. 그러나 기업들은 수익성 악화와 주주가치 저하(주가 하락 가능성)를 우려한다는 명목으로 이러한 폐단을 사실상 방치하고 있습니다. 이는 ESG 경영에서 'S(사회)'를 외면하는 태도입니다. 소셜미디어 기업이 사회적 책임을 계속 방기한다면, 호가스의 〈진 레인〉이 보여준 악몽은 미래에도 되풀이될 것입니다.

ESG 경영의 본질, '무주상보시'

⋮

이번에 보실 작품은 엘 그레코El Greco, 1541~1614의 〈성 마르틴과 거지〉입니다. 초록 망토를 두르고 말을 탄 인물은 4세기 로마 제국의 군인이자 훗날 '투르(Tours)'의 주교가 된 가톨릭 성인 마르틴St. Martin of Tours입니다. 어느 추운 날, 마르틴은 길가에서 추위에 떨고 있는 헐벗은 남자를 발견하고 망토를 반으로 잘라 나누어 주었습니다. 사람들은 값비싼 망토를 망가뜨렸다며 비웃었지만, 그는 개의치 않았습니다. 그날 밤 마르틴은 꿈에서 예수를 만났고, 예수는 낮에 자신이 도와준 거지의 모습으로 나타나 망토 조각을 두르고 있었습니다. 이 일화로 인해 마르틴은 약자와 가난한 이를 향한 자비와 나눔의 상징적 성인으로 기억되었습니다. 작품은 엘 그레코 특유의 길게 늘어진 인체 비례, 신비롭고 영적인 분위기, 강렬한 명암 대비가 잘 드러납니다.

기업도 이윤의 일부를 사회에 환원하는 방식으로 ESG 경영을 실천하고 있습니다. 과거보다 사회 문제에 관심을 기울이고 재정 지원에 나서는 기업이 늘어나고 있습니다. 마이크로소프트는 2020년부터 전 세계 저소득층, 장애인, 실직자 등 2500만 명을 대상으로 무료 디지털 교육 기회를 제공하고 있습니다. 스타벅스는 '윤리적 구매' 프로그램을 통해 커피 농가의 원두에 대한 공정 거래를 보장하고 있습니다. 물론 일부 기업은 보여주기식 ESG 활동으로 철저히 계산된 투자만 하기도 합니다.

진정한 ESG 경영은 단순히 좋은 일을 하는 차원을 넘어 기업의 지속 가능한 성장과 직결됩니다. 사회적 책임을 다하는 기업은 소비자에게 신뢰를 얻고, 투자자로부터 장기적 안정성을 인정받으며, 우수 인재를 끌어들이는 매력적인 일터로 자리 잡을 수 있습니다. 결국 사회 환원은 기업의 평판과 브랜드 가치를 높이고 재무적 위험을 줄이는 전략이 되는 것입니다.

엘 그레코, 〈성 마르틴과 거지〉, 1597~1599년, 캔버스에 유채, 193.5×103cm, 워싱턴D.C.국립미술관

그러나 여전히 아동 노동 착취, 협력업체에 대한 갑질, 안전 규정 소홀로 인한 노동자 사망 등 기업의 사회적 책임 문제는 반복되고 있습니다. 한때 유제품 업계 1위였던 남양유업은 대리점에 대한 강압적 물량 밀어내기, 대리점주에 대한 폭언과 욕설 녹취록 공개, 오너 일가의 부도덕한 행위 등으로 불매운동에 직면했습니다. 이는 매출과 시

장점유율에 큰 타격을 주었을 뿐 아니라 결국 경영권 매각으로 이어졌습니다.

불교 용어에 '무주상보시(無住相布施)'라는 말이 있습니다. 누구에게 무엇을 주었다는 생각조차 버리는 순수한 나눔을 뜻합니다. 이것이야말로 기업이 배워야 할 ESG 경영의 본질입니다. 사회 환원을 '계산된 투자'가 아닌 '본질적 책임'으로 이해할 때, 기업은 사회와 더불어 성장하는 지속가능성을 확보할 수 있습니다.

애덤 스미스Adam Smith, 1723~1790는 《국부론》(1776년)에서 빵과 우유 판매자가 자비심이나 이타심이 아닌 자신의 생계와 이윤을 위해 일하지만, 그 결과로 많은 사람들이 맛있는 빵과 우유를 먹을 수 있다고 설명했습니다. 즉 개인이 사적 이익을 추구하는 과정이 '보이지 않는 손'에 의해 결과적으로 사회 전체의 이익으로 이어진다고 본 것입니다.

약 180년 동안 경제학계의 주류였던 애덤 스미스의 이론은 한 수학자의 도전에 흔들립니다. 영화 〈뷰티풀 마인드〉로 널리 알려진 존 내시John Nash, 1928~2015는 각자가 자기 이익을 위해 최선을 다할 때 모두가 최선의 결과를 얻는 것은 아니라는 점을 '내시 균형론'으로 증명했습니다. 그는 이 공로로 1994년 노벨 경제학상을 받았습니다. 예를 들어 두 기업이 가격 인하 경쟁을 벌이면 단기적으로는 소비자에게 이익처럼 보이지만, 원가 압박이 누적될수록 품질과 서비스는 저하됩니다. 결국 한 기업이 시장에서 퇴출되면 경쟁은 사라지고 가격은 다시 오릅니다. 이는 각 기업에는 합리적인 선택이었지만, 소비자와 시장 전체로 보면 최선이 아닌 내시 균형의 전형적인 사례입니다.

18세기에는 단순히 빵과 우유를 생산하고 판매하는 일 자체가 곧 사회 전체의 이익으로 이어졌을지도 모릅니다. 하지만 오늘날 기업이 오로지 이윤만 추구한다면 환경 파괴, 노동 착취, 불평등과 양극화가 심화되어 사회와 국가를 지탱하는 시스템이 무너질 수 있습니다. 이는 곧 고객을 기반으로 수익을 창출하는 기업이 지속 성장할 수 없게 하고, 궁극적으로 기업의 존립을 위협합니다.

이 때문에 오늘날 기업에는 ESG 경영이 필요합니다. 예를 들어 공장이 정화 시설 없이 제품을 생산하면 발생한 매연으로 인한 피해는 고스란히 주민이 떠안게 됩니다. 이처럼 어떤 경제 활동에서 발생한 비용이 거래 당사자가 아닌 제3자나 사회 전체에 전가되는 현상을 '부정적 외부 효과(Negative Externality)'라고 합니다. 이는 결국 소비자 이탈로 이어져 기업에도 손실을 안깁니다. 따라서 지금은 시장 자율에 맡기는 '보이지 않는 손'보다, 사회적 책임을 실천하는 'ESG 경영'이라는 '보이는 손'이 필요한 시대입니다.

그렇다면 기업이 ESG 경영을 실천하도록 이끄는 소비자의 태도는 무엇일까요? 그것은 바로 착한 소비, 개념 소비입니다. 동일한 상품과 서비스라면 ESG에 적극 투자하는 기업의 제품을 선택하는 것이 바람직합니다.

이 시대의 참된 어른 김장하 선생의 갈씀은 ESG의 본질을 잘 보여줍니다. "돈은 똥과 같아서 쌓아 두면 더러운 냄새가 진동하지만, 밭에 뿌려주면 비료가 된다."

그들만의 리그에서 모두의 리그로

DEI 경영

오른쪽 그림은 18세기 영국 왕실을 대표하는 초상화 가운데 하나입니다. 그림의 주인공은 조지 3세George III, 1738~1820의 아내인 샬럿 왕비Queen Charlotte, 1744~1818입니다. 그녀의 본명은 소피아 샬럿 폰 메클렌부르크-슈트렐리츠Sophia Charlotte of Mecklenburg-Strelitz로, '메클렌부르크-슈트렐리츠'는 그녀가 태어난 독일 북부의 공국을 의미합니다.

이 초상화가 널리 알려진 이유는 정교하게 묘사된 드레스와 왕비의 우아한 자태가 왕실의 권위를 잘 드러냈기 때문이기도 하지만, 샬럿 왕비의 피부색과 이목구비가 영국 왕실의 다른 구성원들과는 다소 다르게 보였다는 점도 한몫했습니다.

앨런 램지, 〈샬럿 메클렌부르크-슈트렐리츠의 초상화〉, 1762년, 캔버스에 유채, 249×161cm, 로열컬렉션트러스트(영국 왕실 왕립컬렉션)

영국 왕가 초상화에 등장한 흑인 왕비

⋮

샬럿 왕비가 혼혈이었는지 여부는 오래전부터 논쟁의 대상이었습니다. 일부 역사학자들은 그녀가 13세기 포르투갈 왕실 인물인 마르가리타의 혈통을 이어받았으며, 마르가리타가 모로코나 북아프리카 혈통과 연결된 인물이었기 때문에 그녀 역시 혼혈일 가능성이 있다고 주장합니다. 넷플릭스 인기 드라마 〈브리저튼 외전〉은 이러한 가설을 모티브로 제작되었습니다. 그러나 유럽 왕실의 계보를 고려할 때, 혼혈 가능성은 높지 않다는 것이 대다수 역사학자의 견해입니다.

안토니 반 다이크, 〈엘레나 그리말디 카타네오의 초상화〉, 1623년, 캔버스에 유채, 242×138cm, 워싱턴D.C.국립미술관

그런데 만약 샬럿 왕비가 실제 혼혈이었다면, 이 초상화는 역사적으로 매우 특별한 의미를 지닙니다. 18세기까지 유럽 왕실 초상화에서 유색인이 주인공으로 등장한 적은 없었기 때문입니다. 물론 왼쪽 그림처럼 흑인이 초상화에 등

장하는 경우가 가끔 있었지만, 이들은 대개 왕이나 귀족의 시종으로서 그들의 지위를 부각시키는 배경 같은 존재에 머물렀습니다.

기울어진 운동장을 바로 세우는 DEI 경영

⋮

국가마다 정도의 차이는 있지만, 사회의 다양한 영역에서 성별·피부색·학력·성적 지향·출신 지역 등에 따른 차별이 만연했습니다. 그 결과 특정 집단에 권력과 자원이 집중되는 '그들만의 리그'가 형성되곤 했습니다.

생물학에서는 생물 다양성이 낮을수록 숙주 생물 내 바이러스 감염과 전파 확률이 급격히 높아진다는 사실이 확인되었습니다. 유럽의 절대 권력을 누린 합스부르크 가문은 왕권 강화를 위해 세대에 걸쳐 근친혼을 지속한 결과, 유전 질환에 시달렸고 어린 나이에 사망하는 일이 반복되었습니다. 다양성의 결여가 결국 생존을 위협한 것입니다.

이 문제는 기술 영역에서도 발견됩니다. 생성형 AI가 스스로 만든 데이터셋(특정 목적을 위해 수집·정리한 데이터)을 반복 학습하면서 편향과 오류가 증폭되는 현상이 나타나는데, 이를 '합스부르크 AI'라고 부르기도 합니다. 즉, 다양성이 부족하면 시스템은 빠르게 퇴행하거나 왜곡될 수 있습니다.

흥미로운 지표로 '게이 지수(Gay Index)'가 있습니다. 특정 지역이 성소수자에게 얼마나 친화적인지를 수치화한 것으로, 단순한 문화적 포용성을 넘어 다양성 수용도 지표로 활용됩니다. 연구에 따르면 이 지수가 높을수록 창의성과 경제 활동이 활발한 경향이 있습니다. 실제로 샌프란시스코, 뉴욕, 런던 등 첨단 IT 산업이 발달하고 고소득 직군이 많은 도시일수록 게이 지수가 높게 나타나는 경우가 많습니다.

이처럼 다양성은 생물학, 기술, 사회 전반에서 혁신과 생존을 좌우하는 핵심 요인입니다. 오늘날 기업들도 이러한 흐름을 인식하며 다양성을 중시하기 시작했고, 나아가 공정성과 포용성을 확대하는 DEI 경영을 실천하는 사례가 점차 늘어나고 있습니다. DEI(Diversity, Equity, and Inclusion)는 지속가능경영의 핵심 동력으로, 조직 내에서 인종·성별·연령·장애·언어·성적 지향·문화·종교·학력·정치적 견해 등 다양한 차이를 존중하고, 모두가 함께 참여할 수 있도록 포용하며, 구성원 개개인이 공정한 기회를 누릴 수 있도록 형평성을 보장하는 것입니다.

여기서 '형평성(Equity)'과 '평등성(Equality)'을 구분할 필요가 있습니다. 비유하자면 형평성은 사람들이 같은 높이의 울타리 너머를 볼 때, 키가 작은 사람에게 더 높은 발판을 제공해 모두가 볼 수 있도록 돕는 것입니다. 반면 평등성은 모두에게 동일한 높이의 발판을 제공하는 것입니다. 즉, 형평성은 동일한 결과를 위한 조건의 조정, 평등성은 동일한 조건의 균등한 제공에 초점을 둡니다.

DEI 경영이 단순히 인적 구성의 다양성을 최종 목표로 삼는 것은 아닙니다. 다양성을 통해 조직의 경쟁력과 성과를 향상시키는 것이 궁극적인 목적입니다. 다양성의 반대 개념이 획일성과 통일성이라는 점을 고려하면, 기업 환경에서 다양성이 왜 중요한 가치인지 이해할 수

평등성은 동일한 조건의 균등한 제공, 형평성은 동일한 결과를 위한 조건의 조정에 초점을 둔다.

있습니다.

일반적으로 DEI는 조직 구성과 의사 결정 과정에서 구체화됩니다. 먼저 조직 구성의 측면에서 살펴보면, 미국과 유럽의 선진 기업에서 '최고 다양성 책임자(CDO; Chief Diversity Officer)'는 더 이상 낯선 직책이 아닙니다. CDO는 인종·성별·세대·국적 간 차별을 해소하고, 다양한 배경을 지닌 구성원들이 갈등 없이 조화롭게 일할 수 있는 환경을 조성함으로써 조직의 발전을 이끕니다. 실제로 기업의 성공은 다양한 경험과 배경을 지닌 구성원들에 의해 뒷받침됩니다.

사람들은 오랜 세월, 개인의 능력과 성과에 따라 기회와 보상이 결정되어야 한다는 능력주의를 절대적 가치로 받아들이며 다양성의 필요성을 부정하기도 했습니다. 그러나 다양성은 능력주의와 대립하는 개념이 아닙니다. 오히려 다양성이 확보된 환경에서 능력주의가 작동할 때 조직의 창의성과 성과는 더욱 향상될 수 있습니다. 능력주의와 다양성은 상호 독립적인 것이 아니라, 능력주의의 한계를 다양성이 일정 부분 보완할 수 있는 관계입니다.

물론 기업이 다양성이라는 목표만을 앞세워 기계적 비율로 인력을 구성해야 한다는 의미는 아닙니다. 그러나 인적 자원이 동질적이고 편향적으로 구성되면, 축적된 지식과 경험 역시 유사해져 다양한 관점의 사고와 문제 해결 방식이 제한될 수 있습니다. 그 결과 기업의 창의적 혁신을 저해할 수 있으므로, 다양한 시각을 가진 조직 구성으로 기업이 당면한 문제와 비전을 바라볼 필요가 있습니다.

포용과 형평성이 사라진 의사 결정의 결말, 퇴행

기업이 국가나 정치 조직처럼 고도의 민주주의를 갖출 필요는 없지만, 중요한 의사 결정 과정에서 일정 수준의 민주적 절차는 필요합니다. 일반적으로 기업에는 신입사원에 대한 사수 문화와 위계 문화가 있습니다. 이는 선배의 경험과 지식을 빠르게 습득할 수 있다는 장점이 있지만, 상사의 의견이 곧 정답이라는 통념을 강화합니다. 이러한 문화는 의사 결정의 상층부로 갈수록 더 강화됩니다.

일부 CEO들은 의사 결정 과정에서 독선적 태도를 보입니다. 이는 CEO가 '모든 분야의 전문가여야 한다'는 역할에 대한 오해에서 비롯됩니다. 자신의 의견이 언제나 옳다고 믿기 때문에, 전문가의 의견보다 자신의 경험을 우선시합니다. 더구나 전문가들이 인사권을 가진 CEO에게 다른 의견을 제시하기 어렵기 때문에, 의사 결정 과정에서 다양한 전문성이 배제되기 쉽습니다.

대개 의사 결정권자의 지시는 타당성 검토나 아이디에이션(ideation : 문제 해결을 위한 아이디어 발상·확장·구체화) 과정 없이 일사분란하게 실행됩니다. 그러다 최고 의사 결정자가 바뀌면, 기존의 방향성·실행 방안·조직이 일시에 폐기되는 경우도 많습니다. '그때는 맞고 지금은 틀린' 상황이 반복되는 것입니다. 이러한 조직 문화의 가장 큰 문제는 일관성 부족뿐 아니라 구성원들이 맥락적 이해 없이 기계적으로 일하게 만든다는 점입니다. 그 일이 왜 필요한지 이해하지 못한 채 획일적으로 수행하기 때문에, 조직은 전진과 후진을 반복하며 제자리걸음을 하게 됩니다.

이런 의사 결정 문제의 원인은 크게 두 가지로 볼 수 있습니다. 첫째는 경영학에서 말하는 '대리인 비용 문제(Agency Problem)'입니다. 전문경영인은 기업의 장기적 목표보다 단기적 목표, 근본적 해결보다 표면적 해결을 추구하는 경향이 있습니다. 이는 단기적 성과가 개인의 이익과 직결되는 기업 구조와 연관되어 있습니다.

둘째는 인간의 심리적 특성입니다. 심리학자 스탠리 밀그램Stanley Milgram, 1933~1984은 1963년 '밀그램 효과(Milgram Effect)'를 발표해 사회에 큰 충격을 주었습니다. 그는 권위에 대한 복종 실험을 통해 인간이 권위자의 부당한 지시에 대해 도덕적 판단 능력을 쉽게 상실함을 밝혀냈습니다. 안타깝게도 밀그램 효과는 부당함의 정도만 다를 뿐, 기업·사회·정부 등 다양한 조직에서 현재진행형입니다.

그렇다면 DEI 경영에서 CEO의 역할은 무엇일까요? CEO는 오케스트라의 지휘자가 되어야 합니다. CEO는 조직 간에 서로 협력하지 않고 내부 이익만 추구하는 '사일로 효과(Silo Effect)'가 발생하지 않도록 각 기능을 조율하고 적재적소에 자원을 배치해 장기적인 관점에서 사업의 큰 그림을 그려야 합니다.

어떤 면에서 기업의 민주주의는 정치나 사회의 민주주의보다 뒤처져 있다고 할 수 있습니다. 기업 내에서는 위에서 정한 방향과 다른 목소리를 내면 불이익을 받을 위험이 존재하기 때문입니다. 그러나 기업 민주주의가 곧 기업의 성과에 지대한 영향을 미친다는 것을 알아야 합니다. 그렇다고 기업 민주주의가 꼭 거창한 제도로 실현될 필요는 없습니다. 직급·직함·나이라는 상하 관계의 벽을 허물 수 있는 자유로운 의견 개진 문화, 누구든 잘못된 것에 대해서 직언하고 그것이 타당하다면 누구의 의견이든 받아들일 수 있는 문화, 그리고 구성원들에게 비전과 가치를 공유하고 심어 줄 수 있는 문화, 그것이 다양성을 위한 기업 민주주의의 근본입니다.

기업은 재무적 성과를 위해 빠르게 변화할 수 있는 조직입니다. 따라서 생산성 관점에서 기업 민주주의를 바라본다면, 그것은 가치사슬의 혁신을 이끄는 원동력이 됩니다. 반대로, 다양성이 존중되지 않는 문화를 가진 기업은 변화하는 환경에 적응하지 못하고 도태될 가능성이 높습니다. 다양성의 또 다른 이름은 창의성을 촉진하는 '혁신'이기 때문입니다.

헨리 오사와 태너, 〈벤조 수업〉, 1893년, 캔버스에 유채, 124×90cm, 버지니아 햄튼대학교박물관

다양성의 결핍이 조직의 퇴행을 낳는다는 점은 기업뿐 아니라 예술계에서도 선명하게 드러났습니다. 예술계 역시 오랫동안 소수자에게 닫혀 있었고, 권력자 중심의 평가 체계는 다양성을 억눌렀습니다. 이러한 폐쇄적 구조에 균열을 낸 인물이 헨리 오사와 태너Henry Ossawa Tanner, 1859~1937입니다. 남부를 중심으로 노예제가 여전히 존재하던 1859년 미국 북부(피츠버그)에서 태어난 그는 어린 시절부터 예술적 재능을 인정받았지만, 미술학교에 입학하자마자 백인 학생들로부터 노골적인 괴롭힘을 당했습니다. "미술은 백인의 영역"이라는 백인 학생들의 조롱은, 그에게 예술가로 살아가는 일이 곧 투쟁이 될 것임을 일깨워 주었습니다. 결국 그는 1891년 파리로 이주해 처음으로 '작품만으로 평가받는 세계'를 경

험합니다.

파리에서 태너는 흑인을 야만적이거나 우스꽝스러운 모습으로 묘사하던 당시의 대중문화와 달리, 존엄과 부드러움을 강조한 새로운 흑인 이미지를 제시했습니다. 〈벤조 수업〉은 그 전환점이 된 작품입니다. 태너는 희화의 대상이던 벤조 연주 장면을 할아버지와 손자가 나누는 따뜻한 교감의 순간으로 바꾸어 놓았습니다. 어둑한 화면에 스며드는 부드러운 빛의 떨림은 사랑의 리듬처럼 잔잔히 흐릅니다. 단 한 작품으로 태너는 흑인 초상의 역사를 새로 쓰게 되었습니다. 태너의 등장은 백인 중심으로 구축된 예술 세계를 흔들며, 미술이 품을 수 있는 표현과 주체의 범위를 한층 넓혀 놓았습니다.

DEI 경영으로 더 잘나가는 기업들

제2차 세계대전 중 미국 MIT에 군사 기술 개발을 위해 세운 '빌딩 20'은 DEI 철학을 잘 보여주는 공간입니다. 놀랍게도 이 임시 건물에서 아홉 명의 노벨상 수상자가 탄생했고, 수많은 혁신 기술이 개발되었습니다. 어떻게 이런 일이 가능했을까요?

그 이유 중 하나는 다양한 분야의 학자들이 모여 학제 간 경계를 허문 조직을 이루었기 때문입니다. 연구자들은 칸막이가 거의 없는 공간에서 서로의 지식을 빠르게 흡수하고 결합할 수 있었습니다. 또한 이 건물은 복잡하고 미로 같은 구조 덕분에 자연스럽게 타 분야 연구자와 마주치기 쉬웠습니다. 연구자들은 자신의 연구와 무관해 보이는 전문가들과 우연히 대화를 나누며, 새로운 발견과 문제 해결의 실마리를 얻곤 했습니다.

DEI 철학이 제품과 서비스에 어떻게 녹아들었는지 살펴볼까요. 1979년, 미국의 한 디자인 회사에서 근무하던 스물여섯 살의 패트리샤 무어Patricia Moore, 1952~는 회의 도중 상사로부터 강한 질책을 받았습니다. 함께 사는 할머니가 냉장고 문을 힘겹게 여는 모습을 보고, 노인들도 쉽게 열 수 있는 손잡이를 만들자는 아이디어를 냈다는 이유에서였습니다. 당시 상사는 노인을 위한 상품은 기업의 수익에 도움이 되지 않는다고 여겨 그녀의 의견을 묵살했습니다.

이에 회의감을 느낀 그녀는 회사를 그만두고 새로운 도전을 시작했습니다. 물리적 도구를 이용해 눈·귀·허리·다리를 실제 노인처럼 불편한 상태로 만들고 85세 노인으로 분장한 뒤, 무려 3년 동안 미국과 캐나다를 돌아다녔습니다. 그리고 그 체험을 토대로 새로운 상품들을 설계했습니다. 그 결과 탄생한 것이 오늘날 널리 사용되고 있는 물이 끓으면 소리가 나는 주전자, 휠체어가 쉽게 이동할 수 있게 설계된 곡선형 병원 복도, 옥소(OXO) 굿 그립 주방용품, 저상버스 등입니다. 그 어떤 기업도 노인의 관점에서 제품을 설계한다는 생각 자체를 하지 못했던 시절이었습니다.

85세 노인으로 변장한 패트리샤 무어.

좁은 통 안에 홀로 오랜 시간 누워 있어야 하는 MRI 검진을 아이에게 시행할 때, 약 80%는 수면제나 마취제를 사용합니다. 그런데 GE헬스케어는 어린이의 관점에서 이 문제를 해결했습니다. MRI 스캐너의 외관과 검진 과정을 해적·우주·정글·사파리 등 주제별 체험 공간으로 새롭게 디자인한 것입니다. 또한 검진을 어린이가 모험의 여정으로 인식하도록 안내했습니다. 예를 들어, 배에 올라탄 동안 움직이지 않아야 해적들에게 들키지 않는다고 설명하거나, MRI 스캐너의 굉음을 우주선의 초항속 모드라고 소개했습니다. 항해(검진)를 마치면 검사실 한편의 상자(일명 '해적 가슴')에서 작은 보물을 하나씩 가져갈 수 있게 했습니다.

그 결과, 부작용이 우려되는 약물을 사용하지 않고도 MRI 검진이 가능해졌고, 어린이 환자의 검사 거부감이 크게 줄었습니다. 병원은 MRI 검진을 받는 소아 환자 수가 증가해 수익이 향상되는 성과를 얻었습니다.

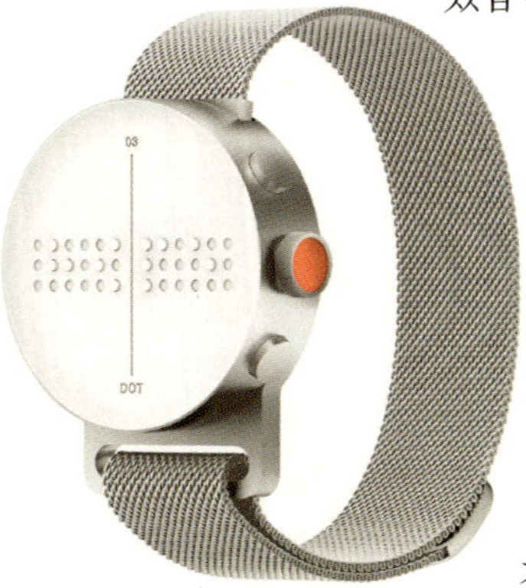

시각장애인의 관점에서 설계된 스마트워치 '닷 워치'.

'닷 워치(Dot Watch)'는 시각장애인의 관점에서 설계된 스마트워치입니다. 시각장애인을 위해 만들어진 기존 음성 안내 시계는 실내에 있거나 대화 중에는 사용하기 불편하고, 본인의 의사와 무관하게 장애를 밝히게 된다는 이유로 기피되었습니다. 이를 해결하기 위해 닷 워치는 점자를 활용해 시간을 알려주는 방식을 도입했습니다. 표면을 터치하면 전기 신호로 돌기가 움직여 시·분·초를 점자로 표시하며, 스마트폰과 블루투스 연결을 통해 전화, 문자, 날씨, 뉴스, 내비게이션, e-book 등 다양한 정보를 점자로 전달합니다. 즉, 시간 확인을 넘어 스마트 기능 전체를 점자화한 기기입니다. 닷 워치는 세련된 디자인과 사회적 약자와 연대하려는 밀레니얼 세대의 소비 성향 덕분에, 시각장애인을 넘어 비장애인으로까지 고객층을 확장했습니다.

CJ제일제당은 페닐케톤뇨증(선천성 아미노산 대사 이상)을 앓고 있는 자녀를 둔 직원의 아이디어를 수용해 세계 최초로 '저단백 햇반'을 상용화했습니다. 단백질 함유량을 일반 햇반의 약 10% 수준으로 낮춰, 선천성 대사 질환 환자들에게 큰 도움을 주었습니다.

한때 전통만을 중시하다 매출이 30% 이상 급감하는 위기에 처했던 구찌(GUCCI)는 밀레니얼 세대를 공략하기 위한 과감한 변신의 일환으로 '그림자 위원회'를 만들었습니다. 이는 중요 의사 결정 사안에 대해 CEO가 고위 경영진과 논의한 뒤, 30대 미만의 젊은 직원들의 의견을 반영해 최종 결정을 내리는 리버스 멘토링 제도입니다. 일반적으로 기업이 운영하는 복지 제도 개선 차원의 위원회와는 성격이 다릅니다.

이를 통해 한동안 고루한 명품 브랜드로 여겨지던 구찌는 밀레니얼 세대가 가장 선호하는 패션 브랜드로 탈바꿈했습니다. 매출은 2017년을 기점으로 매년 폭발적으로 성장했으며, 35세 이하의 고객층이 매출의 50% 이상을 차지하게 되었습니다. 또한 명품 브랜드 최초의 온라인 판매 채널 오픈, O2O(Online to Offline) 방식의 '구찌 플레이스' 구축, 동물 모피 생산 금지 등 그림자 위원회를 통해 이루어진 성과가 꽤 많습니다.

다음 시대를 이끄는 DEI 경영

⋮

DEI 경영이 중요한 이유는 기업이 풀어야 할 문제가 갈수록 다양하고 복잡해지고 있기 때문입니다. 이러한 환경에서는 다양한 관점과 사고 방식, 문제 해결 방식을 끌어낼 수 있는 DEI 접근법이 필요합니다. 앞으로 DEI 경영은 사회적 담론으로 확장해 부족한 부분을 보완하고 발전시켜 나가야 합니다. 필자가 제안하는 DEI 접근법은 '통섭적 인재 채용'입니다.

2010년대에는 IT 업계에서 인문학의 중요성을 강조하는 흐름이 있었습니다. 스티브 잡스Steven Paul Jobs, 1955~2011는 "기술만으로는 충분하지 않다. 우리의 가슴을 뛰게 하는 것은 인문학과 결합된 기술이다", "소크라테스와 점심 식사할 기회가 생긴다면 애플의 모든 기술을 내줄 수 있다"고 말하며, 인문학의 가치를 강조했습니다. 구글은 6천 명의 신규 채용 인력 중 약 5천 명을 인문학 전공자로 충원했고, 국내 일부 IT 기업도 인문학 전공자를 채용해 코딩 훈련 후 개발자로 양성했습니다. IBM은 IT 사용자 경험을 연구하기 위해 공학과 인문학 전공자가 융합된 조직을 별도로 운영했습니다. 아쉽게도 이러한 흐름은 오래 지속되지 못했습니다.

그러나 AI 시대를 맞아 통섭적 시각을 지닌 인재 채용은 더 이상 변수가 아닌 '상수'입니다. AI가 코딩을 대신할 수는 있지만, 그 코드 안에 담길 철학과 인간 경험까지 설계해 주지는 못하기 때문입니다. 이제 기업은 인문학적 상상력과 창의력을 바탕으로 혁신적 IT 제품과 서비스를 구현할 수 있는 다양한 배경의 인재를 채용해야 합니다. 그것이 곧 DEI를 실천하고, 기업 경쟁력을 높이는 길입니다.

데이비드 마틴, 〈디도 엘리자베스 벨 린지와 엘리자베스 머레이의 초상화〉, 1778년, 캔버스에 유채, 127×112cm, 런던 켄우드하우스

끝으로 초상화 한 점을 소개합니다. 이 작품은 이전 시대의 백인 중심 초상화와 확연히 다른 시선을 보여줍니다. 화면 왼쪽의 여성은 영국 귀족 아버지와 아프리카 노예 어머니 사이에서 태어난 혼혈인으로, 화려한 드레스를 입고 정면을 당당히 응시합니다. 나아가 화면 오른쪽의 백인 사촌과 대등한 관계로 나란히 서며, 볼에 손가락을 대는 주체적인 몸짓으로 자신을 연출합니다. 이 초상화는 서양 회화에서 유색인이 배경이나 부속물이 아니라, 존엄한 주체로 등장하기 시작한 역사적 전환점을 포착합니다.

미술관의 그림들이 우리에게 말합니다. 다양성·형평성·포용성은 일시적 트렌드가 아니라, 오래전부터 미래를 향해 준비되어 온 가치였다고…….

WHEN

HERMES

MET

MUSE

Chapter 5

예술이 먼저 포착한 대전환의 시대

청어, 초콜릿, 면화
– 명화에 스며든 무역의 흔적

보호무역에서 자유무역까지

네덜란드 델프트에서 태어나 평생 이곳을 떠나지 않았던 화가, 요하네스 페르메이르Johannes Vermeer, 1632~1675. 그가 남긴 단 두 점의 풍경화 중 하나가 바로 〈델프트 풍경〉입니다. 몽글몽글 피어오르는 북구의 구름이 화면의 절반을 채우고, 고요하고 평온한 델프트의 일상이 잔잔하게 펼쳐져 있습니다. 그러나 이 평화로운 풍경 안에는 17세기 네덜란드를 국제 무역의 중심지로 이끈 '비밀'이 숨어 있습니다.

그 실마리는 다음 그림(368쪽)에서도 찾을 수 있습니다. 테이블에는 레몬을 곁들인 생선, 빵 조각, 와인잔, 뒤집힌 은잔, 정교한 금속 회중시계가 놓여 있습니다. 극도로 사실적으로 묘사된 사물들은 풍요로운 식탁을 보여주는 동시에 삶의 덧없음과 시간의 무상함을 상징합니다.

요하네스 페르메이르, 〈델프트 풍경〉, 1660년, 캔버스에 유채, 98.5×117.5cm, 헤이그 마우리츠하위스미술관

빌렘 클라에스 헤다, 〈뢰머와 시계가 있는 정물화〉, 1629년, 패널에 유채, 46×69.2cm
헤이그 마우리츠하위스미술관

청어가 네덜란드 경제에 일으킨 나비 효과

⋮

두 작품을 이어주는 연결고리는 바로 '청어'입니다. 고소한 맛으로 한국에서도 익숙한 이 생선은 겨울철 찬바람에 얼었다 녹기를 반복하며 말린 과메기의 재료로 쓰이기도 합니다. 서양에서는 청어가 사순절 음식으로 욕망의 절제를 뜻했고, 쉽게 썩는 특성 때문에 삶의 유한함을 상징하며 바니타스(vanitas) 정물화에 자주 등장했습니다.

하지만 청어는 단순한 생선이 아니었습니다. 항구를 세우고, 도시를 일으키고, 제국의 경제를 움직이고, 때로는 전쟁까지 촉발한 '전략 상품'이었습니다. 실제로 17세기 네덜란드와 플랑드르(오늘날의 벨기에 북부) 지역 화가들의 작품에 청어가 자주 등장하는 이유도 네덜란드 황금 시대를 이끈 핵심 수출품이었기 때문입니다.

12세기 북유럽과 발트해의 도시들은 소금·모피·목재·생선·곡물을 거래하기 위해 '한자 동맹(Hanseatic League)'을 결성했습니다. 그러나 시간이 흐르면서 한자 동맹은 가격을 통제하고 외부 도시의 참여를 막는 독점적 카르텔로 변모했습니다. 이에 피해를 입은 네덜란드 상인들은 새로운 길드(guild)를 조직해 한자 동맹이 독점하고 있던 청어 무역에서 점차 경쟁 우위를 확보하게 되었습니다.

원래 청어는 발트해에서 많이 잡혔으나, '소빙하기'로 불리는 한랭 기후가 찾아오면서 북해로 대거 이동했고, 북해와 인접한 네덜란드가 자연히 어업의 혜택을 입었습니다. 여기에 결정적 역할을 한 것이 네덜란드 어부들의 혁신적인 염장 기술이었습니다. 청어는 기름기가 많아 빠르게 부패해 장거리 운반이 불가능했지만, 네덜란드 어부들은 내장과 아가미를 제거한 뒤 소금에 절이는 방식을 고안해 기존의 단순 염장 방식보다 훨씬 오랜 시간 청어의 신선도를 유지할 수 있었습니다. 그 결과 선박 기술을 비롯해 수산물 가공 기술, 상업, 운송, 금융 등 연관 산업이 함께 성장하며 네덜란드는 해상 무역 강국이 되었습니다.

페르메이르가 살았던 델프트는 내륙 도시였지만, 청어 무역으로 축적된 부가 운하망을 통해 흐르며 경제·문화적 번영을 누렸습니다. 〈델프트 풍경〉에서 화면 오른쪽에 나란히 정박된 두 척의 배를 찾아보세요. 바로 청어잡이 전용선인 '하링바위스(Haringbuis)'입니다. 이 배는 해상에서 곧바로 청어를 염장할 수 있는 작업대를 갖춘, 말하자면 바다

위 가공 공장이자 저장고였습니다. 하링바위스 선박과 운하망 덕분에 청어 무역으로 쌓은 부가 델프트로 흘러들어 도시 경제와 문화 발전을 이끈 것이죠.

국내 시장을 지키기 위해 장벽을 세우는 보호무역

신석기 시대 인류는 정착 과정에서 잉여 재화를 개인 간 또는 부족 간에 교환하며 상거래를 시작했습니다. 국가의 개념이 등장한 것은 인류 역사에서 비교적 최근의 일이기 때문에, 국제 무역은 도시 간 거래가 확장되어 국가 간 거래로 발전한 것으로 볼 수 있습니다. 무역은 처음에는 상품의 수출입을 의미하는 협의의 개념에서 출발했으나, 오늘날에는 자본·노동·기술·용역 등 모든 국가 간 경제 활동을 아우르는 포괄적 개념으로 확장되었습니다.

국제 무역의 초기 이론으로는 근대 국가가 등장한 15~18세기 사이에 나타난 '중상주의(重商主義, Mercantilism)'가 있습니다. 이는 상업을 중시하고 금·은을 최대한 축적하며, 보호무역을 통해 무역 흑자를 달성하려는 경제 사상이자 정책입니다.

무역 사상은 크게 보호무역주의와 자유무역주의로 나뉩니다. '보호무역주의(Protectionism)'는 국가가 자국 산업을 보호하거나 전략적 목적을 달성하기 위해 무역을 제한하는 것으로, 유치산업 보호론(Infant Industry Argument), 전략적 무역 이론(Strategic Trade Theory), 근린궁핍화 정책

(Beggar-my-neighbor policy) 등으로 분류됩니다.

유치산업 보호론은 개발도상국의 신생 산업이 규모의 경제를 실현하고 글로벌 경쟁력을 확보할 때까지 정부가 보호해야 한다는 주장으로, 19세기 초 프리드리히 리스트Georg Friedrich List, 1789~1846와 알렉산더 해밀턴Alexander Hamilton, 1755~1757이 체계화했습니다. 예컨대 한국 정부는 1960~1980년대 국산 자동차 산업을 육성하기 위해 부품 국산화율 규제와 관세 장벽을 마련해 외산차 수입을 제한했고, 국내 자동차 산업이 자립에 성공한 1990년대 이후 수입을 자유화했습니다. 영화 산업도 마찬가지입니다. 지금은 K-콘텐츠가 세계적으로 위상이 높지만, 불과 20여 년 전까지만 해도 스크린 쿼터제를 통해 극장에서 일정 기간 이상 한국 영화를 의무 상영하도록 해 우리 영화를 보호했습니다.

전략적 무역 이론은 1980년대 폴 크루그먼Paul Robin Krugman, 1953~과 제임스 브랜더James Brander, 1953~ 등이 제시한 것으로, 반도체·항공·바이오·AI처럼 고정 비용이 많이 들고 규모의 경제가 큰 첨단 산업에서 정부가 보조금과 무역 장벽을 활용해 자국 기업이 글로벌 시장에서 '초과 이윤(sugar profit)'을 확보하도록 지원해야 한다는 주장입니다. 무역 장벽에는 관세(tariff), 쿼터(quota), 수입허가제, 기술 규제 등이 포함됩니다. 첨단 산업은 R&D와 생산 설비에 막대한 자본이 필요하지만, 초기 선점에 성공할 경우 시장을 독점함으로써 일반 기업이 얻을 수 있는 수준을 훨씬 뛰어넘는 이익을 창출할 수 있습니다. 이러한 초과 이윤은 다시 법인세 증가, 전·후방 산업 생태계 확장, 고용 창출로 이어져 국가의 부를 크게 높이기 때문에, 정부가 전략적으로 개입하는 것입니다.

예를 들어 중국은 자국 디스플레이 산업을 키우기 위해 토지 무상 제공, 감세, 각종 보조금 등 강력한 정책 지원을 했고, 그 결과 BOE·TCL·CSOT와 같은 기업이 빠르게 성장해 LCD 시장에서 한국과 일본을 제치고 강자로 떠오를 수 있었습니다.

최근 국가 간 AI 경쟁이 본격화되면서 미국은 중국에 대한 엔비디아(NVIDIA)의 GPU 수출을 제한하고 있습니다. 기술 규제를 통한 새로운 형태의 무역 장벽이 등장한 것입니다. AI는 국가의 미래를 좌우할 최첨단 전략 산업입니다. 2023년 2월 〈타임〉의 커버스토리 제목은 "AI 군비 경쟁이 모든 것을 바꾸고 있다"였는데요. 이는 과거 냉전기 미국과 소련의 군비 경쟁이 오늘날에는 AI 패권 경쟁으로 대체되었음을 강조한 표현입니다. 미국이 기술 규제를 통해 AI 분야의 우위를 확보하려는 이유도 여기에 있습니다.

근린궁핍화 정책은 국가가 환율을 인위적으로 조정해 수출을 늘리거나, 수입을 억제해 무역수지 개선을 시도하는 정책을 말합니다. 2015년 중국 정부가 수출 경쟁력을 높이기 위해 위안화를 인위적으로 절하한 사례나, 2018~2020년, 2025년 트럼프 행정부가 무역적자 해소를 명분으로 통상 협상에서 주도권을 확보하기 위해 비상식적 수준의 고율 관세를 부과한 사례가 대표적입니다.

그러나 근린궁핍화 정책은 글로벌 공급망을 왜곡하고 세계 경기를 위축시키며, 자국의 물가 상승까지 부추기는 등 심각한 부작용을 초래해 결국 모두가 손해를 보는 위험한 정책입니다.

역사적으로도 사례가 있습니다. 1929년 세계 대공황 발생 이후 미국은 '스무트-홀리 관세법(Smoot–Hawley Tariff Act)'을 제정해 2만여 개 이상의 수입 품목에 40%가 넘는 고율 관세를 부과했습니다. 그 결과 세계 무역 규모는 고율 관세 부과 이전의 3분의 1 수준으로 급감했고, 경기 침체와 실업률이 악화되면서 대공황은 오히려 심화되었습니다. 현재 저명한 대다수 경제학자들은 트럼프 정부의 보호무역주의에 강한 우려를 표명하고 있습니다.

초콜릿에 녹아든 자유무역주의

프랑스 화가 장 에티엔 리오타르Jean-Étienne Liotard, 1702~1789의 그림(374쪽)을 보실까요. 하얀 앞치마를 두른 소녀가 쟁반 위의 음료 두 잔을 조심스럽게 옮기고 있습니다. 찻잔에 담긴 짙은 갈색의 음료 '초콜릿'에는 당시 귀족 문화와 식민지 개척, 그리고 자유무역의 역사가 고스란히 녹아 있습니다.

18세기 유럽에서 초콜릿은 단순한 음료가 아니라 귀족의 취향과 부를 상징하는 사치품이었습니다. 이 음료가 유럽 상류층의 일상에 스며들기까지는 결코 짧지 않은 여정이 필요했는데요. 초콜릿의 원료인 카카오는 생산지의 70% 이상이 적도 인근에 위치해, 생산국과 소비국이 완전히 분리된 대표적인 국제 교역 상품입니다.

유럽 귀족들이 초콜릿을 향유할 수 있었던 배경에는 국경을 넘어 재화가 활발히 이동하던, 즉 무역이 급속히 확장되던 시대적 흐름이 있

장 에티엔 리오타르, 〈초콜릿 소녀〉, 1744년경, 양피지에 파스텔, 82.5×52.5cm, 드레스덴국립미술관

었습니다. 아프리카·중남미 식민지 개척, 영국·프랑스·네덜란드 등 해상 강국의 무역항 개방, 관세 인하가 맞물리며 카카오를 유럽으로 실어 나르는 거대한 국제 공급망이 구축되었습니다. 그 결과 카카오 한 알 나지 않는 유럽에서도 초콜릿을 즐길 수 있게 된 것입니다.

이처럼 무역이 확대되고 국가 간 경제가 긴밀하게 연결되자, '자유로운 교역이 모두의 부를 늘린다'는 사상이 본격적으로 등장했습니다. 바로 자유무역주의(Free Trade, Manchesterism)입니다. 자유무역주의는 보호무역주의와 반대되는 개념으로, 국가 간 무역에서 관세나 수입 제한 없이 자유로운 거래를 지향합니다. 즉 정부의 간섭을 최소화하면 모든 국가가 이익을 얻는다는 전제에서 출발합니다. 자유무역주의에는 절대 우위 이론(Absolute Advantage), 비교 우위 이론(Comparative Advantage), 헤크셔르-올린 이론(Heckscher-Ohlin Theory), 신무역 이론 등이 포함됩니다.

절대 우위 이론은 애덤 스미스Adam Smith, 1723~1790가 제시한 것으로, 각 국가는 자신이 가장 효율적으로 생산하는 상품을 수출하고, 그렇지 못한 상품은 다른 나라에서 수입하면 모두가 이익을 얻는다는 주장입니다. 여기서 '절대 우위'란 한 재화를 다른 나라보다 절대적으로 더 낮은 비용으로 생산할 수 있는 능력을 의미합니다. 다만 이 이론은 절대 우위가 없는 국가가 무역에서 배제되는 것을 정당화하며 기회비용 개념을 충분히 반영하지 못한다는 한계가 있습니다.

이를 보완한 것이 데이비드 리카도David Ricardo, 1772~1823의 비교 우위 이론입니다. 비교 우위란 특정 국가가 무역에서 절대적으로는 열위에 있더라도, 기회비용이 더 낮은 상품에 특화하면 무역을 통해 상호 이익을 얻을 수 있다는 개념입니다. 리카도는 《정치경제학과 과세의 원리》(1817년)에서 잉글랜드와 포르투갈의 교역을 예로 들었습니다. 포르투갈은 포도주와 옷감을 모두 잉글랜드보다 낮은 비용으로 생산할 수 있습니다. 반면 잉글랜드는 포도주 생산에 큰 비용이 들고 옷감은 상대적으로 비용이 덜 듭니다. 절대 우위 이론에 따르면 잉글랜드는 무역으로 이익을 볼 수 없습니다. 그러나 비교 우위 관점에서는 포르투갈은 더 큰 이익이 남는 포도주를 수출하고 잉글랜드는 포도주를 포기하는 대신 옷감을 수출하면 상호 이익을 볼 수 있습니다. 비교 우위 이론은 동일한 노동력으로 여러 일을 동시에 하는 것이 비효율적임을 보여줍니다.

한편 리카도는 노동 생산성에 기반한 노동가치설을 주요 근거로 비교 우위를 설명했지만, 후학들은 토지·자본·에너지 등 다양한 생산요소를 기회비용의 틀로 확장했습니다. 특히 스웨덴 경제학자 엘리 헤크셰르Eli Filip Heckscher, 1879~1952와 베르틸 올린Bertil Gotthard Ohlin, 1899~1979은 리카도의 모형에 자본 요소를 포함시켜, 자본이 풍부한 국가는 자본집약적 상품을, 노동이 풍부한 국가는 노동집약적 상품을 수출해야 서로 이익을 얻는다는 '헤크셰르-올린 이론'을 제시했습니다. 중국·인도·베트남 등 인건비가 낮은 국가가 '세계의 공장' 역할을 하게 된 것도 이 이론과 맥락을 같이합니다.

폴 크루그먼이 주장한 신무역이론도 있습니다. 신무역이론은 규모의 경제와 소비자의 다양성 선호, 불완전경쟁으로 인해 국가 간 생산성 차이가 없어도 무역이 발생하고 특정 산업이 일부 국가에 집중될 수 있음을 설명합니다. 헤크셰르–올린 이론은 넓은 의미에서 비교 우위 이론의 확장 모델이지만, 동일 산업 내에서 이뤄지는 무역을 충분히 설명하기 어렵다는 한계가 있습니다. 예를 들어 한국, EU, 미국, 일본은 모두 자동차를 많이 수출하면서 동시에 수입합니다. 이들 국가의 자동차 산업은 노동·자본 등 생산 요소 측면에서 큰 차이가 없는데도 무역이 활발한 이유는 국가별로 서로 다른 브랜드, 제품 차별화, 그리고 소비자의 다양한 선호가 존재하기 때문입니다.

프랑스 실크 산업을 무너트린 초상화

1783년, 엘리자베스 비제 르브룅Élisabeth Vigée Le Brun, 1755~1842이 그린 초상화 한 점은 당시 프랑스 사회와 경제에 큰 파장을 일으켰습니다. 그림 속 마리 앙투아네트Marie Antoinette d'Autriche, 1755~1793는 귀족들이 즐겨 입던 화려한 실크 드레스 대신 '슈미즈'라 불리던 흰색의 간소한 면 드레스를 입고 등장합니다. 당대 최고의 인플루언서였던 왕비가 선택한 이 슈미즈 드레스는 순식간에 프랑스 전역의 귀족과 부유층 사이에서 큰 반향을 일으키며 대유행했습니다.

문제는 그 여파였습니다. 그동안 왕실과 귀족층의 소비가 프랑스산 실크의 수요를 떠받치고 있었는데, 슈미즈의 유행으로 실크 소비가 급감하고 대신 면화 수요가 폭발적으로 늘어난 것입니다. 그러나 프랑스는 기후상 목화 재배에 적합하지 않았기 때문에 대량의 면화를 수입해

엘리자베스 비제 르브룅, 〈슈미즈 드레스를 입은 마리 앙투아네트〉, 1783년, 캔버스에 유채, 89.8×72cm, 개인 소장

야 했습니다.

당시 면화는 영국령 인도와 미국에서 대량 생산되었고, 이 두 지역을 식민지와 영향권으로 둔 영국은 면화 무역에서 사실상 절대 우위를 차지하고 있었습니다. 그러나 이런 생산력의 기반에는 인도인의 저임금 노동, 아프리카에서 자행된 인신매매, 미국 남부 흑인 노예의 강제 노동이라는 심각한 착취 구조가 존재했습니다. 다시 말해, 절대 우위와 비교 우위 이론이 말하는 무역의 효율성 뒤에는 종종 노동력 착취와

인권 침해라는 어두운 그림자가 드리워져 있었던 것입니다.

이 문제는 오늘날에도 반복되고 있습니다. 중국 신장 지역에서 생산되는 면화의 약 85%가 소수민족인 위구르인의 강제노동에 의존한다는 국제사회의 비판이 제기되면서, 미국은 해당 지역에서 생산된 면화의 수입을 전면 금지했습니다. 나이키, H&M 등 글로벌 기업들 역시 신장 위구르산 면화를 공급망에서 배제하겠다고 공식 선언한 바 있습니다.

생산 과정에서 발생하는 강제노동과 인권 침해는 상품의 가격 경쟁력이나 생산 효율성으로 결코 정당화될 수 없습니다. 오늘날의 무역은 경제적 이익뿐 아니라 윤리적 책임이라는 엄정한 기준 위에 놓여있기 때문입니다. 이러한 인식의 변화는 기업들의 공정무역 실천과 소비자들의 윤리적 소비로 이어지고 있습니다.

오늘날 우리는 미술관 한가운데에서 무역의 역사를 마주합니다. 청어, 초콜릿, 면화는 모두 국경을 넘어온 재화의 흔적입니다. 현대의 기업 활동 역시 국경 안에 머물지 않습니다. 제품을 만들기 위해 해외에서 원자재를 들여오고, 비용을 낮추기 위해 공장을 다른 나라에 두며, 더 큰 시장을 찾기 위해 전 세계 소비자를 향합니다. 이때 환율이 조금만 움직여도, 관세가 오르내려도, 한 나라의 규제가 바뀌어도 기업의 이익과 전략은 순식간에 달라집니다. 그래서 경영학은 무역을 더 이상 외교와 경제 문제가 아니라 기업의 생존을 좌우하는 가장 현실적인 문제로 바라봅니다. 미술관의 그림들은 그 사실을 오래전부터 조용히 알려주고 있었습니다.

금융자본은 어떻게 <진주 귀걸이를 한 소녀>를 그렸나

자본 시장의 태동

세상에 단 37점의 작품만 남긴 화가. 17세기 네덜란드 황금기를 대표하는 거장. 경제적으로 넉넉지 않아 처가에 얹혀 지내며 눈칫밥을 먹었지만, 무려 열한 명의 자녀를 둔 가장. 많은 식구로 늘 소란스러운 집에서 살면서도 유독 고요하고 정제된 실내 풍경을 반복해 그린 남자. 델프트에서 태어나 평생 그 도시를 떠나지 않은 사람.

이렇게 흩어진 정보들을 이어보면 하나의 인물이 떠오를 법도 하지만, 오히려 더 많은 의문이 남습니다. 요하네스 페르메이르Johannes Vermeer, 1632~1675의 삶은 여러모로 미스터리합니다. 그는 삶에 관한 기록은 물론, 작품 제작 과정조차 거의 남기지 않았습니다.

그 미스터리는 대표작에서도 반복됩니다. 눈이 시릴 만큼 짙은 푸른

요하네스 페르메이르, 〈진주 귀걸이를 한 소녀〉, 1665년경, 캔버스에 유채, 44.5×39cm, 헤이그 마우리츠하위스미술관

터번을 두른 인물이 어둠 속에서 고개를 돌려 관람자를 응시합니다. 〈진주 귀걸이를 한 소녀〉. 작품 제목은 그녀를 '소녀'라 부르지만, 화가가 붙인 것이 아니기에 확신하기 어렵습니다. 모델의 신원은 물론, 장면의 맥락과 의상의 의미도 알려지지 않았습니다.

페르메이르는 왜 작은 캔버스에 이름 없는 여인을 그렸을까?

⋮

이런 유형의 그림을 '트로니(Tronie)'라고 합니다. 초상화처럼 보이지만 실제 인물을 묘사한 것이 아니고, 주문자도 없습니다. 그림 속 인물은 표정과 의상 등을 강조하기 위해 창조된 가상의 존재입니다. 실제처럼 보이지만 실재하지 않는, 회화적 실험이자 상상의 산물입니다. 결국 우리는 그림 속 인물이 누구인지, 왜 이런 옷을 입었는지, 어떤 순간을 포착한 것인지 알 수 없습니다.

〈진주 귀걸이를 한 소녀〉는 유명세와 달리 실물은 소품에 가까운 작은 작품입니다. 페르메이르는 왜 신원 미상의 인물을 이렇게 작은 초상화로 그렸을까요? 그 단서는 '주식의 역사' 속에 있습니다.

네덜란드는 봉건제와 농업 중심의 유럽 국가와 달리, 일찍부터 상인 중심의 무역으로 성장한 나라였습니다. 그 이유는 지형에서 비롯됩니다. '네덜란드(Nederland)'는 '낮은 땅'이라는 뜻으로, 국토의 4분의 1이 해수면보다 낮은 척박한 환경이었습니다. 그래서 제방과 댐이 필수였죠. 암스테르담·로테르담·스파른담 등의 지명에 공통으로 들어가는

루돌프 바크휘센, 〈동인도회사 함대의 귀환〉, 1675년, 캔버스에 유채, 171×287cm, 파리 루브르박물관

'dam'이 이를 가리킵니다. 이러한 인프라를 기반으로 운하가 발달하면서 자연스럽게 해상 교통과 중개무역이 번성했습니다. 초기에는 청어 중개무역으로 큰 부를 축적했고, 이는 조선업의 발전으로 이어졌습니다(369쪽 참조).

여기에 종교개혁의 영향도 있었습니다. 가톨릭의 면죄부를 비판하며 등장한 칼뱅교는 모든 직업을 신의 소명으로 보고, 상업을 통한 이윤 추구를 정당화했습니다. 이로 인해 네덜란드에서는 칼뱅교가 확산되고 상업이 더욱 발전했습니다.

네덜란드는 칼뱅교를 박해한 스페인 합스부르크가로부터 벗어나기 위해 독립전쟁을 벌였고, 1648년 '베스트팔렌 조약'으로 독립을 인정받았습니다. 이후 그동안 청어 무역으로 축적한 역량을 바탕으로 아시아 항로를 개척하고, 해상 무역과 식민지 경쟁에 본격적으로 뛰어듭니다. 이것이 '대항해 시대'입니다.

VOC가 네덜란드에 남긴 번영, 증권거래소, 그리고 미술 시장

⋮

스페인과 포르투갈보다 뒤늦게 대항해 시대에 뛰어든 네덜란드는 경쟁에서 밀리지 않기 위해 1602년 통합 무역회사인 네덜란드 동인도회사(VOC)를 설립했습니다. VOC는 'Vereenigde(통합된), Oost-Indische(동인도의), Compagnie(회사)'의 약어로, '동인도'란 인도 동쪽의 아시아 지역을 뜻합니다. 명목상 기업이었지만, VOC는 독점 항해권과 군사 활동, 무역 거점 설치 등 국가 기관에 가까운 권한을 행사했습니다.

그러나 정부의 전폭적인 지원에도 불구하고 동인도회사는 큰 문제를 안고 있었습니다. 거대한 배를 건조하고 선원을 채용하는 데 막대한 비용이 들었기 때문입니다. 더구나 당시에는 출항한 배에 투자하고 그 배가 회항하면 이익을 배분받는 방식이었습니다. 하지만 항해 중 풍랑과 폭우로 배가 난파되는 경우가 자주 발생하면서, 개별 배에 투자하는 방식은 리스크가 매우 높았습니다. 경영학에서 이야기하는 '위험 관리'가 필요해진 것입니다. 결국 동인도회사에 대한 투자는 도박과 다를 바 없다는 인식이 퍼지고 투자금을 확보하기 어려워졌습니다.

이에 VOC는 한가지 묘수를 떠 올렸습니다. 세계 최초의 주식회사를 도입한 것이죠. 투자자는 개별 배가 아니라 회사에 투자하고, 주식

증서와 배당 권리를 받았습니다. 이는 오늘날 주식 거래와 분산투자의 기원입니다. 이때부터 동인도회사는 투자금을 안정적으로 더 많이 조달하는 것이 가능해졌습니다. 투자자도 출항하는 개별 배에 투자할 때보다 위험을 크게 줄일 수 있었습니다.

또한 VOC는 이익이 5% 발생할 때마다 배당금을 지급하고 대신, 원금 회수는 10년간 금지해 안정적인 자금 운용이 가능했습니다. 투자자는 자연스럽게 장기·분산 투자를 하게 된 셈입니다.

"달걀을 한 바구니에 담지 말라"는 투자 격언이 있습니다. 한 기업이나 소수의 기업에 집중하지 말고 여러 기업에 나누어 투자해 위험을 줄이라는 뜻입니다. 이를 구현한 대표적인 분산투자 상품이 ETF(Exchange Traded Fund)입니다. AI, 2차전지, 반도체 등 특정 섹터의 유망 기업들을 묶은 지수에 투자할 수 있도록 만든 상품이죠. 동인도회사에 대한 투자는 회사가 보유한 모든 배에 분산투자한 셈이었으니, 오늘날의 ETF와 유사하다고 볼 수 있습니다.

당시 VOC는 현재가치 기준 약 1400억 원의 자금을 모았고, 첫 투자 수익률은 약 265%로 알려져 있습니다. 첫 배당수익률은 75%(최초 배당금은 향신료로 지급)였고, 1650년까지 누적 배당액은 투자금의 800%에 달했습니다. 2025년 1월 기준, 미국에서 배당이 높기로 유명한 운송·에너지·원자재·금융 업종의 일부 기업들조차 배당수익률이 30%를 넘지 못합니다. 애플의 배당수익률은 0.57%에 불과합니다.

VOC 투자 성공 사례가 널리 알려지자 남녀노소, 계층을 불문하고 투자 열풍이 일었습니다. 그리고 투자 기간 10년을 기다리기 어려운

에마뉘엘 데 위트,
〈암스테르담 증권
거래소의 안뜰〉,
1653년,
패널에 유채,
49×47.5cm,
로테르담 보이만스
반뵈닝겐미술관

이들이 주식을 양도하기 시작하면서 브로커가 등장했습니다. 동인도회사 배가 도착하는 부둣가 상인들이 주로 브로커 역할을 맡았습니다. 이에 투자와 거래를 효율적으로 관리하기 위해 1609년 세계 최초의 증권거래소, 암스테르담 증권거래소가 세워졌습니다.

당시 증권거래소는 하루에 두 차례, 1~42번까지 번호가 적힌 건물 기둥으로 사람들이 모여 주식을 거래하는 방식이었습니다. 증권거래소 설립은 네덜란드가 금융산업의 중심지로 부상하는 결정적인 계기가 되었습니다. 현재의 애플 시가총액도 당시 동인도회사의 시가총액과 비교하면 10% 남짓에 불과합니다. 그만큼 17세기 초중기의 네덜란드는 오늘날 미국에 버금가는 경제 대국이었습니다.

이 시기부터 예술은 귀족의 전유물이 아니라 중산층이 소비하는 상품으로 변모합니다. 부를 축적한 중산층은 '내 집에 걸 그림을 사겠다'는 꿈을 꾸기 시작했고, 현대적 의미의 '아트 마켓(미술 시장)'이 17세기 네덜란드에서 처음 등장했습니다. 개인이 돈을 주고 작품을 구매하고, 화가는 시장을 위해 작품을 생산하는 구조가 이때 자리 잡은 것입니다. 이전까지 화가는 후원자나 의뢰인의 주문에 따라 한 점씩 맞춤 제작했지만, 이후에는 사전 주문 없이 화가 자신의 취향과 유행에 맞춰 제작한 작품을 시장에 내놓고 판매하게 되었습니다.

예술의 소비 주체가 바뀌자 작품의 주제도 달라졌습니다. 정물화, 풍경화, 초상화 등 평범한 사람과 일상이 그림의 주요 소재가 되었고, 대형 작품보다는 집 안에 걸 수 있는 소형 작품에 대한 수요가 증가했습니다. 페르메이르는 바로 이 중산층을 위한 미술 시장에서 활동한 화가였습니다. 그가 왜 〈진주 귀걸이를 한 소녀〉처럼 작은 캔버스에 신원 미상의 여인을 담았는지, 이제 그 답이 보입니다.

페르메이르의 울트라마린 투자수익률

'황금빛'이 구스타프 클림트Gustav Klimt, 1862~1918를, '노란색'이 빈센트 반 고흐Vincent van Gogh, 1853~1890를 대표한다면, '울트라마린(ultramarine)'은 페르메이르의 색입니다. 그는 어둠을 뚫고 빛나는 이 푸른 안료를 〈진주 귀걸이를 한 소녀〉, 〈우유 따르는 여인〉, 〈물병을 든 여인〉, 〈연애편지〉, 〈저울

질하는 여인〉, 〈지리학자〉 등 많은 작품에 사용했습니다.

특히 〈진주 귀걸이를 한 소녀〉의 신비롭고 매혹적인 분위기에는 울트라마린이 가진 시각적·심리적 효과가 크게 작용합니다. 라틴어로 '바다 너머'를 뜻하는 울트라마린은 아프가니스탄 광산에서 채굴한 청금석을 갈아 만든 안료로, 그 희귀성과 높은 가격 탓에 금보다 비싼 재료였습니다. 실제로 당시에는 금 41그램과 울트라마린 30그램을 교환할 정도였습니다.

울트라마린은 일반적인 파란색보다 채도, 투명도, 광택이 월등히 뛰어났습니다. 빛을 반사하면서도 흡수하는 독특한 질감, 어둠 속에서도 형태를 잃지 않는 선명함, 깊은 청색이 은은하게 빛나는 특성은 관객의 시선을 붙들고 오래 머물게 합니다. 이 때문에 울트라마린은 성스러움과 거룩함을 표현하기 위한 최고급 안료로 간주되었고, 주로 그리스도나 성모 마리아의 옷을 그릴 때에만 사용되었습니다.

레오나르도 다빈치Leonardo da Vinci, 1452~1519는 〈암굴의 성모〉를 그릴 때 울트라마린 사용을 두고 의뢰인과 계약서를 작성한 일로 유명합니다. 계약서에는 울트라마린을 칠할 부위는 물론, 안료의 사용량과 비용까지 세세하게 명시되어 있었습니다. 울트라마린은 18세기 화학 기술의 발달로 합성 안료가 등장하기 전까지, 최고급 안료의 지위를 유지했습니다.

그렇다면 왜 페르메이르는 이렇게 값비싼 울트라마린을 작품마다 아낌없이 사용했을까요? 그는 경제적으로 넉넉하지 않아 처가살이를 이어갔고, 심지어 물감 비용을 감당하지 못해 파산했다는 이야기가 전해질 정도입니다.

요하네스 페르메이르, 〈물병을 든 여인〉, 1662년경, 캔버스에 유채, 45.7×40.6cm,
뉴욕 메트로폴리탄미술관

세계 최초의 아트 마켓이 형성된 17세기 네덜란드에서는 화가들 간의 치열한 경쟁이 벌어졌습니다. 수많은 화가가 풍경화, 실내 장면, 초상화, 정물화를 쏟아냈고, 가격 경쟁도 심했습니다. 이런 상황에서 살아남는 방법은 '차별화'뿐이었습니다.

그러나 페르메이르의 느린 제작 속도와 빛과 디테일에 대한 정교하고 엄격한 탐구는, 화려한 드라마나 유머를 선호하던 시장의 취향과 맞지 않았습니다. 실제로 당시 네덜란드에서 큰 인기를 누렸던 화가는 속도감 있는 붓질로 유명한 프란스 할스Frans Hals, 1582~1666, 자연 풍경을 극적으로 묘사한 야곱 판 루이스달Jacob van Ruisdael, 1628~1682, 일상을 유머러스하게 그린 얀 스틴Jan Steen, 1626~1679 등이었습니다.

이런 맥락에서 페르메이르에게 울트라마린은 작품의 가치를 높이고 존재감을 부각시키는 중요한 차별화 수단이었습니다.

경영학의 한 분야인 투자론에는 '투자수익률(ROI, Return on Investment)'이라는 개념이 있습니다. 미국 듀폰(DuPont)사가 처음 고안한 개념으로, 현재는 기업 및 사업부의 성과 평가, 자원 배분 의사 결정, 광고·프로모션 등 마케팅 활동의 성과 측정, 이익 예측 등 다양한 영역에서 널리 활용됩니다.

투자수익률(ROI) 계산법

ROI(%) = (순이익 ÷ 투자금액) ×100

* 순이익 = 투자 후 총수익 - 투자금액

쉽게 말해, ROI는 '투자한 돈 대비 얼마를 벌었는가'를 퍼센트(%)로 나타낸 지표입니다. ROI가 높을수록 투자 효율이 좋습니다. ROI가 100%라는 것은 투자금의 두 배를 벌었다는 뜻입니다. 예를 들어, 민준이가 휘트니스 센터에 10만 원을 내고 등록해 15만 원의 '가치'를 얻었다면, 투자수익률은 {(150,000원 - 100,000원) ÷ 100,000원} × 100 = 50%가 됩니다. 반면, 민준이가 게임 콘텐츠를 구입하기 위해 10만 원을 지불해 25만 원의 즐거움을 얻었지만, 건강을 잃어 15만 원의 손해를 봤다면, {(250,000원 − 150,000원 − 100,000원) ÷ 100,000원} × 100 = 0%가 되어, 투자수익률 관점에서는 투자금만 날린 셈입니다.

물론 이러한 예시는 개인의 가치 판단 기준에 따라 결과가 달라지지만, 기업의 재무 성과나 주식 투자에서는 정량적 측정이 가능하므로 매우 유용하게 쓰입니다. 다만 기업이 ROI를 활용할 때, 조직 문화와 변화 관리 등 정량화하기 어려운 성과를 반영하지 못한다는 한계도 있습니다.

그렇다면 페르메이르의 울트라마린 사용을 투자수익률 관점에서 보면 어떨까요? 페르메이르가 고가의 울트라마린을 마련해 그린 작품들이 높은 가격에 팔렸다면 문제가 없었겠지만, 실제로는 울트라마린을 많이 사용한 것에 비해 고가 거래가 이루어진 작품은 많지 않았던 것으로 보입니다. 결국 투자금 회수는 쉽지 않았을 것입니다. 물론 예술가의 활동을 투자수익률 관점에서 단순히 정량화하는 것이 바람직한 해석은 아닙니다. 그러나 이는 예술을 바라보는 하나의 흥미로운 관점이 될 수 있습니다.

페르메이르의 울트라마린 투자는 ROI 관점에서 보면 실패에 가깝습니다. 높은 비용, 느린 제작 속도, 낮은 판매가 때문입니다. 그러나 시장에서 외면받은 이 선택이 오히려 작품의 유일성을 만들었고, 그 유일성은 세기가 지난 뒤 새로운 수익과 가치를 창출했습니다. ROI로 설명되지 않는 비경제적 집념, 바로 그 지점에서 예술은 경제를 넘어섭니다.

160만 원에 산 땅이 세계 금융의 역사를 바꾸다

: 월스트리트의 기원

오늘날 세계 증권시장의 상징인 월스트리트의 기원 역시 네덜란드와 깊은 관련이 있습니다. 월스트리트는 뉴욕 맨해튼 남부의 금융가로, 성벽을 뜻하는 네덜란드어 'wal'에서 유래한 이름입니다. 사실 맨해튼은 17세기 네덜란드 서인도회사가 화폐와 토지 소유 개념이 없던 원주민을 속여 헐값(60길더, 오늘날 약 160만 원)에 빼앗은 땅이었습니다. 미국의 프랭클린 D. 루스벨트Franklin D. Roosevelt, 1882~1945 대통령 가문도 이 시기 네덜란드에서 건너온 이민자들입니다.

네덜란드와 영국은 해상 패권과 식민지 쟁탈전을 벌이다 결국 영란 전쟁을 일으켰습니다. 이때 영국이 맨해튼을 호시탐탐 노리자 네덜란드는 도시에 방어용 울타리를 세웠습니다. 이후 전쟁에서 영국이 승리하면서 해당 자리에 도로가 놓였고, 이곳이 오늘날의 월스트리트가 되었습니다.

그러나 월스트리트가 금융산업의 중심지로 자리 잡게 된 배경에는 아이러니하게도 흑인 노예 거래 시장이 있었습니다. 1711년 이곳에는 합법적인 시립 노예시장이 설치되었습니다. 당시 노예는 재산으로 간

주되어 담보 대출 시 '담보' 역할을 했습니다. 이는 오늘날 금융 대출의 원형이 되었습니다. 이후 미국이 영국으로부터 독립하고 맨해튼이 무역 거점으로 성장하면서, 자금 조달을 위해 상업은행과 주식 거래가 등장했습니다.

초기 주식 거래는 길거리나 카페에서 이뤄져 중개 수수료가 제각각이었고, 과도하게 부과되는 일이 잦았습니다. 이를 해결하기 위해 일부 증권 중개인들이 거대한 플라타너스 아래 모여 공정한 거래 규칙을 정한 '버튼우드 협정'(1792년)을 체결했고, 이것이 뉴욕증권거래위원회 설립의 출발점이 되었습니다.

이후 도시가 급성장하고 산업혁명과 함께 철도 수요가 폭발적으로 증가했습니다. 철도 회사들의 상장(上場)은 주식 거래의 활성화에 결정적인 계기가 되었습니다. 왜냐하면 당시 미국에서는 채권 거래가 주를 이루었는데 철도 회사들이 상장하면서 미국뿐 아니라 유럽의 자본이 대거 유입되었기 때문입니다. 1856년경 뉴욕증권거래위원회에서 거래된 기업은 철도회사 360개, 은행 985개, 보험회사 75개에 이를 정도로, 당시 주식시장은 큰 호황을 누렸습니다.

이 무렵 월스트리트는 네덜란드와 영국을 능가하는 혁신을 도입합니다. 바로 사무엘 모스Samuel Morse, 1791~1872가 발명한 전신(마그네틱 텔레그래프)입니다. 전신은 주가 정보를 신속하게 교환하는 것을 가능하게 했고, 뉴욕증권거래위원회는 이를 기반으로 세계 주식 거래량 1위를 차지하게 됩니다.

"튤립은 꽃이 아니다. 선물이다"

파생금융 상품의 이해

"침대는 가구가 아닙니다. 과학입니다." 한 시대를 풍미한 이 광고 카피는 침대라는 제품을 전혀 다른 관점에서 바라보게 만든 대표적 리포지셔닝(repositioning) 사례입니다.

이 카피에서 아이디어를 차용해, 필자도 '튤립'에 관해 새로운 정의를 내려보고자 합니다. "튤립은 꽃이 아니다. 선물이다." 여기서 말하는 '선물(先物, Futures)'은 판매자와 구매자가 현재 시점에 미리 정한 가격으로 미래의 일정 시점에 거래할 것을 약정하는 파생금융상품을 의미합니다. 그리고 이러한 미래 가치를 사고파는 행위를 '선물 거래(Futures Trading)'라고 부릅니다. 그렇다면 튤립과 선물은 어떤 관계가 있을까요?

| 한스 볼롱기에르, 〈꽃이 있는 정물화〉, 1639년, 나무 패널에 유채, 67.6×53.3cm, 암스테르담 레이크스미술관

튤립 알뿌리가 피워낸 선물 거래

선물 거래의 흔적은 기원전 2000년경 메소포타미아 문명에서 이미 발견됩니다. 바빌로니아 상인들은 점토판에 미래의 곡물 인도 가격을 기록해 거래했습니다. 18세기 초 일본 에도 시대, 오사카 도지마의 쌀 거래소에도 선물과 유사한 기능이 있었던 것으로 알려져 있습니다. 그러나 오늘날 우리가 말하는 선물 거래의 직접적 기원은 17세기 네덜란드의 튤립 거래 방식에서 비롯되었다고 보는 편이 정확합니다.

오늘날 튤립은 네덜란드를 상징하는 꽃이지만, 16세기 중반 오스만튀르크를 거쳐 신성로마제국을 통해 네덜란드로 전해진 식물입니다. 네덜란드에 들어온 튤립은 주로 알뿌리(구근) 형태로 거래되었습니다. 구근 식물을 씨앗으로 재배할 경우 꽃을 피우기까지 최대 7년이 걸리지만, 알뿌리를 가을에 심으면 이듬해 봄에 바로 개화할 수 있기 때문입니다.

오른쪽 그림은 당시의 시대적 분위기를 잘 보여주는 작품으로, 피테르 브뤼헐 2세Pieter Brueghel the Younger, 1564~1638가 아버지의 작품을 모사해 제작한 것입니다. 화단을 가꾸는 사람들 사이로 개화한 튤립이 보입니다. 한 해 농사를 준비하느라 분주해야 할 봄에 그림 속 인물들은 튤립을 심는 데 여념이 없습니다. 그만큼 튤립 열풍은 농업의 질서를 뒤흔들 만큼 강력했습니다.

튤립은 알뿌리에 특정 바이러스가 침투하면 변종이 생겨, 모양과 색이 독특해지고 품종도 다양해집니다. 당시 존재했던 튤립 품종은

피터르 브뤼헐 2세, 〈봄〉, 1625년, 패널에 유채, 43×59cm, 부쿠레슈티 루마니아국립미술관

400여 가지로 추정됩니다. 이처럼 튤립은 예측 불가능한 아름다움 탓에 처음에는 주로 귀족층 사이에서 인기를 끌었습니다. 이후 네덜란드가 동인도회사를 앞세워 해상무역 강국으로 부상하면서 신흥 부유층이 등장했고, 이들의 과시적 소비 욕구가 튤립 수요를 폭발적으로 끌어올렸습니다. 많은 사람이 튤립을 사회적 지위와 부의 상징으로 소비했습니다. 오늘날 명품 소비 심리와 크게 다르지 않았습니다.

이처럼 튤립 알뿌리는 단순한 꽃이 아니라 '자산'으로 인식되며 투자 수단으로 거래되기 시작했습니다. 알뿌리 하나로 여러 개의 자구

(子球)를 번식시킬 수 있었기 때문입니다. 공급 부족과 투자 심리가 맞물리면서 튤립 알뿌리 가격은 천정부지로 치솟았고, 기대 심리 역시 더욱 자극되었습니다.

급기야 사람들은 땅속에 묻혀 있는 알뿌리를 미리 구입하기 시작했습니다. 이것이 바로 미래의 특정 시점에 특정 가격으로 상품을 거래하기로 약정하는 '선물 거래'입니다. 실물조차 존재하지 않는 상품이 거래되자 시장은 더욱 과열되었습니다. 구매자는 당장 돈이 없어도 종이 한 장에 서명만 하면 미래의 튤립 구매 권리를 확보할 수 있었기 때문입니다. 이러다 보니 선물 매입 수요는 폭증했고, 사람들은 "어제의 가격이 가장 싸다"는 환상에 사로잡혔습니다.

사람들은 튤립에 '황제, 총독, 장군'과 같은 등급을 매겼는데, 셈페르 아우구스투스(Semper Augustus)', 일명 '황제 튤립'의 알뿌리 한 개 가격은 웬만한 집 한 채 값에 달했습니다. 395쪽 그림 속 줄무늬가 독특한 튤립이 바로 이 황제 튤립입니다. 이 무늬는 바이러스 감염에 의해 나타난 현상으로, 이후 줄무늬 품종이 멸종해 오늘날 동일한 형태의 튤립은 존재하지 않습니다. 이 정물화는 화려하게 배치된 튤립을 통해, 당시 유럽에서 튤립이 얼마나 귀했으며 동시에 대중이 선망하는 대상이었는지를 보여줍니다.

경제적·제도적 규제가 부재한 탓에 누구나 튤립 알뿌리를 선매 계약을 할 수 있었고, 가치에 기반한 가격 산정 시스템은 사실상 작동하지 않았습니다. 이 시기부터 튤립을 소재로 한 정물화와 풍자화가 등장하기 시작했습니다.

원자재부터 금융자산을 아우르는 현대의 선물거래소

선물 거래는 미래의 특정 시점에 사전에 정한 가격으로 자산을 사고파는 계약으로, 곡물·금·석유 등 원자재부터 주가지수·채권 등 금융자산까지 폭넓은 대상이 거래됩니다. 17세기 초 네덜란드에서 이루어진 튤립 알뿌리 거래는 이러한 선물 거래의 원형으로 평가됩니다. 당시 거래는 대부분 선술집이나 경매장 같은 비공식적인 장터에서 이루어졌습니다. 따라서 선물거래소의 기원은 튤립 알뿌리를 거래하던 장터로 거슬러 올라가지만, 근대적 의미의 최초 선물거래소는 1848년 설립된 시카고상품거래소(CBOT; Chicago Board of Trade)입니다.

CBOT는 농산물과 금리 관련 선물 중심 거래소로, 1898년 설립된 축산물과 파생금융상품 중심의 CME(Chicago Mercantile Exchange)에 합병되었습니다. 현재 CME는 유로·달러 선물, S&P500 지수선물, 축산물 관련 선물 상품의 세계 최대 거래소입니다.

CME와 별개의 조직으로, 미국에는 ICE(Intercontinental Exchange)도 있습니다. ICE는 브렌트유·천연가스·커피·설탕 등 에너지·원자재 선물과 금융상품 선물을 거래합니다. CME가 금융지수 중심이라면, ICE는 에너지 관련 선물 상품의 최대 거래소라 할 수 있습니다. ICE는 2013년 뉴욕증권거래소(NYSE)를 인수하면서, 선물시장뿐 아니라 주식시장에서도 막강한 영향력을 행사하고 있습니다.

유럽에는 주가지수·금리 관련 선물을 거래하는 EUREX(European Exchange)와 비철금속 선물의 대표 거래소인 런던금속거래소(LME;

London Metal Exchange)가 있습니다. LME에서는 전기차 배터리의 핵심 소재인 리튬도 거래됩니다. 몇 해 전 국내 배터리 소재 기업들이 전기차 시장의 고성장을 기대하며 리튬을 고가에 선매입했다가, 수요 둔화와 정부 정책 변화로 인해 가격 폭락과 대규모 손실을 겪은 사례가 있습니다. 우리나라는 한국거래소(KRX)에서 주가지수 · 금리 · 통화(달러, 유로, 엔화) 관련 선물 상품을 거래합니다.

여기서 흥미로운 점이 하나 있습니다. 대부분의 금융상품 거래소는 공공성이 매우 높음에도 불구하고, 실제로는 민간 기업이 운영하고 있다는 사실입니다. 이는 민간 운영을 통해 시장의 효율성과 경쟁력을 확보하되, 정부가 인허가 라이선스를 기반으로 강력한 규제와 감독을 수행함으로써 공공성을 담보할 수 있기 때문입니다. 예를 들어, 한국거래소는 민간 주식회사 형태이지만, 정부가 대주주로 참여해 관리 · 감독을 수행하고 있습니다. 반면 중국의 상하이거래소는 정부 산하의 비영리 기관으로 운영되고 있습니다.

버블은 터지고, 옵션만 남았다

헨드릭 게리츠 포트Hendrik Gerritsz Pot, 1580~1657가 그린 〈플로라의 어리석은 수레〉를 보실까요. 화면 중앙의 '플로라(로마신화의 꽃의 여신)'는 수레의 가장 높은 자리에 앉아 머리에 튤립으로 만든 왕관을 쓰고 있습니다. 튤립으로 치장한 플로라는 인간의 탐욕과 허영을 상징합니다. 흥미로운

헨드릭 게리츠 포트, 〈플로라의 어리석은 수레〉, 1637년경, 패널에 유채, 98.5×152.5 cm, 하를렘 프란스할스미술관

점은 수레 형태가 배처럼 돛을 단 모습이라는 것입니다. 육지에서 돛을 단 수레는 인간의 비이성적 투기 행위를 풍자합니다. 수레 위에 올라탄 사람들과 그 뒤를 따라 올라타려는 사람들은 튤립 광풍에 편승하려는 다양한 사회 계층의 욕망을 드러냅니다. 특히 수레 맨 앞에 앉아 있는 여인은 뒤통수에도 얼굴이 있는데, 이는 경험에서 배우지 못하고 같은 실수를 반복하는 인간의 어리석음을 풍자합니다. 또한 바퀴 달린 수레가 바다를 향해 나아가는 모습은 튤립 알뿌리 선물 거래가 결국

파국으로 치닫고 있음을 암시합니다.

실제로 1634년부터 시작된 네덜란드의 튤립 광풍도 종착점이 가까워졌다는 신호가 나타나기 시작했습니다. 1637년 2월, 하를렘에서 열린 튤립 알뿌리 경매에 아무도 입찰하지 않으면서 가격이 폭락했고, 이에 따라 선물 수요는 급격히 줄어든 반면 공급은 넘쳐나게 되었습니다. 선물 거래 특성상 실물 인도가 없는 선계약이었기 때문에, 그동안 차익을 기대하던 매수자들은 막대한 손실 위험에 직면했습니다. 그해 1월 600길더에 거래되던 알뿌리가 5월에는 6길더로 떨어졌습니다. 무려 100분의 1 토막이 난 것입니다. 이로써 튤립은 자산 증식 수단으로서의 기능을 잃고, 감상용으로 소비되는 데 그치게 되었습니다.

이쯤 되자 평생 모은 자산을 담보로 튤립 알뿌리를 매입해 보유하고 있던 투자자들은 막대한 손실을 보았습니다. 향후 튤립 가격이 더욱 폭락할 것이 분명했기 때문입니다. 17세기 네덜란드의 대표적인 풍경화가 얀 판 호이엔Jan van Goyen, 1596~1656도 그 피해자 중 한 명이었습니다. 오늘날 대중에게는 다소 낯설지만, 당시에는 렘브란트Rembrandt Harmenszoon van Rijn, 1606~1669의 명성과 견줄 만하다는 평가를 받았던 화가입니다. 그는 경매인, 미술품 감정사, 그리고 부동산 투자자로 활동하며 2000여 점이 넘는 작품을 남겼지만, 늘 재정적 어려움에 시달렸습니다. 부동산 등 잦은 투자 실패 때문이었죠. 특히 튤립 알뿌리에 투자했다가 튤립 시장이 붕괴하면서 심각한 손실을 보았고, 끝내 이를 회복하지 못한 채 파산 상태로 생을 마감했습니다.

튤립 알뿌리를 인도받을 시점이 다가오자, 계약 자체가 무효라고 주

얀 판 호이엔, 〈뇌우〉, 1641년, 캔버스에 유채, 137.8×183.2cm, 샌프란시스코미술관

장하는 이들도 등장했습니다. 또 계약 당일 아예 모습을 드러내지 않는 사람들도 속출했습니다. 선물 거래 시장이 대혼란에 빠지자 정부는 결국 중재안을 내놓았습니다. 매수자가 약정 금액의 일부만 지불하고 알뿌리 인수 권리를 포기할 수 있도록 한 것입니다. 일종의 위약금 제도였죠. 적게는 계약금의 3.5%, 많게는 10%를 매도자에게 지급하면 선물 거래 계약을 무효화할 수 있었습니다.

흥미로운 점은 이러한 제도가 오늘날 파생상품인 '옵션(Option)'의 시발점이 되었다는 사실입니다. 매수자가 약정 만기 시 반드시 권리를 행사해야 하는 선물과 달리 옵션은 자산을 구입하기 위해 사전에 지불한 비용(프리미엄)만 포기하면 매수 권리를 행사하지 않아도 됩니다.

미래에 살 권리 '콜'·팔 권리 '풋'

옵션은 일정한 만기 내 또는 특정 시점에, 특정 자산을 정해진 가격에 사고팔 수 있는 권리를 말하며, 주식·주가지수·원유·금 등 다양한 기초자산을 대상으로 합니다. 미래에 정해진 가격으로 살 수 있는 권리를 '콜옵션(Call Option)', 정해진 가격으로 팔 수 있는 권리를 '풋옵션(Put Option)'이라고 합니다. 이때 옵션 매수자는 권리 행사 여부를 선택할 수 있지만, 옵션 매도자는 매수자가 원할 경우 반드시 계약을 이행해야 합니다.

예를 들어 보겠습니다.

- 민준 : A주식의 콜옵션(3만 원)
- 영준 : B주식의 풋옵션(3만 원)
- 옵션 프리미엄 : 권리행사가격의 10%

민준이 A주식을 3만 원에 살 수 있는 콜옵션을 매수했는데, 만기일에 해당 주식의 시장가격이 3만 5천 원이 되었다면, 5천 원의 차익이 발생하므로 옵션을 행사하는 것이 유리합니다. 반면 영준은 B주식을 3만 원에 팔 수 있는 풋옵션을 샀는데, 만기일에 그 주식이 3만 5천 원이 되었다면 3천 원의 손실을 보게 됩니다. 왜냐하면 시장에서 B주식이 3만 5천 원에 거래되므로 영준은 굳이 풋옵션을 행사할 필요가 없기 때문입니다. 즉, 풋옵션을 행사하지 않고 프리미엄 비용(30000원 × 0.1)만 손실 처리하는 것이 합리적입니다.

여기서 주의할 점은, 옵션 행사로 인한 손익은 옵션 자체의 가치만을 따져야 한다는 것입니다. 앞의 사례에서 영준이 3만 원에 팔 수 있는 풋옵션을 행사하지 않아서 발생한 주식가격의 차익은 옵션 손익과 무관한 것입니다. 옵션 프리미엄은 일반적으로 행사가격 대비 5~15% 수준이지만, 기초자산의 가격, 변동성, 잔존 기간 등 다양한 변수에 따라 실시간으로 변합니다.

일반적으로 옵션이 현재 시장 상황에서 어느 정도의 가치를 지니는지에 따라 ATM(등가격, At The Money), ITM(내가격, In The Money), OTM(외가격, Out of The Money)으로 구분합니다. ATM은 행사가격이 현재 주가와 일치해, 옵션을 행사해도 이익도 손실도 나지 않는 중립적인 상태입니다. 예를 들어 A주식의 옵션 행사가격이 3만 원인데 현재 주가가 3만 원이라

■ 콜옵션과 풋옵션의 손익 구조

콜옵션과 풋옵션의 만기 시 손익 구조를 나타낸 그래프. 옵션 행사가격 대비 기초자산 가격 변동에 따라 매수 · 매도자의 수익과 손실이 달라짐을 보여준다.

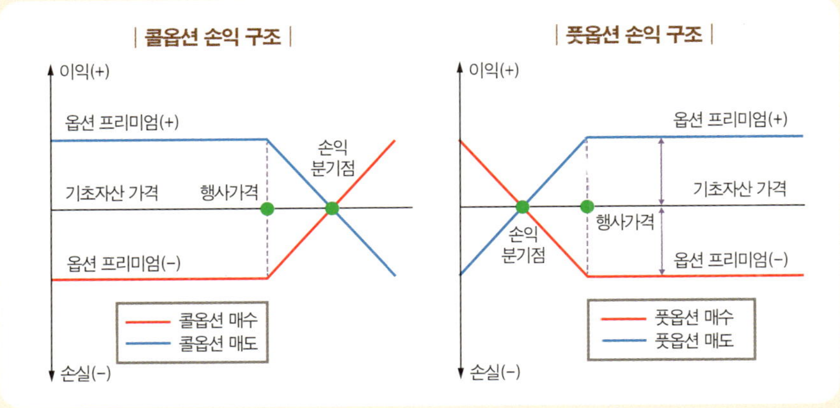

면 중립 상태가 됩니다. ITM은 옵션을 행사하면 즉시 이익이 나는 상태입니다. 즉 콜옵션 매수 시 현재 주가(3만 5천 원)가 행사가격(3만 원)보다 더 높거나 풋옵션 매수 시 현재 주가(2만 5천 원)가 행사가격(3만 원)보다 낮다면 이익이 납니다. OTM은 옵션을 행사하면 오히려 손실이 발생하는 상태입니다. 즉 콜옵션 매수 시 현재 주가(2만 5천 원)가 행사가격(3만 원)보다 낮거나 풋옵션 매수 시 현재 주가(3만 5천 원)가 행사가격(3만 원)보다 높다면 손실이 발생하므로 행사하지 않는 것이 합리적입니다.

현대에도 재현된 탐욕의 역사

⋮

할아버지 피터르 브뤼헐Pieter Bruegel the Elder, 1525~1569과 아버지 얀 브뤼헐Jan Brueghel the Elder, 1568~1625의 화풍을 이어받아, 일상의 풍경을 기발한 상상력으로 묘사한 화가가 있습니다. 바로 얀 브뤼헐 2세Jan Brueghel the Younger, 1601~1678입니다. 그는 17세기 네덜란드를 뒤흔든 '튤립 광풍'을 한 편의 우화처럼 담아냈습니다. 인간 대신 원숭이를 주인공으로 등장시켜, 그들이 튤립 알뿌리 목록을 작성하고 계약서를 들여다보며 돈을 세는 모습을 보여줍니다. 심지어 화면 오른쪽 아래에는 값비싼 튤립을 향해 소변을 보는 원숭이까지 등장합니다. 얀 브뤼헐 2세의 붓은 인간의 욕망이 얼마나 쉽게 '우스꽝스러운 수준'으로 타락할 수 있는지를 신랄하게 꼬집습니다.

얀 브뤼헐 2세는 이러한 어리석음이 다시 반복되지 않기를 바랐지만, 역사는 그의 바람을 저버렸습니다. 17세기 네덜란드에서 생겨난 거

얀 브뤼헐 2세, 〈튤립 투기 풍자〉, 1640년경, 패널에 유채, 31.7× 49.5cm, 하를렘 프란스할스미술관

품은 21세기 미국 금융시장에서 다시 피어났습니다. 2008년 서브프라임 모기지(Subprime Mortgage) 사태는 튤립 광풍과 놀라울 만큼 닮았습니다. '튤립'의 자리를 '부동산'이 대체했을 뿐입니다.

사이언 캐피탈(Scion Capital)의 마이클 버리Michael Burry, 1971~는 부동산 시장의 모순을 가장 먼저 파악한 인물로, 거품이 붕괴할 것이라 확신하고 과감히 시장과 반대로 베팅했습니다. 그가 금융위기를 어떻게 예견했고 어떤 과정을 통해 막대한 부를 얻었는지는 영화 〈빅 쇼트(The Big Short)〉를 보면 알 수 있습니다.

버리는 '신용부도스와프(CDS; Credit Default Swap)'라는 파생상품을 대량으로 매입해 '빅 쇼트(Big Short, 대량 매도)'했습니다. CDS는 부도 위험을 사고파는 금융상품으로, 구조상 옵션 거래와 유사한 면이 있습니다. 특정 자산의 가치가 급락하거나 부도가 발생하면 손실을 보전하는 계약이므로, 대상 자산이 부실해질수록 이익이 커집니다.

미국 주택 시장이 호황이던 시기에 '주택담보대출(mortgage)'의 위험을 간파한 버리는 여러 금융기관을 찾아가 '모기지 부실 가능성'에 베팅할 수 있는 상품을 만들어 달라고 요청했습니다. 금융기관들은 모기지 부실 가능성이 매우 낮다고 믿었기에 이를 '터무니없는 발상'이라 여겼지만, 상품을 만들면 수수료를 받을 수 있었기에 그의 요청을 받아들였습니다. 그 결과 금융기관들은 CDS를 출시했고, 버리는 이를 집중적으로 매입했습니다.

다만 CDS는 옵션처럼 보유 기간 동안 프리미엄을 지불하는 상품이기 때문에, 주택 시장이 붕괴하기 전까지 버리는 지속적인 손실을 감수해야 했습니다. 그러나 우리가 지난 역사를 알고 있듯, 모기지가 부실화되자 금융기관들은 막대한 손실을 떠안았고, 버리는 그와 반대로 엄청난 수익을 거두었습니다.

서브프라임 모기지 사태는 상품을 설계한 금융기관들뿐 아니라, 과도한 대출로 집을 구입한 서민들, 나아가 세계 경제 전반에 심각한 피해를 초래했습니다. 특히 서브프라임 모기지 관련 상품에 과도하게 투자한 리먼 브라더스가 파산하면서, 글로벌 금융위기가 본격적으로 촉발되었습니다.

선물이나 옵션 같은 파생상품 자체가 부정적인 것은 아닙니다. 오히려 시장을 정교하게 분석해 기업과 개인이 경제적 위험을 분산하고, 건전한 투자 활동을 통해 금융시장의 효율성과 안정성을 높이는 역할을 할 수도 있습니다. 그러나 개인의 탐욕, 금융기관의 도덕적 해이, 제도적 안전장치의 미비가 지속된다면, 우리는 마치 '시시포스의 형벌'처럼, 탐욕과 파멸의 역사가 끝없이 되풀이되는 모습을 또다시 목격하게 될 것입니다.

그렇다면 마이클 버리는 어떻게 서브프라임 모기지가 부실화될 것을 예견했을까요? 그는 책상에 앉아 숫자만 들여다보는 애널리스트들과 달리, 실제 대출 상품이 어떻게 판매되고 운용되는지 현장을 발로 뛰며 실태를 확인했습니다. 그 과정에서 신용등급이 낮은 사람들도 상환 능력과 무관하게 손쉽게 주택담보대출을 받을 수 있었고, 심지어 사망자나 반려견의 이름으로도 대출이 실행되고 있다는 사실을 발견했습니다. 이런 상황을 고려하면, 서브프라임 모기지 부실화는 '명약관화(明若觀火)'한 일이었습니다.

서브프라임 모기지는 이름 그대로 신용이 낮은 사람들이 매입한 주택을 담보로 돈을 빌려주는 대출 상품입니다. 이를 비유로 설명해 보겠습니다. 어느 대형마트가 과일을 많이 팔기 위해 과일 바구니 세트를 만들었다고 가정해 봅시다. 이 마트에는 품질이 좋은 과일도 있지만, 썩기 직전의 과일도 있습니다. 마트 주인은 바구니 위쪽에는 신선한 과일을 올려두고, 안쪽에는 곧 썩을 것 같은 과일을 감춰둡니다. 그리고 소비자들에게 '고급 과일이 가득한 프리미엄 세트'라고 홍보합니다.

여기서 대형마트는 금융기관, 곧 썩을 과일은 신용등급이 낮은 고객에게 대출해 준 부실 채권, 과일 바구니는 여러 건의 주택담보대출을 묶어 만든 증권 상품(MBS; Mortgage Backed Securities), 위쪽에 올려둔 신선한 과일은 신용도가 높은 AAA등급 채권, 그리고 '프리미엄 세트'라는 홍보는 신용평가사가 높은 등급을 부여한 행위를 뜻합니다.

보통 파생상품은 실물에서 파생된 금융자산을 기초자산으로 삼고, 이를 여러 개 묶는 풀링(pooling) 방식을 통해 위험을 분산합니다. 이 방식은 신용등급이 높은 채권과 낮은 채권을 섞어 새로운 채권을 발행함으로써 전체 부실 확률을 낮추려는 전략입니다. 개별적으로는 시장에서 거의 거래되지 않는 투자 부적격 등급의 채권도, 투자 적격 등급 채권과 함께 묶으면 A등급 이상의 평가를 받을 수 있습니다.

문제는 시간이 지나면서 프리미엄 과일 바구니 속에서 썩은 과일이 드러나기 시작한다는 점입니다. 곧 악취가 퍼지고, 곰팡이가 다른 과일로 번질 것 같은 상황이 벌어집니다. 소비자들은 바구니 전체가 상했을 것으로 의심하게 되고, 결국 이 과일 세트는 외면당하며 가격은 폭락합니다.

튤립 열풍과 서브프라임 모기지 사태는 모두 튤립 알뿌리와 부동산 가격이 끝없이 오를 것이라는 잘못된 믿음에서 비롯되었습니다. 여기에 대중의 탐욕과 남들이 누리는 기회에서 자신만 제외될까 봐 느끼는 불안 때문에 충동적으로 행동하게 되는 심리인 포모(FOMO; Fear of Missing Out)를 악용한 중개인과 판매자들이 가세하면서 거품은 더욱 커졌습니다.

17세기 튤립 거품이 꺼진 뒤 네덜란드 사회에는 튤립에 대한 깊은 반감과 트라우마가 남았습니다. 그러나 네덜란드인들은 이 '죄 없는 꽃'

을 다시 바라보았습니다. 튤립은 여전히 아름다웠고, 그들은 누구보다 그 재배법을 잘 알고 있었습니다. 튤립의 원산지는 튀르키예지만, 오늘날 전 세계인이 '튤립의 나라'를 떠올릴 때 가장 먼저 생각하는 곳은 단연 네덜란드입니다. 네덜란드는 과거의 실패를 정면으로 마주하고 복원력을 키워, 결국 튤립을 세계 최고의 화훼 산업으로 성장시켰습니다. 2024년 기준, 네덜란드의 화훼 수출 규모는 10조 원을 훌쩍 넘어 전 세계 시장의 약 60%를 차지합니다.

네덜란드가 튤립 투기에서 교훈을 얻은 것처럼, 언젠가 땀 흘려 번 근로소득이 자본소득보다 더 값지다는 믿음이 우리 사회의 토대가 되기를 바랍니다. 근대 과학의 선구자 아이작 뉴턴Isaac Newton, 1642~1727은 남해회사(South Sea Company)에 거액을 투자했다가 막대한 손실을 본 뒤 이렇게 탄식했습니다. "나는 별들의 움직임은 계산할 수 있어도, 인간의 광기는 계산할 수 없다." 부자가 되는 지름길을 알려주겠다고 속삭이는 말들, 근로소득의 가치를 가벼이 여기는 말들이 우리의 마음을 흔들 때, 뉴턴의 말을 떠올려 보기를 권합니다.

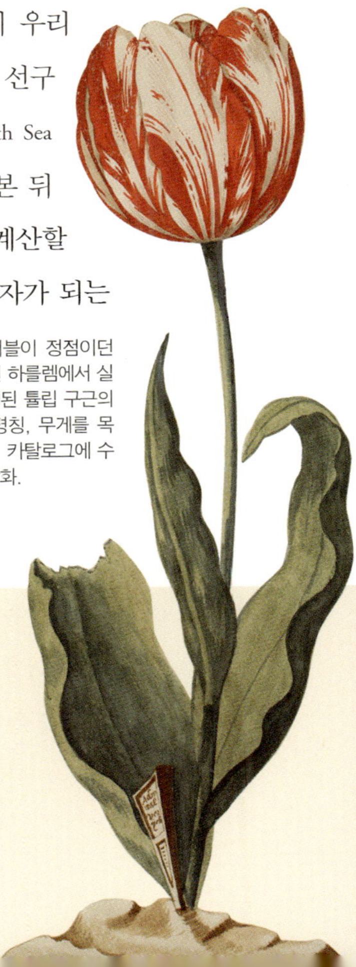

튤립 버블이 정점이던 1637년 하를렘에서 실제 판매된 튤립 구근의 종류, 명칭, 무게를 목록화한 카탈로그에 수록된 삽화.

* 튤립 사태(Tulip Mania)는 찰스 맥케이(Charles Mackay, 1814~1889)가 1841년에 출간한 《대중의 이상한 믿음과 군중의 광기》를 통해 세상에 널리 알려졌습니다. 그러나 2000년대에 들어 일부 경제학자들은 튤립 사태의 규모와 파급력이 과장되었다고 주장하며, 경제사적 관점에서 새로운 해석을 제시했습니다. 이와 관련한 학계의 논쟁은 여전히 진행 중입니다. 그러나 한 가지 분명한 사실은 비이성적인 투자 열풍의 배경에는 언제나 인간의 '탐욕'이 자리한다는 점입니다.

다빈치에서 엔비디아까지, 더 높이 뛰기 위한 전략적 선택

개방형 혁신

레오나르도 다빈치Leonardo da Vinci, 1452~1519의 〈성 안나와 성모자〉는 말로 다 설명하기 어려운 신비로운 분위기를 풍기는 작품입니다. 화면 속 인물들은 배경과 분명히 구분되지만, 윤곽이 부드럽게 흐려져 있습니다. 이는 다빈치가 즐겨 사용한 '스푸마토(sfumato) 기법'에 따른 결과입니다. '연기처럼 사라지다'라는 뜻의 이탈리아어 'sfumare'에서 유래한 이 기법은 선을 흐리게 하고 명암을 부드럽게 녹여 인물의 경계를 희미하게 만듭니다. 그 결과 인물은 현실로부터 한 걸음 떨어져 성스러운 존재처럼 보입니다. 여기에 멀리 펼쳐진 풍경을 푸른빛과 안개처럼 처리하는 '공기원근법'이 더해지면, 배경 역시 몽환적이고 초월적인 분위기를 띱니다. 현실과 환상이 자연스럽게 뒤섞인 이 장면에서 우리는 육체와

레오나르도 다빈치, 〈성 안나와 성모자〉, 1510년경, 패널에 유채, 168×130cm, 파리 루브르박물관

라파엘로 산치오, 〈초원의 성모〉, 1506년, 패널에 유채, 88×113cm, 빈미술사박물관

영혼, 일상과 신성의 미묘한 균형을 목격하게 됩니다.

스푸마토와 공기원근법은 다빈치가 본격적으로 정립한 화법으로, 이를 활용한 대표적인 작품이 〈모나리자〉와 〈성 안나와 성모자〉입니다. 흥미로운 점은 라파엘로 산치오Raffaello Sanzio, 1483~1520의 성모자 그림에서도 비슷한 인상을 받게 된다는 것입니다. 다빈치의 화법을 라파엘로가 적극적으로 수용했기 때문입니다.

다빈치가 독자적으로 탐구하고 발전시킨 화법들은 그의 제자와 작품을 통해 당대 여러 화가에게 자연스럽게 확산되었고, 후대 화가들에게도 큰 영향을 미쳤습니다. 그와 동시대를 산 라파엘로, 조르조네Giorgione, 1477~1510뿐 아니라 페테르 파울 루벤스Peter Paul Rubens, 1577~1640, 렘브란트 하르먼스 판 레인Rembrandt Harmenszoon van Rijn, 1606~166 등 후대 화가들에게까지 시간과 공간을 초월해 전파된 것입니다.

화가들이 자신이 터득한 기법을 공유하며 새로운 회화 문법을 발전시켰듯, 기업 역시 아이디어와 기술을 나누면서 성장하는 경우가 많습니다. 특히 IT의 영향력이 커진 현대 비즈니스 환경에서는 기술 공유와 접목을 통한 상호 연결성이 더욱 중요해졌습니다. 폐쇄형 혁신이 주류였던 시대에는 많은 기업이 기술 유출 방지를 이유로 외부 협력에 소극적이었지만, 기술 개발의 불확실성이 커지고 시장 니즈가 급변하자 개방형 혁신을 통해 돌파구를 찾고 있습니다.

'개방형 혁신(Open Innovation)'은 UC버클리대학의 헨리 체스브로Henry

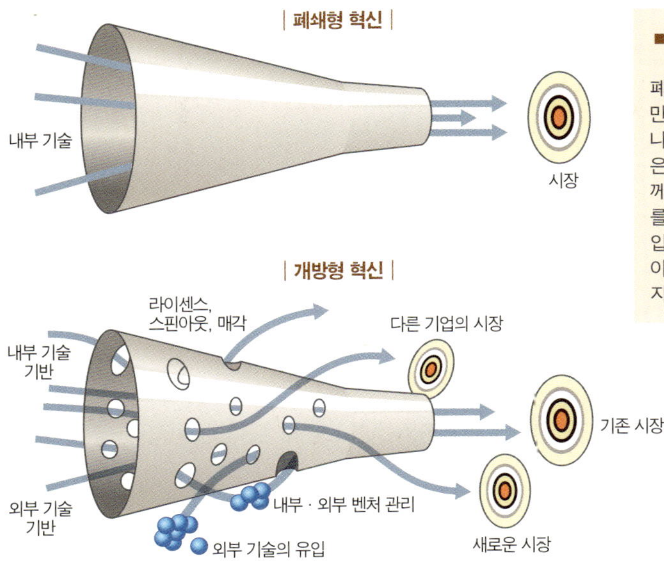

■ **개방형 혁신**

폐쇄형 혁신은 내부 기술만 활용해 단일 시장으로 나아가지만, 개방형 혁신은 내부 · 외부 기술을 함께 활용하고 개방 · 공유를 유도해 기존 시장 진입은 물론 다른 시장, 나아가 새로운 시장 창출까지 가능해진다.

William Chesbrough, 1956~ 교수가 2003년 저서 《오픈 이노베이션》에서 처음 제시한 개념입니다. 기업이 내부 자원만 활용해 독자적으로 성과를 내는 폐쇄형 혁신과 달리 외부 기술을 적극 도입하거나, 내부 기술을 외부에 개방하여 혁신을 촉진하는 접근법입니다. 오늘날 이 개념은 소프트웨어 산업을 넘어 다양한 산업과 기업에서 각자의 상황에 맞는 방식으로 활용되고 있습니다. 기업은 자사에 적합한 외부 기술을 수용함으로써 기존의 고착화된 시장 구조를 탈피해 다른 산업이나 시장으로 진출할 수 있으며, 나아가 완전히 새로운 시장을 창출할 수도 있습니다.

개방형 혁신은 크게 외부의 기술이나 아이디어를 내부에 도입해 활

■ **개방형 혁신의 유형**

구분	유형	정의	사례
인바운드 개방형 혁신 (Inbound Open Innovation)	기술 라이선싱 인	외부 기업이나 연구소에서 개발한 기술을 라이선스해 활용	P&G의 Connect+Develop, 빅파마의 제약기술 라이선스 도입
	M&A 및 스타트업 투자	혁신적인 스타트업을 인수하거나 투자해 기술 확보	구글의 딥마인드 인수
	크라우드소싱	고객 · 개발자 등 외부에 문제 해결을 요청해 솔루션을 확보하는 것으로 '오픈 콜(Open Call)'이라고도 함	레고의 아이디어 플랫폼
	공개형 R&D 플랫폼	정부, 대학, 기업 등 연구기관이 서로 협력해 공동으로 연구 개발	제약 회사들의 오픈이노베이션 연구 협력
아웃바운드 개방형 혁신 (Outbound Open Innovation)	기술 라이선싱 아웃	내부에서 개발한 기술을 외부 기업에 라이선싱	IBM이 반도체 기술을 타 기업에 라인선스하여 수익화
	스핀오프	내부 기술을 활용한 분사	LG화학에서 스핀오프한 LG에너지솔루션
	공개 API	내부 데이터를 외부 개발자들에게 공개해 생태계 조성	엔비디아, 구글, 페이스북, 오픈AI의 API 공개
	기술 무료 공개	핵심 기술의 일부 또는 전부 공개	딥시크(전부), LLaMA(일부)

용하는 '인바운드 개방형 혁신'과 자사의 기술이나 아이디어를 외부에 공개하는 '아웃바운드 개방형 혁신'으로 나눌 수 있습니다. 세부 유형은 왼쪽 표에서 확인할 수 있습니다.

많은 화가가 다빈치의 스푸마토와 공기원근법을 자신들의 회화에 적극 도입했듯이, 기업은 기술 라이선싱 인(In), M&A 및 스타트업 투자, 크라우드소싱(crowd sourcing), 공개형 R&D 플랫폼 등 다양한 인바운드 방식을 활용합니다. 반대로 다빈치가 자신의 기법을 외부에 공개했던 것처럼, 기업은 기술 라이선싱 아웃(Out), 스핀오프(spin-off), 공개 API 등 아웃바운드 방식을 적용하기도 합니다. 또한 기업 간 상호 기술 라이선스를 활용하는 혼합형 혁신이나, 기술 거래소를 통해 특허를 사고파는 방식도 존재합니다.

밖에서 온 혁신, 인바운드 개방형 혁신이 만든 성공 방정식

흔히 인바운드 개방형 혁신의 대표적 성공 사례로 P&G의 'Connect + Develop' 프로그램을 꼽습니다. P&G는 폐쇄형 상품 개발의 낮은 성공률과 높은 R&D 비용을 한계로 인식하고, 외부 아이디어와 기술 역량을 적극 도입하기로 했습니다. 이 프로그램을 통해 신제품의 절반을 외부 협력을 통해 개발한다는 목표가 설정되었고, 그 결과 탄생한 제품 중 하나가 '올레이(Olay) 리제너리스트'입니다. 이 주름 개선 화장품에 사용된 원천 기술은 원래 프랑스 스타트업 세데르마(Sederma)가 보유하고 있었지만, P&G가 이들과 공동 개발함으로써 독자 개발 대비 R&D 기간과 비용을 절반으로 단축할 수 있었습니다. 올레이 리제너리스트는 출시 후 8개월 만에 주름 개선 화장품 시장에서 판매 1위를 기록했습니다.

막대한 투자와 긴 개발 기간이 필요한 바이오 산업 역시 타사의 신약 후보 물질을 도입하거나, 자사가 보유한 후보 물질을 라이선스 판매하는 사례가 흔합니다. 특히 기술력은 있으나 자본이 부족한 바이오 기업들은 화이자, 노바티스, 로슈, 얀센 등 이른바 '빅파마(Big Pharma)'에 연구 중인 후보 물질을 이전하고, 임상 단계별로 대가(마일스톤)를 받는 형태의 계약을 체결합니다.

대표적인 사례가 화이자의 코로나19 백신입니다. 세계 최초로 상용화된 mRNA 백신은 사실 소규모 독일 바이오 기업인 바이오엔테크(BioNTech)가 보유한 독감 백신 기술에서 출발했습니다. 화이자가 이 기술을 도입해 코로나19 백신을 공동 개발한 것은 바이오 분야의 기술 라이선싱 인의 대표적 성공 사례로 평가됩니다.

2022년 11월 오픈AI가 개발한 'GPT-3.5'의 등장은 생성형 AI 열풍을 촉발했습니다. 이후 미국의 빅테크 기업들은 자체적으로 파운데이션 모델(방대한 데이터를 학습해 다양한 과제에 공통으로 활용될 수 있는 범용 인공지능 모델)을 개발하는 동시에, 오픈AI · 앤트로픽 · 미스트랄AI 등에 막대한 자금을 투자하고 있습니다. 이는 AI 기술을 선점하고, 자사 서비스와의 시너지를 강화하기 위한 전략적 행보입니다. 한편 구글은 노벨 물리학상 수상자이자 이세돌 9단과의 대국으로 유명한 알파고 리

(AlphaGo Lee)의 창시자 데미스 허사비스Demis Hassabis, 1976~가 설립한 '딥마인드'를 인수한 바 있습니다.

최첨단 기술 산업은 아니지만, 레고의 인바운드 개방형 혁신 활동 역시 좋은 사례입니다. 레고는 1990년대 후반부터 2000년대 초반까지 비디오 게임과 모바일 게임 성장에 따른 대체재의 위협, 그리고 과도한 제품 라인업으로 인한 생산 비용 증가로 심각한 경영 위기를 겪었습니다.

이를 타개한 핵심 전략 중 하나가 '크라우드소싱' 도입이었습니다. 레고는 기존처럼 사내 상품기획자가 독점적으로 제품을 설계하는 방식을 버리고, 소비자가 직접 아이디어를 제안할 수 있는 플랫폼 'LEGO Ideas'를 구축했습니다. 이 플랫폼에서 만 명 이상의 지지를 받은 아이디어는 회사가 시장성·기술 가능성·생산 비용 등을 심사해 공식 상품으로 출시되며, 아이디어가 채택된 제안자는 판매금의 1%를 로열티로 받습니다.

이 방식으로 'LEGO NASA Apollo Saturn V', 'LEGO Ideas Grand

레고는 크라우드소싱 방식으로 미국 인기 시트콤 〈프렌즈〉의 대표 공간을 구현한 'LEGO Friends Central Perk'를 출시해, 소비자층을 성인 시장으로 확장하는 데 크게 기여했다.

Piano', 'LEGO Friends Central Perk' 등 다양한 히트 상품이 탄생했습니다. 특히 'LEGO Friends Central Perk'는 미국 인기 시트콤 〈프렌즈〉의 대표 공간을 구현한 제품으로, 레고의 소비자층을 성인으로 확장하는 데 크게 기여했습니다. 레고는 2024년 11월에도 'LEGO Ideas The Bota-nical Garden'을 출시하며, 크라우드소싱 기반의 상품 혁신을 꾸준히 이어가고 있습니다. 현재 레고의 사내 상품 디자이너는 약 120명이지만, 그들이 가용할 수 있는 상품 디자이너는 무려 12만 명 이상인 셈입니다.

개방형 혁신 방식을 마케팅 캠페인에 접목한 버거킹의 '100만 달러 와퍼 콘테스트' 사례도 흥미롭습니다. 2024년 버거킹은 고객이 새로운 와퍼 레시피를 제안하면, 선정된 아이디어 제안자에게 100만 달러의 상금을 지급하고, 해당 레시피를 한정판 메뉴로 출시하는 프로모션을 진행해 큰 호응을 얻었습니다.

생성형 AI 시대에 애플이 앞서나가지 못한 이유

생성형 AI가 화두가 되기 훨씬 전에 AI 스피커가 있었습니다. 2010년 아이폰의 수많은 애플리케이션 중 라이프스타일 분야 다운로드 1위는 스타트업(Siri, Inc.)이 만든 '시리(Siri)'였습니다. 시리가 인기를 끈 이유는 기존의 검색 엔진과 달리 구어체 음성을 인식했기 때문입니다. 같은 해 애플은 시리를 인수했고, 2011년 출시된 아이폰4S에 기본 탑재했습니다.

이에 자극을 받은 아마존은 홈 스마트 스피커 '아마존 에코(Amazon Echo)'와 음성 비서 '알렉사(Alexa)'를 선보였습니다. 알렉사는 시리와 달리 집안의 가전을 제어하거나 상품을 주문하는 등 생활 전반을 관리할 수 있었고, 누구나 쉽게 사용할 수 있는 서비스였습니다. 특히 아마존은 SDK(Software Development Kit)를 전격 공개했는데, 이는 관련 생태계의 주도권을 확보하기 위한 전략적 선택이었습니다.

SDK는 특정 소프트웨어나 플랫폼에서 작동하는 앱이나 기능을 개발할 수 있도록 도와주는 도구와 라이브러리, 가이드가 묶인 개발 키트입니다. SDK 공개는 "우리 기술을 마음껏 써서 새로운 앱이나 서비스를 만들어 보세요. 대신 그 생태계는 우리 플랫폼 위에서 돌아갑니다."라고 적힌 초대장을 건네는 행위로 볼 수 있습니다. 이처럼 기업 내부의 기술 플랫폼을 외부에 개방하는 방식 역시 아웃바운드 개방형 혁신 사례입니다.

한편, 생성형 AI 열풍이 본격화되던 시기, 애플의 존재감은 상대적으로 미약했습니다. 마이크로소프트, 구글, 메타 등 빅테크 기업들이 인적·물적 자원을 대거 투입한 반면, 애플은 적극적으로 움직이지 못했습니다. 그 이유로 사내에 AI 인재가 부족하다는 소문이 돌았는데, AI 연구 환경을 이해한다면 어느 정도 수긍할만한 이야기였습니다.

AI 전문가들은 새로운 기술을 개발하면 'GitHub(개발자들의 커뮤니티 모임으로 시작한 오픈소스의 성지)'에 코드를 공개하는 문화가 있습니다. 이는 오픈소스가 혁신 속도를 높인다는 믿음에 기반한 행동입니다. 그러나 애플은 맥OS나 iOS에서 볼 수 있듯 폐쇄형 생태계를 중시하는 기

애플은 스마트폰 판매 둔화와 함께 AI 경쟁에서 뒤처졌다는 비판에 직면했다. 이에 대응해 WWDC 2024에서 'Apple Intelligence'를 발표했으며, 기존 음성 비서 시리를 폐쇄형 비서에서 생성형 AI 기반의 '개인 비서'로 재편하려 하고 있다.

업 문화를 갖고 있습니다. 이러한 환경은 AI 분야의 고급 인재 유입을 어렵게 만드는 요인으로 작용했습니다. AI 업계에서 오픈소스에 참여하지 않는다는 것은 곧 생태계로부터의 고립을 의미하기 때문입니다.

이에 반해 메타는 'LLaMA'라는 LLM(Large Language Model)의 일부 기술을 무료로 공개해, 누구든 이를 수정(fine-tuning)하여 활용할 수 있도록 했습니다. 사명과 달리 철저한 클로즈드 소스 정책(소프트웨어의 소스 코드를 외부에 공개하지 않고 기업 내부에서만 관리·통제하는 방식)을 고수하는 오픈AI뿐 아니라, 마이크로소프트·구글 등 대부분의 빅테크 기업이 폐쇄형 모델을 채택하고 있다는 점을 감안하면 상당히 이례적인 행보입니다. 물론 메타가 LLaMA를 일부나마 오픈소스로 공개한 이유에는 다른 빅테크 기업과 달리 광고 수익에 크게 의존하는 사업 모델을 가지고 있기 때문입니다.

메타는 생성형 AI를 활용해 타깃 광고의 정확도를 높이고, AI로 만들어진 콘텐츠가 늘어날수록 광고 수익이 증가하는 사업 구조입니다. 이를 위해서는 개발자들이 제약 없이 다양한 AI 챗봇과 서비스를 개발할 수 있는 환경이 필요합니다. 즉, LLM을 무료로 공개해 생성형 AI 시장의 규모를 키울수록 메타가 얻는 '낙수 효과(부유층이나 대기업 등 선도 부문의 성장 혜택이 소비와 고용을 통해 아래로 퍼진다는 이론)'도 커지는 구조입니다.

더 나아가 중국의 AI 모델 개발업체 '딥시크(Deepseek)'는 2025년 1월, 범용 모델 V3와 추론 특화 모델 R1을 무료로 공개했습니다. 이 모델이 경쟁 제품 대비 개발·운영 비용을 획기적으로 낮췄다는 사실도 주목할 만하지만, 그보다 놀라운 점은 완전한 개방성입니다. 딥시크의 LLM은 핵심 기술 문서를 포함해 100% 오픈소스로 공개되었습니다.

예술이 공유로 발전했듯 기업도 공유로 진화한다

엔비디아의 AI 개발 플랫폼 CUDA(Compute Unified Device Architecture) 역시 아웃바운드 개방형 혁신의 사례로 볼 수 있습니다. 엔비디아는 CUDA를 통해 API와 SDK를 공개하여 기업·대학·연구소의 개발자들이 자유롭게 딥러닝을 개발할 수 있도록 지원했습니다.

엔비디아는 일찍부터 병렬 연산의 중요성을 파악하고 CUDA 플랫폼을 구축했으며, 오늘날 거의 모든 딥러닝 라이브러리가 CUDA를 우선 지원하고 있습니다. 이는 대부분의 PC 애플리케이션이 윈도우OS를 기본 지원하는 것과 같은 맥락입니다. 강력한 CUDA 플랫폼은 엔비디아의 GPU가 시장을 지배하는 원동력입니다.

마케팅 불변의 법칙 중 '리더십의 법칙(The Law of Leadership)'이 있습니다. 소비자의 마음속에서 첫 번째로 자리 잡은 브랜드가 시장을 지배한다는 것입니다. 실제로 엔비디아의 GPU는 '없어서 못 팔 정도'의 시장 지위를 누리고 있습니다. 그렇다면 기업 고객은 다른 AI 가속기(AI

Accelerator)가 있는데도 왜 엔비디아 GPU를 고집할까요?

그 이유는 CUDA에서 개발된 프로그램이 엔비디아 GPU에서만 실행되기 때문입니다. 오랜 기간 개발자들이 CUDA 환경에서 개발해 온 결과, CUDA 플랫폼에는 코드와 라이브러리가 방대하게 축적되어 있습니다. 이러한 플랫폼 종속성은 소프트웨어 개발에서 흔히 말하는 '자물쇠 효과(Lock-in Effect)'로 작용합니다. 특정 플랫폼에 익숙해질수록 다른 환경으로 전환하기 어렵고, 전환에 비용과 시간도 많이 듭니다. CUDA 외 플랫폼을 사용하면 기존 코드를 수정해야 하므로 작업 시간이 서너 배 이상 소요됩니다.

엔비디아의 '아이작 로보틱스 플랫폼(Isaac Robotics Platform)' 역시 로봇 애플리케이션의 개발·테스트·배포에 필요한 다양한 도구와 라이브러리를 제공합니다. 현재 전 세계 100여 개 로봇 기업이 이 플랫폼을 활용하고 있습니다.

드라마를 좋아하는 분들에게 익숙한 '스핀오프' 개념은 개방형 혁신에서도 활용됩니다. 영화·드라마·비디오 게임 등에서 본편으로부터 파생된 작품을 일컫는 스핀오프는, 경영에서는 대규모 조직을 분사하는 행위를 의미합니다. 주로 비대해진 조직에 새로운 활력을 불어넣고 사업을 효율적으로 추진하기 위해, 조직 일부를 자회사나 독립된 법인으로 분리하는 전략입니다.

스핀오프로 큰 성공을 거둔 대표적 사례가 있습니다. 우리가 자동차를 운전할 때 편리하게 사용하는 내비게이션 기술을 만든 인물은 구글 출신의 존 행키John Hanke, 1967~입니다. 그는 8년간 전 세계를 누비며 '구글 어스(Google Earth)' 프로젝트를 완수한 뒤, 구글에서 분사해 스타트업 '나이앤틱(Niantic)'을 설립했습니다. 나이앤틱이 닌텐도와 협력해 만든 빅히트 상품이 바로 〈포켓몬 GO〉입니다. 페이팔은 이베이에서, LG에너지솔루션은 LG화학에서 스핀오프된 사례입니다.

브랜드를 스핀오프하는 경우도 있습니다. 특히 프라다는 젊고 세련된 이미지를 선호하는 소비자층을 공략하기 위해 자회사인 '미우미우(Miu Miu)'를 설립했습니다. 기존 프라다의 클래식한 브랜드 이미지로는 젊은 고객층을 흡수하기 어렵다고 판단했기 때문입니다. 미우미우는 프라다와 차별화된 디자인과 마케팅 전략으로 새로운 고객을 확보하는 데 성공했으며, 개방형 혁신을 통해 새로운 시장을 개척한 모범 사례로 평가됩니다.

널뛰기에서 높이 뛰는 비결

다시 미술 이야기로 돌아가 보겠습니다. 회화 기법 중 '앙 플랭 에르(En Plein Air)'라는 용어가 있습니다. '야외에서'를 뜻하는 이 말은, 자연광 아래에서 풍경이나 사물을 직접 관찰하며 그리는 기법을 가리킵니다.

야외에서는 빛과 색이 빠르게 변하기 때문에, 화가는 순간적인 아름다움과 분위기를 생생하게 포착해야 합니다. 그 과정에서 붓이나 나이프, 때로는 손으로 물감을 두껍게 올려 질감을 표현하는 임파스토(Impasto), 짧고 생동감 있는 붓 터치, 젖은 물감 위에 바로 다른 색을 덧

카미유 피사로, 〈꽃이 만발한 과수원, 루브시엔느〉, 1872년, 캔버스에 유채, 45×54cm, 워싱턴D.C.국립미술관

칠하는 알라 프리마(Alla Prima) 기법이 활용됩니다. 이러한 표현 방식은 카미유 피사로Camille Pissarro, 1830~1903, 클로드 모네Claude Monet, 1840~1926, 빈센트 반 고흐Vincent van Gogh, 1853~1890 등 19세기 인상주의 화가들의 작품에서 쉽게 발견할 수 있습니다.

인상주의 화가 가운데 나이와 활동 시기를 고려할 때, 피사로가 앙 플랭 에르 기법을 처음 선보인 인물로 추정되기도 합니다. 그러나 이 기법은 곧 여러 화가에게 전파되었고, 각자가 자신의 방식으로 재해석하고 발전시키며 독자적인 스타일을 만들어냈습니다. 따라서 누가 정확한 시초인지 따지는 것 자체가 큰 의미를 갖지 않습니다.

어찌 보면, 미술계만큼 창작 철학과 기법이 투명하게 공유되고 누구

클로드 모네, 〈봄〉, 1872년, 캔버스에 유채, 50×65cm, 볼티모어 월터스미술관

나 모방할 수 있는 분야도 드뭅니다. 이러한 공유 문화가 다양한 회화 기법을 당대 화가들에게 전파하고, 각자의 화법으로 재탄생시키는 원동력이 되었습니다.

경영도 마찬가지입니다. 개방형 혁신은 기술과 아이디어가 공유될 때 더 큰 발전을 이룰 수 있다는 사실을 보여 줍니다. 물론 반도체, 디스플레이, 2차전지처럼 기술 보호와 경쟁이 필수적인 영역도 존재합니다. 그러나 때로는 개방형 혁신을 통해, 함께 성장하며 인류에 기여하는 길을 고민할 필요가 있습니다. 결국, 개방과 협력은 서로를 더 높이 도약하게 만드는 힘입니다. 널뛰기에서 내가 더 높이 뛰려면, 상대방이 더 높이 오를 수 있도록 밀어줘야 하는 것과 다르지 않습니다.

경계 밖의 존재를 바라보는 법

기술경영(MOT)

실내에 모여든 사람들이 한 젊은 여성을 에워싸고 서 있습니다. 방 한가운데 선 여성은 웃옷이 벗겨진 채, 두 명의 여인에게 몸을 수색당하고 있습니다. 검은색과 붉은색 보닛을 쓴 여인들은 그녀의 몸을 샅샅이 훑으며 무언가를 찾아내려는 듯합니다. 특히 붉은색 보닛을 쓴 여인은 확신에 찬 표정으로 여성의 등을 손가락으로 짚으며 소리칩니다. "여기, 악마의 표식이 있다!"

화면 왼편에는 검정 옷의 남자가 의자에 앉아 이 장면을 무표정하게 바라보고 있습니다. 심문관으로 보이는 그에게 한 여인이 매달리듯 다가가 "그것 보십시오, 마녀가 분명합니다!"라고 외치며 자신의 고발이 옳았음을 주장합니다.

T. H. 매티슨, 〈마녀 검사〉, 1853년, 캔버스에 유채, 97.8×137cm, 매사추세츠 피보디에섹스박물관

오른쪽 상단에는 군인에게 제지당하는 한 남성이 보입니다. 표정과 몸짓을 보건대 젊은 여성을 사랑하는 사람으로 보입니다. 그녀를 구하려고 몸부림치는 사람은 오직 그뿐입니다. 그러나 그의 절규는 소음으로 취급될 뿐, 이 방의 공기를 바꾸지는 못합니다.

이제 모든 시선은 심문관에게 모입니다. 그는 곧 이 소동을 정리하고 여성의 운명을 결정할 것입니다. 하지만 어떤 증거가 나오든, 혹은 아무것도 나오지 않든 결과가 바뀌는 일은 없습니다. 그녀가 이 방에 들어선 순간부터 운명은 이미 정해져 있었으니까요. 그녀는 결국 '마녀'로 판명될 것입니다.

기독교의 오점으로 남은 '마녀 사냥'

서양 미술에는 마녀 재판을 소재로 한 회화가 적지 않습니다. 그도 그럴 것이 서양사에는 '마녀 사냥'이라 불리는 혹독한 탄압의 시대가 존재했기 때문입니다. 마녀 사냥은 중세 후반부터 30년 전쟁(1618~1648년) 시기까지 이어지며 수십만 명의 무고한 희생자를 낳았고, 유럽에서 점차 사라지던 17세기 중반 이후에는 아메리카 대륙에서 계속 자행되었습니다. 앞서 본 〈마녀 검사〉는 미국 화가 T. H. 매티슨T. H. Matteson, 1813~1884의 작품으로, 1692년부터 1693년까지 매사추세츠에서 벌어진 세일럼 마녀 재판에서 영감을 받아 그린 것입니다.

마녀 사냥의 배경은 이렇습니다. 15세기 무렵 교황권이 무소불위의 힘을 갖게 되자, 교황과 성직자들의 부패와 비리가 극에 달했습니다. 이에 알비파(Albigenses)와 같은 개혁 운동 세력이 등장해 기존 교회를 비판했습니다. 교회는 이들을 이단으로 규정하고 탄압하기 위해 종교재판소를 설치했으며, 그 권위를 더욱 강화하기 위해 실존하지 않는 '마녀'를 만들어 이단의 범주에 포함시켰습니다.

당시 기상이변으로 인한 대기근과 흑사병이 겹치며 교회의 권위가 흔들리자, 교황은 돌파구가 필요했습니다. 권력을 유지하고 대중의 불만을 잠재우기 위해 '마녀'는 매우 유용한 수단이었습니다. 게다가 마녀로 몰린 사람의 재산을 신고자와 재판관이 나누어 가질 수 있었기 때문에, 누군가의 미움을 산 사람이라면 누구든 마녀가 될 수 있는 상황이었습니다. 훗날 교황 요한 바오로 2세Pope John Paul II, 1920~2005가 마녀 사냥에 대해 공개적으로 사과했을 정도로, 이는 기독교 역사에서 지울 수 없는 오점으로 남았습니다. 오늘날에도 근거 없는 혐의나 편견으로 특정 개인이나 집단을 몰아붙이고 희생양으로 삼는 행위를 '마녀 사냥'이라고 부릅니다.

초기 마녀 사냥의 대상은 산속에서 약초를 캐며 고립된 삶을 살던 여성이나 가족이 없는 여성이었지만, 시간이 흐르면서 원한 관계에 있는 사람, 수녀, 심지어 남성까지 불특정 다수로 확대되었습니다. 마을에서 아이가 아프거나 누군가 정신질환 증상을 보이면, 그 원인을 마녀의 저주로 돌리곤 했습니다. 예컨대 곰팡이가 핀 호밀빵을 먹고 맥각균(Ergot fungus : 곡류에 기생하는 곰팡이)에 감염되면 경련과 환각이 발생합니다. 당시 의학 수준으로는 맥각 중독을 알 수 없었기에 마녀의 짓으로 여긴 것이죠.

마녀 사냥의 확산은 한 권의 베스트셀러에서 비롯되었다!

이러한 인권 유린을 정당화한 책이 있었습니다. 신학자이자 종교 재판관인 하인리히 크라머Hein ich Kramer, 1430~1505와 야콥 슈프랭거Jacobus Sprenger, 1436~1495가 1486년에 집필한《말레우스 말레피카룸》입니다. 라틴어 제목 'Malleus Maleficarum'은 '마녀를 심판하는 망치'라는 뜻으로, 마녀를 식별하고 처벌하는 방법을 기록한 책입니다. 책에는 마녀를 찾아내고 재판해 죽이는 어처구니없는 내용이 수두룩합니다.

그렇다면 이 책은 어떻게 유럽 전역으로 퍼질 수 있었을까요? 중세 유럽에서 책은 부의 상징이었습니다. 모든 제작 과정이 수작업이었기에 가격이 매우 비쌌기 때문이죠. 그런데 고려 시대의 금속활자보다 약 70년 늦기는 했지만 요하네스 구텐베르크Johannes Gutenberg, 1398~1468가 서양 최초의 금속활자 인쇄술을 개발하면서 책값이 급격히 낮아졌습니다. 그 결과 대중도 책을 살 수 있는 시대가 열렸고, 사람들은 새로운 정보를 손쉽게 얻을 수 있게 되었다며 환호했습니다. 성경이 널리 보급된 것도 이 덕분입니다.

1486년 이래 법정에서 마녀의 단죄를 위한 지침을 제공하며 마녀 사냥 광풍을 일으킨 세기의 베스트셀러《말레우스 말레피카룸》.

그러나 책을 쉽게 구할 수 있다는 것은, 허위 정보 역시 순식간에 퍼질 수 있다는 뜻이기도 했습니다.《말레우스 말레피카룸》이 바로 그 대표적인 사례였습니다.

오늘날 인터넷과 소셜미디어의 발

명도 마찬가지입니다. 그것이 인류에 가져다준 커다란 혜택에도 불구하고, 거짓 정보의 확산을 손쉽게 해 사회 혼란, 민주주의의 후퇴, 막대한 사회적 비용을 초래하고 있습니다. 일부 학자들은 코로나19 팬데믹 당시 전염병보다 팬데믹 관련 거짓 정보와 음모론이 더 빠르게 확산되었다고 지적하기도 합니다.

유튜브 알고리즘 역시 사용자가 보고 싶어 하는 것만을 보여주는 편향적 구조로 인해, 대중이 진실과 거짓을 가려내기 점점 더 어려워졌습니다. 유튜브 추천 알고리즘을 개발했던 기욤 샬로Guillaume Chaslot는 한 언론 인터뷰에서, 체류 시간 중심의 추천 방식이 시청자들을 가짜 뉴스에 지속적으로 노출시키고 확증 편향을 강화해 건전한 민주주의적 사고를 저해한다고 밝힌 바 있습니다. 일부 유튜버들은 수익을 위해 온갖 거짓 정보를 생산·유통하며 선동을 부추기고 있어, 전 세계가 몸살을 앓고 있습니다.

■ **유럽에서 금속활자로 인쇄된 책의 수량 (추산)**

* 기간 : 1450~1800년경

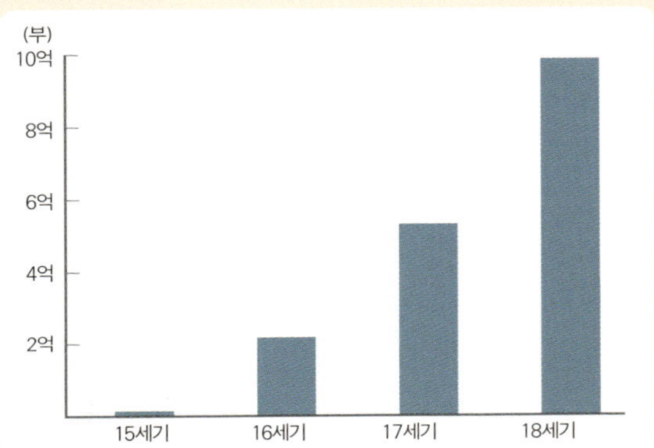

금속활자 인쇄술이 개발(1450년)되면서 책 인쇄 부수가 폭발적으로 증가했다. 사진은 마인츠에 세워진 구텐베르크 기념비.

기술과 경영이 융합된 학문의 등장

⋮

마녀 사냥이라는 비이성의 정당화와 확산은 한 권의 책에서 비롯되었고, 그 책을 널리 퍼뜨린 숨은 조력자는 아이러니하게도 금속활자 인쇄술이었습니다. 금속활자 인쇄술은 당시로서는 세상을 뒤흔든 혁신 기술이었습니다. 비록 이로 인해 '마녀 사냥'이라는 부작용이 발생했지만, 인류에게 지식과 정보의 대중화라는 거대한 혜택을 안겨주었습니다. 인쇄 기술 덕분에 문명 발전은 한층 더 가속화될 수 있었습니다.

21세기 들어 기술의 중요성은 더욱 커졌습니다. 오늘날 글로벌 비즈니스를 주도하는 기업의 상당수가 '빅테크'라 불릴 정도로, 기술의 위상은 압도적으로 높아졌고 기술 리더십은 국가 경쟁력을 좌우하는 핵심 요소가 되었습니다. 그 흐름 속에서 경영학에도 '기술경영(MOT; Management of Technology)'이라는 새로운 세부 분야가 등장했습니다.

기술경영은 1980년대 스탠퍼드 경영대학원의 윌리엄 F. 밀러William F. Miller, 1925~2017 교수가 'Technology Management' 강좌를 개설한 것이 효시로 평가됩니다. 이후 1990년대 MIT 경영대학원에 기술경영 학위 프로그램이 마련되면서 본격적으로 체계화되었습니다.

SRI(Stanford Research Institute)는 기술경영을 기술 투자 비용 대비 효과를 극대화하는 활동이라고 정의합니다. 우리나라 기술경영경제학회는 공학과 경영을 통합·연결하여 기술 중심 기업의 성공을 다루는 학문이라고 설명합니다. 한마디로, 기술과 경영이 협업하며 만들어낸 융합형 학문이라 할 수 있습니다. 여기서는 기술경영에서 다루는 주요 이론 몇 가지를 살펴보겠습니다.

'혁신의 확산(Diffusion of Innovation)' 이론은 언론정보학자 에버렛 로저스Everett Rogers, 1931~2004가 1962년에 처음 제안한 것으로, 혁신 기술을 포함한 신제품이나 서비스가 소비자에게 어떻게 받아들여지는지를 단계별로 설명합니다. 그는 이러한 수용 단계를 '기술 수용 주기(technology adoption life cycle)'로 표현했으며, 유형별 분포는 통계학의 정규분포를 따릅니다. 소비자는 구매 시점에 따라 다섯 가지 유형으로 나뉩니다(436쪽 그림).

그런데 대부분의 혁신 기술이나 서비스는 대중화 단계로 넘어가기 전에 '캐즘(chasm)'에 빠집니다. 캐즘은 원래 지질학에서 지층 사이에 생기는 큰 틈이나 협곡을 뜻하는 용어였습니다. 제프리 무어Geoffrey A. Moore, 1946~는 이 개념을 기술 수용 주기에 적용했습니다. 그의 이론에 따르면 혁신 기술이나 서비스는 주류 시장으로 넘어가기 전에 캐즘이라는 단절 구간을 마주하게 되며, 이 구간을 넘지 못하면 실패로 이어집니다.

캐즘이 발생하는 주된 이유는 소비자가 혁신 기술이나 서비스에 공감하기 어렵거나, 가격 대비 효용성을 낮게 느끼기 때문입니다. 효용성을 충분히 설득하지 못한 채 '너무 새롭기만 한' 혁신은 오히려 소비자에게 외면받기 쉽습니다.

2001년 출시된 1인용 이동 수단 세그웨이(Segway)는 캐즘을 극복하지 못한 대표적 실패 사례입니다. 공개 당시에는 혁신의 아이콘으로 주목받았지만, 높은 가격(초기 약 500만 원대), 안전성과 편의성의 한계, 법적 규제 등 현실적 장벽 때문에 대중화되지 못했습니다. 인도(人道) 주행 규제, 헬멧 착용 의무, 도난 위험 등 사용 제약도 많았습니다. 무

■ **기술 수용 주기**

기술 수용 주기는 혁신 기술을 포함한 신제품이나 서비스가 소비자에게 어떻게 받아들여지는지를 단계별로 설명한다. 유형별 분포는 통계학의 정규분포를 따른다.

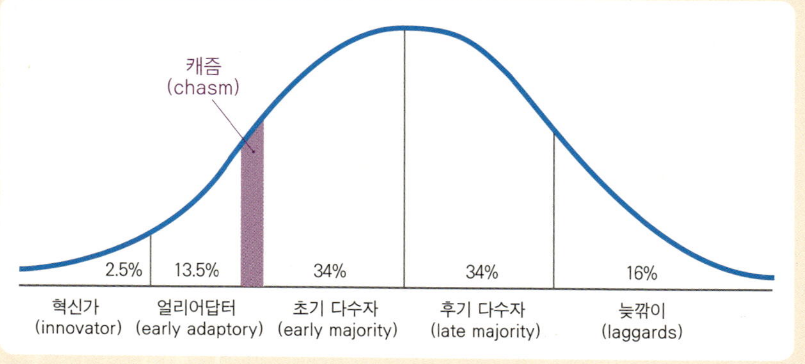

- **혁신가** : 모험과 신기술을 즐기고 전통에 얽매이지 않는다. 신제품의 효용보다 '최초 경험' 자체에 가치를 두며, 전체의 2.5%에 불과한 가장 빠른 수용자다.
- **얼리어답터** : 혁신가보다는 늦지만 사회 규범을 잘 따르는 오피니언리더로서, 다른 소비자에게 혁신 수용을 설득하는 역할을 한다. 전체의 13.5%를 차지한다.
- **초기 다수자** : 의사 결정이 신중하고 실용적이다. 제품이나 서비스가 대중화 단계에 접어들면 참여하며, 전체의 34%를 차지한다.
- **후기 다수자** : 보수적 성향이 강해 변화 수용이 늦다. 이미 널리 확산된 상태에서 제품을 받아들이며, 주로 인지도가 높은 브랜드를 선호한다. 전체의 34%에 해당한다.
- **늦깎이** : 위험 회피 성향이 높아 혁신 수용이 가장 늦다. 자신만의 취향과 고집이 뚜렷하며, 전체의 16%를 차지한다.

엇보다 소비자에게 '굳이 세그웨이를 선택해야 할 이유'를 명확히 제시하지 못했습니다. 결국 혁신성은 높았지만 문제 해결력과 고객 공감이 부족해 시장 확대에 실패했습니다.

현재 혁신 수용 단계에서 캐즘을 넘어서기 위해 노력 중인 기술도 있습니다. 2023년 애플이 출시한 VR 기기 비전 프로(Vision Pro)는 가격이 500만 원에 달합니다. 비전 프로 이전에도 메타의 다양한 VR 기기가 있었지만, VR 시장은 아직 얼리어답터 단계에조차 진입했다고 보기 어렵습니다. 일부 크리에이터들이 체험 목적으로 구매하고 있을 뿐, 높은 가격에 비해 명확한 경험적 효용을 제시하지 못해 대중화로 이어지지 못하고 있습니다. 일정 규모의 시장이 형성되기까지는 시간이 더 필요해 보입니다.

세그웨이는 공개 당시 혁신의 아이콘으로 주목받았으나, 대중화에 실패한 후 거의 자취를 감추었다.

전기차도 혁신 기술이 집약된 제품입니다. 오랫동안 테슬라가 독주하던 시장에 여러 브랜드가 합류하면서 전기차 시장은 한때 연평균 50%를 웃도는 높은 성장률을 기록했습니다. 그러나 최근 성장세는 예전 같지 않습니다. 캐즘의 원인으로는 높은 초기 가격, 배터리 안전성 논란, 충전 인프라 미흡 등을 들 수 있습니다. 향후 전기차 시장은 2차전지 기술 혁신과 탄소 배출 규제 강화에 힘입어 확산 단계로 넘어갈 가능성이 큽니다.

기술 도입과 전환의 타이밍 : 기술 로드맵, S-곡선, 하이프 사이클

'기술 로드맵(Technology Road Map)'은 기업의 핵심 역량을 중심으로 단계별로 확보해야 할 핵심 기술과 그 시점을 도식화한 청사진입니다. 이를 통해 구성원들의 목표 달성 의지를 높이고, 전사적 공감대를 형성하는 데 도움을 줍니다. 또한 기술 로드맵 수립 과정에서 기업은 집중해야 할 기술을 선별함으로써 인적·물적 자원의 투입 규모와 시점을 합리적으로 결정할 수 있습니다.

필자의 경험을 토대로 기술 로드맵에서 중요한 세 가지를 제시합니다. 첫째, 미래 시장의 방향성과 고객 니즈 변화를 정확히 예측한 뒤 이에 부합하는 기술을 단계별로 선정하는 것입니다. 그러나 경영진이 기존 기술의 연속선상에서 속도만 높이는 데 몰두하다 보면 시장의 큰 방향성을 놓칠 위험이 있습니다. 최근 반도체 산업에서 일부 기업들이 생성형 AI 기술 발전과 수요를 예측하지 못한 탓에 AI 가속기(AI Accelerator)와 HBM(High Bandwidth Memory) 개발에서 뒤처진 사례가 대표적입니다.

둘째, 기업 전략과의 일관성입니다. 기업 전략에서 정의한 과제들이 기술 로드맵과 맞물리지 않거나, 전략 수정 내용이 로드맵에 반영되지 않는 경우를 경계해야 합니다. 이는 마치 입주할 집은 30평형인데, 그 집에 맞지 않게 50평형 규모의 가구와 가전제품을 고른 것 같은 비효율을 초래합니다.

셋째, 구성원의 공감대 형성입니다. 경영진이 일방적으로 하향식(top-down)으로 기술을 선정할 경우, 개발자나 상품기획자의 공감과 참여를 이끌어내지 못해 제때 핵심 기술을 확보하지 못하는 사례가 적지 않습니다. 따라서 기업은 구성원들의 이해와 참여를 이끌어내기 위해 충분히 소통해야 하며, 전사 차원에서 일관된 커뮤니케이션을 해야 합니다.

'S-곡선(S-Curve)' 이론은 기술 성과와 그에 투입된 시간·비용의 관계를 그래프로 표현한 것으로, 기술 발전을 도입기-성장기-성숙기의 세 단계로 구분합니다. 도입기에는 기업이 투입한 노력에 비해 시장의 기술 채택률과 성과가 낮지만, 성장기에 접어들면 채택률과 성과가 급격히 높아집니다. 그러나 성숙기에 이르면 채택률과 성과가 점차 한계에 이르게 됩니다. S-곡선 이론은 기존 기술의 발전 속도를 예측하고, 새로운 기술로의 전환 시점(대체 기술의 등장 시기)을 판단하는 데 활용됩니다.

예를 들어 보겠습니다. 이동통신 기술은 음성 통화 중심의 2G(Generation)에서 데이터 통신 기반의 3G와 4G를 거쳐 곧 5G의 성숙기에 도달할 예정입니다. 이후에는 인공지능, 메타버스, 홀로그램 기반의 통신과 콘텐츠 발전을 가속할 6G 기술로 진화할 것입니다.

디스플레이 기술도 마찬가지입니다. 1920년대 개발된 CRT(Cathode Ray Tube) 기술은 20세기 후반까지 TV의 표준으로 자리 잡으며 전성

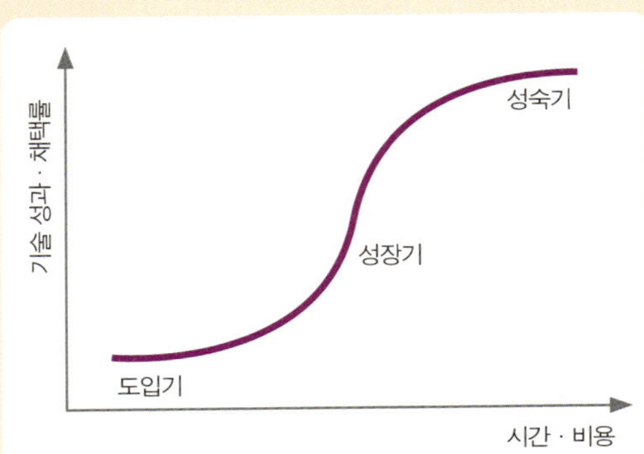

■ **S-곡선 이론**

도입기에는 기업이 투입한 노력에 비해 시장의 기술 채택률과 성과가 낮지만, 성장기에 접어들면 채택률과 성과가 급격히 높아진다. 그러나 성숙기에 이르면 채택률과 성과가 점차 한계에 이르게 된다.

기를 누렸습니다. 그러나 이후 등장한 LCD(Liquid Crystal Display) 기술에 자리를 내주었고, 현재는 LCD 기술이 성숙기에 접어든 가운데 OLED(Organic Light-Emitting Diode) 기술이 S-곡선의 도입기 단계에 들어섰습니다.

자동차 기술도 동일한 패턴을 보입니다. 기존의 내연기관차는 이미 성숙기에 도달했습니다. 반면 2차전지 기술을 기반으로 하는 전기자동차는 S-곡선의 도입기를 지나 성장기로 진입하는 것이 시간 문제일 것입니다.

사례에서도 알 수 있듯이 기존 기술과 새로운 기술 사이에는 중첩 구간이 존재합니다. 이동통신에서는 4G와 5G가, 디스플레이에서는 LCD와 OLED가, 자동차 기술에서는 내연기관과 2차전지 기술이 여전히 공존하고 있습니다. 이는 각 기술의 발전 속도와 단계가 서로 다르기 때문입니다.

그런데 여기에 이론만으로는 설명되지 않는 요소가 하나 더 있습니다. 바로 기술의 발전과 채택 과정에 때때로 정치적인 요인이 작용한다는 사실입니다. 아무리 우수한 신기술이 개발되었다 하더라도, 시대와 시장이 그것을 받아들일 준비가 되어 있지 않다면 성과로 이어지기 어렵습니다. 기술이 '암묵적인 속도 조절'을 거치게 되는 이유도 여기에 있습니다.

토머스 에디슨Thomas Alva Edison, 1847~1931은 1878년 세계 최초의 실용적 백열전구를 개발했습니다. 가스조명과 비교했을 때 전기조명의 기술적 우수성은 명확했습니다. 그러나 유럽이 전기조명으로 본격 전환된 시기는 그로부터 한참 뒤인 1920년대 무렵입니다. 기존 가스조명 산업을 보호하려던 유럽 각국의 정부와 기업들은 전기설비 설치 규제를 강화하거나 안전성 문제를 과장하며 전기조명의 확산을 의도적으로 지연시켰습니다. 결국 전구의 보편화는 기술 자체의 발전 속도가 아니라, 기존 산업 구조와 정치적 이해관계가 조절한 결과였습니다.

'하이프 사이클(Hype Cycle)'은 글로벌 리서치 기업 가트너(Gartner)가

■ 하프 사이클

하이프 사이클은 신기술에 대한 대중의 기대와 실제 적용 가능성의 변화를 시간 흐름에 따라 시각화한 기술 수명 주기 모델이다.

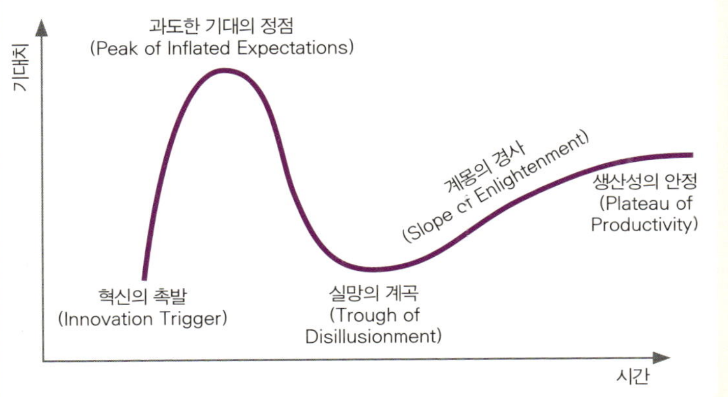

- **혁신의 촉발** : 새로운 혁신 기술이 등장하여 주목받기 시작
- **과도한 기대의 정점** : 시장의 과도한 기대와 관심 집중
- **실망의 계곡** : 기술이 현실의 한계에 부딪혀 실망감 발생
- **계몽의 경사** : 기술의 잠재력이 발현되고 성공 사례 등장
- **생산성의 안정** : 기술의 안정화와 대중의 수용

고안해 매년 발표하는 그래프로, IT 기업들이 새로운 기술을 조망하고 투자 여부를 판단할 때 널리 활용합니다. 이 그래프의 특징은 신기술에 대한 기대와 현실 사이의 간극을 심리적으로 보여줌으로써, 기업이 적절한 투자 시점과 적용 시점을 판단하는 데 도움을 준다는 점입니다.

기술과 규제의 골드락스를 찾아서

⋮

잠시 조각 한 점을 보겠습니다. 깊은 잠에 빠진 얼굴, 잘록한 허리선, 살짝 굽힌 다리, 볼륨 있는 엉덩이, 그리고 겨드랑이 아래로 은밀하게 드러난 가슴이 만들어내는 관능적인 실루엣이 인상적인 작품입니다. 이 조각은 2세기경 제작된 헬레니즘 양식의 대리석상에 조반니 로렌초 베르니니Giovanni Lorenzo Bernini, 1598~1680가 1620년경 정교한 대리석 침대를 덧붙여 완성한 것입니다. 인체가 빚어내는 아름다운 곡선에 매료되어 조각의 반대편으로 이동하는 순간, 관람객은 뜻밖의 장면과 마주하게 됩니다. 조각상에 남성의 생식기가 달려 있기 때문입니다.

이 작품의 주인공은 '미의 여신' 아프로디테와 '전령의 신' 헤르메스 사이에서 태어난 '헤르마프로디토스(Hermaphroditos)'입니다. 그는 본래 눈부신 미모의 소년이었으나, 그에게 반한 님프가 "둘이 한 몸이 되게 해달라"고 기도하면서 남성과 여성의 특성을 모두 지닌 존재로 변모했습니다. 매혹과 불안을 동시에 자아내는 헤르마프로디토스는 빛과 그림자가 공존하고, 경계가 해체된 존재를 상징합니다.

작자 미상 · 조반니 로렌초 베르니니,
〈잠든 헤르마프로디토스〉,
원본 B.C. 150~140년경,
1620년에 침대 부분 제작,
대리석, 173.5×46.5cm,
파리 루브르박물관

헤르마프로디토스 신화는 오늘날의 기술 환경과도 맞닿아 있습니다. 첨단 기술 역시 강력한 편익과 위험을 동시에 품은 양면적 존재이기 때문입니다. 우리는 이미 거짓 정보 확산, 저작권과 책임 소재의 모호함, 일자리 상실과 환경 부담, 지식과 권력의 불균형 등 AI 기술이 드러내는 여러 '그림자'를 마주하고 있습니다. 이러한 문제는 앞으로 더욱 심화될 가능성이 큽니다. 그렇기에 정부는 조속히 법적·제도적 장치를 마련해야 합니다.

그러나 한편으로는 과도한 규제의 함정도 경계해야 합니다. 자동차 시대가 막 열리던 영국은 마부들의 반발에 밀려 그들의 일자리를 보호하고자 '적기조례법(Red Flag Act)'을 제정했습니다. 이 법은 자동차가 도심에 진입할 때 사람이 빨간 깃발을 들고 앞에서 달려가도록 하고, 자

〈잠든 헤르마프로디토스〉를 뒤에서 본 모습.

동차 속도를 말보다 느린 시속 3킬로미터로 제한했으며, 차량에 수리 기술자를 반드시 동승하도록 규정했습니다. 그 결과 영국은 자동차 수요가 급감하고 기술 발전이 지체되면서 자동차 산업의 주도권을 독일과 미국에 내주고 말았습니다.

마녀 사냥이 낯선 존재를 향한 두려움과 오해에서 비롯되었듯, 새로운 기술 역시 종종 사회적 불안과 배척의 대상이 됩니다. 어떤 기술은 마녀 사냥을 가능하게 했던 인쇄술처럼 엄청난 혜택과 동시에 심각한 부작용을 낳기도 합니다. 중요한 것은 경계 밖의 존재를 적으로 규정하느냐, 새로운 가능성으로 바라보느냐의 태도입니다.

바로 이 지점에서 헤르마프로디토스가 상징하는 '경계의 해체'가 의미를 갖습니다. 그는 우리가 남성과 여성처럼 이분법적으로 구분해 온 범주들이 사실은 언제든 뒤섞이고 변형될 수 있음을 보여줍니다. 마녀로 몰린 사람들과 신기술 모두 기존 질서의 관점에서 보았을 때 '이해할 수 없는 존재들'이었습니다. 경계 밖의 존재를 배제하고 처벌하려 할 때, 사회는 언제든 비이성적 폭력과 혁신의 좌초라는 두 가지 재앙을 동시에 맞이합니다.

기술의 빛과 그림자를 함께 바라보는 시선이 무엇보다 중요한 이유도 여기에 있습니다. 헤르마프로디토스가 말하듯, 경계가 흐려지는 시대에는 어느 한쪽만 보면 길을 잃기 쉽습니다. 기술의 양면성을 이해하고 균형 있게 다루는 태도, 그것이 바로 기술경영의 출발점입니다.

작품 찾아보기

작가명 및 작품명 가나다순

홀바인

휘슬러

작자 미상

미술관에 간 경영학자

초판 1쇄 발행 | 2026년 2월 5일

지은이 | 심영환
펴낸이 | 이원범
기획 · 편집 | 김은숙
마케팅 | 안오영
표지 및 본문 디자인 | 강선욱

펴낸곳 | 어바웃어북 about a book
출판등록 | 2010년 12월 24일 제2010-000377호
주소 | 서울시 강서구 마곡중앙로 161-8 C동 808호(마곡동, 두산더랜드파크)
전화 | (편집팀) 070-4232-6071 (영업팀) 070-4233-6070
팩스 | 02-335-6078

ISBN | 979-11-92229-75-1 03320